高等院校应用型特色规划教材

职业规划——理论、测评与分析

汤海滨　王克进　编著

清华大学出版社
北　京

内容简介

在生活中，有很多人正在求职或将要求职，却没有清晰而精准的求职目标；不喜欢当下正在做的工作，却对未来感到迷茫，搞不清楚应该向哪个方向发展；想创业，但不知道自己是否适合创业。

本书编者在长期的教学培训过程中，注意到越来越多的在校大学生及企业新员工对自己的职业生涯并没有清晰的认识。通过对大量学员的长期访谈和跟进，发现了他们在职业生涯中的突出的问题。本书通过系统地思考前人的职业规划理论，提供各类测评工具，从性格、兴趣、能力等多个方面进行全方位测评，使读者充分了解自己的优劣势。然后根据个人的性格、兴趣和能力，结合外部环境，提供多种目标与决策分析工具，使读者迅速地进行自我定位，找到合适的职业路径，从而更好地规划自己的职业生涯。

本书可作为本、专科院校职业规划课程教材，也可用于企业新员工入职培训教材。

本书封面贴有清华大学出版社防伪标签，无标签者不得销售。
版权所有，侵权必究。举报：010-62782989，beiqinquan@tup.tsinghua.edu.cn。

图书在版编目(CIP)数据

职业规划——理论、测评与分析/汤海滨，王克进编著. —北京：清华大学出版社，2017（2024.1重印）
（高等学校应用型特色规划教材）
ISBN 978-7-302-46487-7

Ⅰ. ①职… Ⅱ. ①汤… ②王… Ⅲ. ①职业选择—高等学校—教材 Ⅳ. ①G717.38

中国版本图书馆 CIP 数据核字(2017)第 025433 号

责任编辑：陈冬梅　陈立静
装帧设计：王红强
责任校对：周剑云
责任印制：宋　林

出版发行：清华大学出版社
　　　　网　　址：https://www.tup.com.cn，https://www.wqxuetang.com
　　　　地　　址：北京清华大学学研大厦 A 座　　邮　编：100084
　　　　社 总 机：010-83470000　　邮　购：010-62786544
　　　　投稿与读者服务：010-62776969，c-service@tup.tsinghua.edu.cn
　　　　质量反馈：010-62772015，zhiliang@tup.tsinghua.edu.cn
　　　　课件下载：https://www.tup.com.cn，010-62791865
印 装 者：天津鑫丰华印务有限公司
经　　销：全国新华书店
开　　本：185mm×260mm　　印　张：13　　字　数：313 千字
版　　次：2017 年 3 月第 1 版　　印　次：2024 年 1 月第 6 次印刷
定　　价：39.80 元

产品编号：064760-02

前　　言

2013年年底，一家全球著名的管理咨询公司发布了一项令人震惊的调查报告：全球员工的敬业比例仅为13%，而中国这一比例远远低于世界水平，敬业员工只有6%。结果显示，敬业员工比例最高的国家为巴拿马、哥斯达黎加和美国。

说实话，我并不太关心哪些国家敬业度比较高，但不到世界平均水平一半的6%，让一个深受忠孝仁义礼智信的华夏文化熏陶的中华儿女倍感尴尬和不解：中国员工怎么了？为何不敬业？

敬业是个偏正结构的词语，强调员工对岗位的忠诚与爱护。我们需要找到最本质的东西，才能从根本上改善中国目前敬业度低的现状。敬业有两个最基本的前提：一是这份职业值得我们去"敬"；二是大家有能力去"敬"。顺着这两条线索，我对周围频繁跳槽或对现在所在公司充满抱怨的朋友和学员，即所谓的"不敬业"的员工进行了大量的访谈和跟进，发现了他们职场生涯里的几个突出的问题如下。

(1) 不知道什么工作适合自己，为了找份工作而找工作。

(2) 不了解自己，不知道自己擅长做什么。

(3) 不知道如何调整自我，去适应环境。

前两个问题，直接导致他们找了一份自己并不太喜欢的工作，所以这份职业不值得他们去"敬"，自然就不会去"敬"。第三个问题让他们即便想去"敬"，却也有心无力。

原来敬业度低的根源在这里。

男怕入错行，女怕嫁错郎，一份适合自己的工作对我们每一个人是如此的重要。

"你想找份什么样的工作？"我不断地问我们班级的同学。

"不知道！"

"世界500强！"

"公务员！"

"工资高的！"

……

原来，我们的职业规划现状是：盲人骑瞎马，胡乱闯天涯。敬业度低也就在情理之中。我们大多数人还没有意识到，有些根源的问题必须先搞清楚，这样才能找到一份满意的工作，自我价值才能完全发挥出来，中国员工的敬业度才能提升。

第一次，我们深刻地领悟到：增强我们对于自我认识、人职匹配、职业规划，以及自我调整方面的知识的了解已经迫在眉睫。于是，我们写下了这本书，希望为大家提供一些加强自我认知与发展、职业设定与规划方面的工具与参考，从而使大家在有限的职业生涯里少走一些弯路，多创造一些辉煌。

编　者

目 录

第一章 职业规划理论 ... 1
第一节 认识职业生涯规划 ... 2
第二节 主要的职业生涯规划理论 ... 4
一、帕森斯的人—职匹配理论 ... 4
二、明尼苏达工作适应理论 ... 5
三、金斯伯格的职业生涯发展理论 ... 7
四、舒伯的职业生涯发展理论 ... 8
五、霍兰德职业兴趣理论 ... 10
六、施恩的职业锚理论 ... 12
第三节 为什么需要职业生涯规划 ... 14
本章小结 ... 18

第二章 职业性格测试 ... 19
第一节 MBTI 16 种人格类型 ... 20
一、性格类型的四种维度 ... 20
二、各种性格类型的主要特征及职业规划 ... 34
第二节 九型人格 ... 39
一、什么是九型人格 ... 39
二、第一型：完美型 ... 40
三、第二型：助人型 ... 41
四、第三型：成就型 ... 42
五、第四型：艺术型 ... 43
六、第五型：理智型 ... 45
七、第六型：忠诚型 ... 46
八、第七型：活跃型 ... 47
九、第八型：领袖型 ... 48
十、第九型：和平型 ... 49
十一、九型人格测试 ... 50
第三节 DISC 个性测试 ... 65
一、什么是 DISC ... 66
二、DISC 的象限分析 ... 66
三、DISC 个性测试与分析 ... 70
本章小结 ... 75

第三章 职业兴趣测试 ... 76
第一节 霍兰德职业兴趣测试 ... 77
一、类型描述 ... 77
二、类型关系 ... 79
三、霍兰德职业兴趣测试与分析 ... 80
第二节 哈佛职业生涯兴趣测验 ... 86
一、职业核心功能 ... 86
二、个人职业兴趣的评价 ... 88
三、职业与兴趣的匹配 ... 89
本章小结 ... 93

第四章 职业素质测试 ... 94
第一节 职业基本素质测试 ... 94
一、心理素质 ... 95
二、责任心 ... 97
三、沟通能力 ... 98
四、团队协作能力 ... 100
五、创新能力 ... 103
第二节 情商测试 ... 107
一、认识自身情绪的能力 ... 108
二、控制自己情绪的能力 ... 112
三、激励自己的能力 ... 115
四、认识他人情绪的能力 ... 119
五、处理人际关系的能力 ... 122
六、情商综合测试 ... 126
本章小结 ... 130

第五章 职业生涯目标与分析 ... 131
第一节 360 度全方位评估 ... 131
第二节 SWOT 分析 ... 132

一、SW 分析 133
　　二、OT 分析 133
第三节　生涯目标设定 136
　　一、分层设置目标 137
　　二、目标设定的 SMART 原则 138
第四节　内、外生涯目标分析 141
第五节　5W1H 与生涯目标设置 142
第六节　生命周期理论与个人生涯
　　　　目标 145
　　一、行业生命周期与行业选择 146
　　二、企业生命周期与企业选择 148
第七节　目标实施与控制 150
　　一、目标的实施 150
　　二、目标实施的控制与反馈 154
本章小结 156

第六章　职业决策 157

第一节　CASVE 循环决策 158
　　一、沟通 159
　　二、分析 159
　　三、综合 160
　　四、评估 160
　　五、执行 161
第二节　PLACE 职业分析法 162
　　一、五个要素 162

　　二、六个步骤 163
第三节　决策平衡单 164
　　一、决策平衡单的实施 164
　　二、决策平衡单的注意事项 167
第四节　择业动机分析 169
第五节　层次分析法 170
　　一、建立层次结构分析模型 170
　　二、构造判断矩阵 171
　　三、计算优先权 173
　　四、选择候选方案并检查其
　　　　一致性 175
本章小结 177

第七章　个人职业生涯规划 178

第一节　滚动计划法 179
第二节　PDCA 循环与计划修订 183
　　一、PDCA 循环的概念 183
　　二、PDCA 循环的特点 186
第三节　职业锚的确定 188
第四节　职业彩虹与生涯发展 192
第五节　人生里程碑 196
本章小结 198

参考文献 199

第一章 职业规划理论

【引导案例】

湖北农村青年自述打工岁月：打工 18 年 仍然两手空空

2015 年 2 月 28 日，武汉的早晨零星地飘着几点雪花，春寒让人不禁打起哆嗦，但武汉富士康科技园区的员工招募中心却是另外一幅景象。

来报名的年轻小伙、姑娘们似乎不惧呼啸的寒风，结着队地围在招募中心咨询。在"90 后"甚至"95 后"稚嫩的脸庞中，有一双略显沧桑的脸格外不同：他身着已经洗得发白的灰色夹克，孤独地坐在角落，双眼凝望着远方，手里的烟头已烧到了手指，但似乎感受不到疼痛。

他叫王贵生，湖北省黄冈市蕲春县彭思镇人。与名字相反，贵生一直与"贵"无缘。1980 年出生的他，虽然只有 35 岁，但已是一名"资深"的农民工——17 岁离开家乡，辗转 5 个地方，摇摇晃晃地漂泊了 18 年。

"年轻时我对学习没有兴趣，一心想着到外面闯荡，初中一毕业就跟着亲戚去了东北。"王贵生说，1997 年他到辽宁的一家棉纺厂做临时工。"说白了，就是弹棉花，做棉絮。"每个月 400 元的工资，让他觉得干活有使不完的劲儿，圆"万元户"梦指日可待。然而好景不长，国企改革浪潮袭来，像他这种没有技术含量的苦力活第一个被淘汰。

1998 年，18 岁的王贵生怀揣 2000 多元，站了 20 多个小时的绿皮车，来到东莞"闯天下"。现在回忆起来，那是人生最难挨的日子。由于没有找到工作，王贵生过着"东躲西藏"的日子，像逃犯一样，一边躲避治安检查人员，一边到处"觅食"，"那时在外面打工，一点安全感都没有。"

在一家电子手表厂工作了 3 年，王贵生渐渐厌倦了操作台前的机械式工作。2001 年，他从手表厂辞职，到广东惠州入伍当兵。两年的军旅生涯，让他完成了"成人礼"。回家后，像许多农村青年一样，在亲人的撮合下，他与同村一名女青年结婚。

2003 年到 2013 年，整整 10 年间，他们一起在东莞打拼，工资从 1000 元涨到 5000 元，但物价涨得更快，两人仍时常为柴米油盐而争吵。虽然租住在一起，但两个人更多的时间是在各自的车间里加班，即使见面也没有话可说，慢慢地，感情也淡了，最终在 2013 年离婚。

谈起这段经历，王贵生的眼睛开始湿润起来："从农村跑到大城市，见了世面，也有了很多诱惑，两人的感情慢慢就变了。"和父辈们不同，王贵生的很多年轻工友跟他一样，从农村一起出去打拼的夫妻，最终分道扬镳了。

在外辗转 16 年，王贵生在 2013 年离开东莞，回到湖北黄冈的老家。为了照顾 11 岁女儿的生活起居，他在当地一家化工厂找了一份工作，但因为污染问题，化工厂去年遭到当地村民的抵制，已停产几个月。

"这次来武汉找工作，主要是考虑到离家近，能够照顾到孩子和年老的父母。"王贵生说，"打了 18 年的工，现在我还是两手空空，除了一些经历，什么也没留下，就连老婆都没能留下。"和 18 年前一样，现在还得为一顿饭而发愁，还在流水线上做苦力活，也不知道做到什么时候。"老了做不动了怎么办？"王贵生反复地说着这句话。

(资料来源：徐海波，陈俊. 湖北一个农村青年的打工岁月：打了 18 年工，还是两手空空. 新华网，2015 年 03 月 01 日.)

这是一个悲伤的故事，在这篇媒体采访的最后，王贵生告诉记者"不怨政府不怨人，只怪自己不努力"。他现在非常后悔自己年轻时没有好好读书，工作上没有坚持，不肯吃苦。很显然这不是一个特例，18 年的时间并不短暂，也足以做任何改变。

在生活中，有很多的人正在求职或将要求职，却没有清晰而精准的求职目标；不喜欢当下在做的工作，却对未来感到迷茫，搞不清楚应该向哪个方向发展；想创业，但不知道自己是否适合创业。当人们在不断地犹豫、无目的地跳槽以及迷茫与焦虑中度过一天又一天时，才恍然发现，原来时间已经过去了很多年。

但是当人们重新审视自己的人生，试图从个人的角度来解决类似的困境时，却发现自己无从下手。面对自己未知的职业生涯，人们需要可行而有效的方法和工具来帮助自己。而本书正是通过提供职业生涯规划所需要的理论、测评与分析工具，帮助每一个普通人，成就自己精彩的人生。

第一节 认识职业生涯规划

每个人的出生环境、家庭背景、教育程度和工作经历等外部条件都不一样，而每个人的天赋、能力、性格等内在素质也各不相同。因此，成功从来都不是只有一条道路，而找到适合自己的道路就显得尤为重要。当人们从整个人生的角度来思考自己的选择时，就需要给自己做一个职业生涯规划。

美国著名生涯发展专家舒伯(Super，D.E.)认为，生涯是指生活中各种事件的演变方向和历程，它统合了人一生中的职业和生活角色，由此表现出个人独特的自我发展形态。对个人而言，生涯是自己所有的教育背景、工作经历、家庭、社会角色以及各种经验的整合。而职业生涯则是人的一生中与工作相关的活动、行为、态度、价值观、愿望的有机整体。

人们从 20 岁左右开始参加工作，到 60 岁左右退休，整个人生最精力旺盛、充满创造能力的时期都是在各种职业生活中度过的。职业生涯的成功对个人的人生角色和经历都起着至关重要的作用。对于大学生或者刚刚走上社会的年轻人而言，科学有效地进行职业生涯规划，将为自己未来职业生涯的成功奠定基础。

第一章　职业规划理论

【职业案例】

　　小王刚上大一的时候，就从师兄师姐们那里看到了求职的狼狈相，自己也感到前途迷茫，还经常与职业咨询部门联系。可是一让他做职业规划，他就说："我自己最了解自己，自己会做自己的规划。"可是真正做起来，又信不过自己，心中总是没底。所以，一直到今年大学毕业，也没有形成自己的奋斗目标，依然是个迷茫族，常常感到无所适从，找工作不知道自己做什么好。后来，他看到做了职业规划的同学都早早上了班，而自己毕业半年了还没有头绪，就跑去找职业顾问。结果看到30多岁的白领补做的最多，有的人取得一定成绩甚至上升到一定高度之后，又发生职业瓶颈，走了弯路，深受当初没有规划之苦，这才知道应该好好珍惜、规划后半生。小王很受教育，这才感到职业规划真的很有用。于是在职业规划师的指导下做了职业生涯规划，并找到了适合自己的工作。

　　根据中国职业规划师协会的定义，职业规划就是对职业生涯乃至人生进行持续的、系统的计划过程。一个完整的职业规划由职业定位、目标设定和通道设计三个要素构成。

　　职业生涯规划会受到各类因素的影响，既包括性格、价值观、兴趣和能力等个人主观因素，也包括家庭环境、教育经历、社会环境和个人经验等客观因素，如表1-1所示。

表1-1　职业规划的影响因素

	主观因素		客观因素
性格	一个人在个体生活过程中所形成的，对现实稳固的态度以及与之相应的行为方式。性格影响着一个人对职业的适应性，不同的职业对人也有不同的性格要求	家庭环境	特定的物质条件以及家庭生活中人与人之间相互联系时所形成的一种气氛。每个家庭都有不同的需要和特殊情况。父母对孩子的期望不同，对孩子选择职业的支持态度也不一样
价值观	是人们认定事物、辨别是非的一种思维或取向。职业价值观是一种具有明确的目的性、自觉性和坚定性的职业选择的态度和行为，对一个人职业目标和择业动机起着决定性的作用	教育经历	受教育的年限和质量会影响个人的知识与技能水平，也会影响人们对职业的选择。接受更多的教育，有助于打破个人所面临的职业困境
兴趣	人们力求认识、掌握某种事物，并经常参与这种活动的心理倾向。当人们对某一职业产生浓厚兴趣时，就会迸发出强大的行为动力，充分挖掘自身潜能，提高工作和学习效率	社会环境	包括社会经济发展状况，政策、法律等政治因素，民族、风俗传统等文化因素。社会大环境对一个人的职业发展具有深远影响，人们需要了解当前社会现状，预期未来的社会发展
能力	是完成一项目标或者任务所体现出来的素质。无论从事什么职业，总要有一定的能力作保证	个人经验	个人经验有助于职业发展，但同样也可能影响个人的职业选择。积累合适的经验，才能避免少走弯路

【拓展练习】

评估各因素对你的职业生涯发展的影响

请结合自身情况,评估职业生涯规划的影响因素对你的影响,并记录在表1-2中。

表1-2 影响职业生涯规划的因素评估

影响因素	正影响	负影响	评估结论
性格			
价值观			
兴趣			
能力			
家庭环境			
教育经历			
社会环境			
个人经验			

你的综合评估结论是:_____

第二节 主要的职业生涯规划理论

职业生涯规划理论源于20世纪初美国职业指导运动的兴起。1908年,"职业辅导之父"——美国波士顿大学教授帕森斯创办了波士顿职业指导局,从事职业指导工作,并发展出了人—职匹配理论。20世纪50年代,金斯伯格和舒伯等人分别从动态的角度提出了职业发展理论。20世纪60年代至今,霍兰德的类型论与吉列特等的生涯决定论是职业生涯管理与心理学、系统论等众多学科交叉的结果。施恩阐述了不同的人可能以他们的天资、动机,以及个人价值为观点,从而为他们的职业作出不同的定义,进而采取不同的职业生涯管理措施。这些理论通过系统的思考,从静态到动态详细地描述了整个人生中不同职业的选择、发展与人生目标的实现。

一、帕森斯的人—职匹配理论

帕森斯(Frank Parsons)的人—职匹配理论又称特质因素理论。该理论认为:每个人都有自己独特的人格模式,每种人格模式的个人都有其相适应的职业类型。

特质就是指个人的人格特征,包括能力倾向、兴趣、价值观和人格等,这些都可以通过心理测量工具来加以评量。

因素则是指在工作上要取得成功所必须具备的条件或资格,这可以通过对工作的分析而了解。

帕森斯的人—职匹配理论具有很强的应用性,通过三个简单的步骤,即可帮助个人实现职业选择。

1. 个人分析,评价求职者的生理和心理特征

通过心理测量及其他测评手段,获得有关求职者的身体状况、能力倾向、兴趣爱好、气质与性格等方面的个人资料,并通过会谈、调查等方法获得有关求职者的家庭背景、学业成绩、工作经历等情况,并对这些资料进行评价。

2. 职业分析,评价职业对人的要求

职业分析,评价职业对人的要求包括:①职业的性质、工资待遇、工作条件以及晋升的可能性;②求职的最低条件,诸如学历要求、所需的专业训练、身体要求、年龄、各种能力以及其他心理特点的要求;③为准备就业而设置的教育课程计划,以及提供这种训练的教育机构、学习年限、入学资格和费用等;④就业机会。

3. 人—职匹配,选择一项既适合自己又有可能获得的职业

可以通过因素匹配,如需要有专门技术和专业知识的职业与掌握这种技能和专业知识的择业者相匹配,如图1-1所示。也可以通过特性匹配,如具有敏感、易动感情、不守常规、个性强、理想主义等人格特性的人,宜于从事审美性、自我情感表达的艺术创作类型的职业。

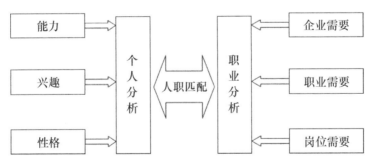

图1-1 人—职匹配模型

人—职匹配理论可以帮助求职者快速寻找所需职业。但当前社会多变的个人特质和职场环境,也可能导致错误的匹配。同时,社会因素也可能影响个人职业设计。

二、明尼苏达工作适应理论

明尼苏达工作适应理论是戴维斯与罗圭斯特(Dawis & Lofquist)等人在1964年提出的,该理论认为:选择职业或生涯发展固然重要,但就业后的适应问题更值得注意。每个人都

会努力寻求个人与环境之间的符合性，当工作环境能满足个人的需求(即个人内在满意)，又能顺利完成工作上的要求(即组织外在满意)时，个人与环境的匹配度就比较高。

不过个人与工作之间存在互动的关系，即个人的需求会变，工作的要求也会随时间或经济情势而调整。如果个人能努力维持其与工作环境间的一致，则个人工作满意度越高，在这个工作领域也就越能持久进行。图1-2展示了个人与工作之间的互动关系。

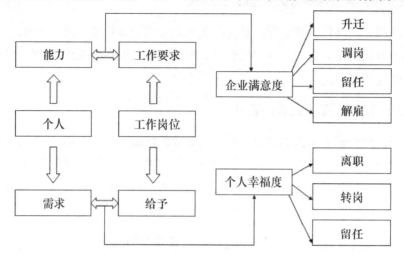

图1-2　明尼苏达工作适应模型

工作适应理论仍然属于特质论的范畴，但它超越了"个人内心需求"的局限，提出了外在满意的概念，将重点扩展到个人在工作情境中的适应问题，强调就业后个人需要的满足，同时亦考虑能否达成工作环境的要求。

【职业案例】

> 小张不太懂测评的事，但却很关心自己的前途。看到大家找工作前都在忙着做职业生涯规划，自己也找到职业咨询顾问，说："我不想做测评，只想请你帮我规划一下。"职业顾问耐心地告诉他："关键是你没做过测评，我们不了解你的潜质，怎么对你下结论做科学定位？就像医生没有根据病情给病人分析、确诊，就没办法开药方一样，职业是人生大事，不能胡侃乱说，否则非误人不可，希望你能正确理解。职业定位就是要为职业目标与自己的潜能以及主客观条件谋求最佳匹配。良好的职业定位是以自己的最佳才能、最优性格、最大兴趣、最有利的环境等信息为依据的。职业定位过程中要考虑性格与职业的匹配、兴趣与职业的匹配、特长与职业的匹配、专业与职业的匹配等。"小张这才明白是怎么回事，欣然做了职业测评和职业规划，并拿着职业顾问提供的测评报告和咨询报告，高高兴兴地去找工作了。

三、金斯伯格的职业生涯发展理论

金斯伯格(Eli Ginzberg)研究的重点是从童年到青少年阶段的职业心理发展过程。他在1951年出版了《职业选择》一书，将职业生涯的发展分为幻想期、尝试期和现实期三个阶段。

1. 幻想期

幻想期：处于11岁之前的儿童时期。他们对所看到或接触到的各类职业工作者，充满了新奇、好玩的感觉。

这一时期职业需求的特点是：单纯凭自己的兴趣爱好，不考虑自身的条件、能力水平和社会需要与机遇，完全处于幻想之中。

2. 尝试期

尝试期：11～17岁，这是由少年儿童向青年过渡的时期。这一时期人们的生理和心理在迅速成长、发育和变化，有独立的意识，价值观念开始形成，知识和能力显著增长和增强，初步懂得社会生活和生活经验。

这一时期职业需求的特点是：有职业兴趣，并能客观地审视自身各方面的条件和能力；开始注意职业角色的社会地位、社会意义，以及社会对该职业的需要。但由于长期处于学校学习，对社会、对职业的理解还不全面，对职业主要考虑的还是个人的兴趣，具有理想主义色彩。

3. 现实期

现实期：17岁以后的青年年龄段。这一时期的人们即将步入社会劳动，能够客观地把自己的职业愿望或要求，同自己的主观条件、能力以及社会现实的职业需要紧密联系和协调起来，寻找适合于自己的职业角色。

这一时期职业需求的特点是：所需求的职业不再模糊不清，已有具体的、现实的职业目标，表现出的最大特点是客观性、现实性和讲求实际。

金斯伯格的职业生涯发展理论揭示了初次就业前人们职业意识或职业追求的发展变化过程，并且从以下三个方面进行了描述。

(1) 职业选择是一种发展性过程。职业选择不是单一的决定，而是在几年之间作出的一系列决定，在这一过程中，相邻的步骤之间存在着有意义的联系。

(2) 职业选择过程中的大部分决定是不可逆转的，因为在这个过程中作出的每一个决定都与个人的年龄和发展密不可分。

(3) 职业选择过程以一种妥协的方式结束。个人作出的决定受一系列外部环境因素的影响，必须在影响择业的主要因素之间取得平衡。

【拓展阅读】

高校毕业生自我认知与社会观念错位，"精英情节"导致就业方向狭隘。

据智联招聘应届生招聘数据库的数据显示，毕业生扎堆财务、人力、贸易、高级管理等看上去"轻松"且"高大上"的职位，而忽视需求不断增加的服务类、销售类岗位。原因如下：一是对服务类、销售类岗位的误解，认为此类职位门槛低、工作压力大、职责不规范；二是对职位的发展前景缺乏了解。职能性岗位往往上升通道短，有一定的职位"天花板"；而看似低端的业务类、销售类岗位能够提供较高的绩效提成，增加收入，职位发展通道也相对宽广。智联招聘调查也显示，67%的企业高管由销售、业务岗位晋升，服务、销售等岗位能够帮助个人综合能力快速提高。

多年教育体制的改变并没有给毕业生及家长的认知带来变化。这些从小被家长期望成为"天之骄子"的孩子们，一路被灌输"精英"式定位，过分强调自身价值而忽视社会需要，不良就业心态和择业观念与经济发展的现实不吻合。多数家长仍然认为：蓝领技工、第三产业等又苦又累，报酬相对较低的工作不适合手握大学文凭的毕业生。多数毕业生简历投放仍然瞄准政府部门、国企、外企等中端职位，而这些单位招收的人数却在不断减少。

(来源：智联招聘：2014高校应届毕业生就业形势报告)

四、舒伯的职业生涯发展理论

1953年，舒伯(Super)提出了职业生涯发展理论，重在对个人的职业倾向和职业选择过程本身进行研究。舒伯把职业生涯的发展看成是一个持续渐进的过程，一直伴随个人的一生。

(一)职业生涯发展理论的核心概念

"自我概念"，就是指个人对自己的兴趣、能力、价值观及人格特征等方面的认识，这是舒伯理论中的核心概念。一个人的自我概念在青春期以前就开始形成，至青春期较为明朗，并于成人期由自我概念转化为职业生涯概念。工作与生活满意与否，就在于个人能否在工作和生活中找到展现自我的机会，即"职业生涯就是对自我的实践"。

而个体能否妥善处理自己在职业生涯各个阶段的问题，主要取决于他的职业成熟度，它包含两个方面：一是指个人在整个职业生涯过程中达到社会期望的水准；二是以职业生涯各发展阶段的发展任务为标准而做的衡量。职业生涯成熟度与自我认知、发展规划能力等相关联。

(二)职业循环发展理论

舒伯认为人的职业生涯发展分为五个阶段：成长阶段(0~14岁)——探索阶段(15~24岁)——建立阶段(25~44岁)——维持阶段(45~65岁)——衰退阶段(65岁以上)，如表1-3

所示。职业发展的五个阶段并不完全和年龄相关,而且各阶段之间并不存在严格的界限,可能有交叉。每个小阶段又同样面对"成长、探索、建立、维持和衰退",因此每个时期又形成"小循环"。职业生涯发展就是一个循环往复的过程。

表1-3 舒伯职业生涯发展阶段理论

生涯阶段	青年期(14~25岁)	成年期(25~45岁)	中年期(45~65岁)	老年期(65岁以上)
成长期	发展适合的自我概念	学习与他人建立关系	接受自身的限制	发展非职业性的角色
探索期	从许多机会中学习	寻找心仪的工作机会	辨识新问题并设法解决	寻找合适的退隐处所
建立期	在选定的领域中起步	投入所选定的工作	发展新的因应技能	从事未完成的梦想
维持期	确定目前所作的选择	致力维持工作的稳定	巩固自我防备竞争	维持生活乐趣
衰退期	减少休闲活动时间	减少体能活动时间	专注于必要的活动	减少工作时间

(三)职业生涯彩虹图

舒伯认为,一个人一生中扮演着许许多多角色,就像彩虹同时具有许多色带。他创造性地描绘出一个多重角色生涯发展的综合图形——"职业生涯彩虹图"(见图1-3),形象地展现了职业生涯发展的时空关系,更好地诠释了职业生涯的定义。

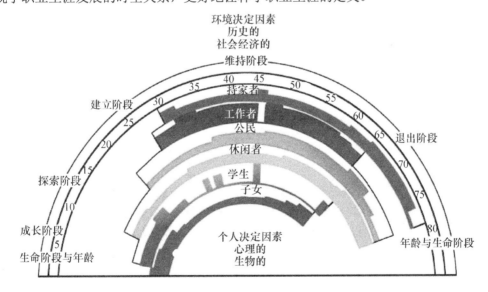

图1-3 职业生涯彩虹图

职业生涯彩虹图的外圈为主要发展阶段,内圈阴暗部分的范围长短不一,表示在该年龄阶段各种角色的分量;在同一年龄阶段可能同时扮演数种角色,因此彼此会有所重叠,但其所占比例分量有所不同。

1. 横贯一生的彩虹——生活广度

在生涯彩虹图中,横向层面代表横跨一生的生活广度。彩虹的外层显示人生主要的发展阶段和大致的年龄:成长阶段(约相当于儿童期)、探索阶段(约相当于青春期)、建立阶段(约相当于成年期)、维持阶段(约相当于中年期)以及退出阶段(约相当于老年期)。

2. 纵贯上下的彩虹——生活空间

在职业生涯彩虹图中,纵向层面代表的是纵贯上下的生活空间,是由一组职位和角色所组成。舒伯认为人在一生当中必须扮演九种主要的角色,依次是:儿童、学生、休闲者、公民、工作者、夫妻、家长、父母和退休者。

职业生涯彩虹图可以很好地表示各个角色的变化,角色之间是互相作用的,某个角色上的成功能带动其他角色的成功。反之,一个角色的失败,也可能导致另一角色的失败,而且,为了某一角色的成功付出太大的代价,也有可能导致其他角色的失败。人的社会任务或职业生活不断变化,角色也随之变化,从一个角色进入另一个角色。角色转换的变化从根本上来说是社会权利和义务的变化,而年轻人从学生到社会角色的转换不是瞬间发生和完成的,需要一个过程。

五、霍兰德职业兴趣理论

约翰·霍兰德(John Holland)在1959年提出了具有广泛社会影响的职业兴趣理论。他认为人的人格类型、兴趣与职业密切相关,兴趣是人们活动的巨大动力,凡是符合个人兴趣的职业,都可以提高人们的积极性,促使人们积极地、愉快地从事该职业,并且职业兴趣与人格之间存在很高的相关性。

霍兰德认为人可以分为现实型、研究型、艺术型、社会型、企业型和传统型六种性向类型,如图1-4所示。

1. 现实型

这一类人愿意使用工具从事操作性工作,动手能力强,做事手脚灵活,动作协调,偏好于具体任务,不善言辞,做事保守,较为谦虚,缺乏社交能力,通常喜欢独立做事。其典型职业有摄影师、机械装配工、木匠、厨师等。

2. 研究型

这一类人是思想家而非实干家。他们的抽象思维能力强,求知欲强,肯动脑,善思考,但不愿动手,喜欢独立而富有创造性的工作,知识渊博,但不善于领导他人,考虑问题理性,做事喜欢精确,喜欢逻辑分析和推理,不断探讨未知的领域。其典型职业有科学研究人员、工程师、电脑编程人员等。

3. 艺术型

这一类人有创造力，乐于创造新颖、与众不同的成果，渴望表现自己的个性，实现自身的价值，做事理想化，追求完美，不重实际，具有一定的艺术才能和个性，善于表达、怀旧、心态较为复杂。其典型职业有演员、雕刻家、作曲家、诗人等。

4. 社会型

这一类人喜欢与人交往，不断结交新的朋友，善言谈，愿意教导别人，关心社会问题，渴望发挥自己的社会作用善于寻求广泛的人际关系，比较看重社会义务和社会道德。其典型职业有教师、咨询人员、公关人员等。

5. 企业型

这一类人追求权力、权威和物质财富，具有领导才能，喜欢竞争，敢冒风险，有野心，为人务实，习惯以利益得失、权利、地位、金钱等来衡量做事的价值，做事有较强的目的性。其典型职业有销售人员、政府官员、企业领导、律师等。

6. 传统型

这一类人尊重权威和规章制度，喜欢按计划办事，细心、有条理，习惯接受他人的指挥和领导，自己不谋求领导职务，喜欢关注实际和细节情况，通常较为谨慎和保守，缺乏创造性，不喜欢冒险和竞争，富有自我牺牲精神。其典型职业有秘书、会计、行政助理、图书馆管理员等。

现实中，大多数人并非只有一种性向。例如，一个人的性向中可能同时包含社会性向、艺术性向和研究性向。霍兰德认为，一个人的性向越明显，则选择职业时所面临的内心冲突和犹豫就越少。

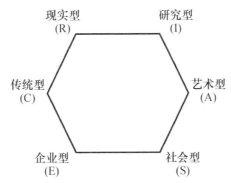

图1-4 六种性向类型

霍兰德把个人特质与适合这种特质的工作联结在了一起，让人们在进行职业规划时，可以根据自己的兴趣，找到和个人兴趣相近而内容又有关联的一些职业，并从中选择自己将来可能从事的职业。当一个人的人格特点与职业环境相匹配时，会产生最高的工作满意度和最低的工作流动性。例如企业型的人从事销售工作可能会有很好的业绩，而研究型的人则会觉得无法胜任。

通过职业兴趣测试，个人可以清晰地了解自己的职业兴趣类型和在职业选择中的主观倾向，从而在众多职业机会中寻找到最适合自己的职业，避免择业时的盲目性。对于大学生和缺乏职业经验的人而言，霍兰德的职业兴趣理论有助于做好职业选择和职业生涯设计，成功地进行职业调整，从整体上认识和发展自己的职业能力。

六、施恩的职业锚理论

埃德加·H.施恩(Edgar H.Schein)教授是麻省理工学院斯隆管理学院的人力资源管理专家，他从20世纪60年代起进行了一项长达几十年的跟踪研究，并在此基础上创立了职业锚理论。职业锚，实际就是人们选择和发展自己的职业时所围绕的中心，是指当一个人不得不作出选择的时候，他无论如何都不会放弃职业中的那种至关重要的东西或价值观，是自我意向的一个习得部分。职业锚强调个人能力、动机和价值观三方面的相互作用与整合，是个人同工作环境互动的产物，在实际工作中是不断调整的。

1978年，施恩教授提出的职业锚理论包括五种类型：自主型职业锚、创业型职业锚、管理型职业锚、技术能力型职业锚和安全型职业锚。在20世纪90年代，他又发现了三种类型的职业锚：服务型职业锚、挑战型职业锚和生活型职业锚。施恩教授将职业锚增加到八种类型，并推出了职业锚测试量表。

1. 自主型职业锚

自主型职业锚，又称独立型职业锚。以自主、独立为锚位的人认为，组织活动是限制人的，具有是非理性的成分。他们追求的是自由自在、不受约束或少受约束、能充分施展个人职业能力的工作生活环境。

2. 创业型职业锚

创业型职业锚又称创造型职业锚。创业型的人愿意去冒风险，克服各种障碍，用自己的能力创建属于自己的公司或产品(服务)。他们要求有自主权、管理能力，能施展自己的才干，但是创造才是他们的主要动机和价值观。一旦他们感到时机成熟，就会走上自己的创业之路。

3. 管理型职业锚

管理型职业锚的人追逐的是全面管理，希望掌握更大的权力，肩负起更大的责任。他们从事具体的技术工作或者职能工作，只是为了更好地展示自己的能力，被认为是通往更高、更全面管理层的必经之路。

4. 技术能力型职业锚

技术能力型职业锚的人比较热爱自己的专业技术或岗位工作，注重个人专业技能的发展，具有相当明确的职业工作追求、需要和价值观。他们不喜欢从事一般的管理工作，因为这将意味着他们放弃了在技术/职能领域的成就。

5. 安全型职业锚

安全型职业锚，又称稳定型职业锚。安全型的人追求工作中的安全感和稳定感。安全感一方面来自职业安全，如大公司组织安全性高，做其成员稳定系数高；另一方面来自情感的安全，如家庭稳定和融洽的团队氛围。

6. 服务型职业锚

服务型的人一心追求他们认可的核心价值观。他们一直希望通过自己的产品或者服务帮助别人，改善其他人的安全状态等。为了实现这一目标，他们宁愿放弃工作提升或者工作变换，即使更换公司也不愿意轻易放弃目标。

7. 挑战型职业锚

挑战型职业锚的人喜欢从事有挑战性的工作，实现看起来不可能完成的任务。在他们看来，从事职业或者工作的目的就是去挑战各种难题，并在不断克服困难、解决问题的过程中获得职业满足感。太过容易的工作对他们来说毫无吸引力。

8. 生活型职业锚

生活型职业锚的人希望在个人需要、家庭需要和职业需要之间找到平衡，将工作与生活看作是一个整体。他们将成功定义得比职业成功更广泛，也就意味着为了实现工作与生活的平衡，宁愿在职业变换上作出牺牲，如为了更好地照顾家庭而放弃职业提升所带来的职业变换。

职业锚理论是个人职业生涯规划和公司人力资源管理的重要工具。

个人在进行职业生涯规划时，可以运用职业锚理论来思考自己所具有的能力、动机和价值观是否与当前所从事的工作相匹配。只有当个人定位与所要从事的职业相匹配时，才能从工作中发现乐趣，快速成长并且实现自我。为了更好地发现自己的职业锚，个人可以尝试不同的工作，在不同的专业领域中进行轮换，从而更加准确地认识自己的资质、能力和偏好，寻找到适合自己的最佳职业。

对于企业而言，通过员工在不同工作岗位之间的轮换，了解员工的职业兴趣、爱好、技能与价值观，将员工放在最合适的工作岗位和职业轨道上，可以更好地实现企业与员工个人发展的双赢。

【拓展阅读】

周杰伦的成长历程

周杰伦在很小的时候，就已经流露出对音乐特有的感觉和天赋。但是，音乐是有钱人的游戏，对于家境一般的周杰伦来说，玩音乐几乎是不可能的。更不幸的是，周杰伦高中毕业没能考上大学。于是，他只能去一家餐厅打工。

虽然只是餐厅的服务生，但他仍然深爱着音乐。他把大部分工资拿去买卡带，经常一个人静静地听音乐，并尝试自己创作。餐厅里有一架钢琴，有一次当工作不忙时，他坐在钢琴前弹了一首曲子，被老板听到了。老板觉得这个服务生弹得不错，于是让他做了餐厅的钢琴师，并且给他涨了薪水。

周杰伦的妹妹帮他在吴宗宪主持的"音乐新人王"中报了名。在节目中，由于周杰伦的曲风怪异，受到了很多观众的嘘声。但吴宗宪却发现周杰伦演奏的是一首非常复杂的曲子，而且谱写得整整齐齐。吴宗宪算是当时中国台湾著名的音乐人，于是他决定给周杰伦一个机会，让周杰伦去自己的"爱尔发"音乐公司做音乐制作助理，也就是帮忙跑跑腿。

这对周杰伦来说是一个很好的实现梦想的开始，从此他坚定了走音乐创作这条路的决心，一有机会就向其他人请教。他的表现得到了吴宗宪的肯定，被提升为音乐制作人。每天早上，周杰伦都会把写好的歌整齐地放在吴宗宪的办公桌上。

然而，事情并不总是那么顺利。周杰伦为刘德华创作的歌，被刘德华看都没看便扔到一边(据说这首歌是后来的"星晴")；而他为当时中国台湾当红女星张惠妹量身定做的"双截棍"也被放弃；老板吴宗宪更是当着他的面撕掉了他的创作稿。

即便非常艰难，周杰伦仍然坚持每天都把他写的新曲子放在吴宗宪的办公桌上。1999年12月的一天，吴宗宪把周杰伦叫到房间里说，既然没有人喜欢唱你的歌，你就自己唱吧。只要你能在10天内拿出50首新歌，我就在其中挑10首最好的给你录制成专辑。

果然，功夫不负有心人，在这个决定周杰伦音乐路上生死存亡的关键时刻，他成功了。10天后，他静静地拿出了50首新歌，并且顺利地发行了自己的第一张专辑《JAY》。从此他名声大噪。

周杰伦的职业经历，既是传奇，也很普通。一直执着于自己的梦想，找一份自己能做的工作，让自己先生存，培养自己适应社会的心态。同时，注意培养进入理想工作的能力，把完美工作作为长期目标来努力，一旦机会出现，就能牢牢地抓住机会。

(资料来源：根据周杰伦中文网 http://bbs.jaycn.com 资料编辑)

第三节 为什么需要职业生涯规划

正如前文所述，湖北农村青年王贵生打工18年，仍然两手空空。而每年的夏天，都有

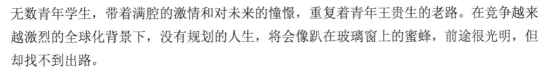

无数青年学生，带着满腔的激情和对未来的憧憬，重复着青年王贵生的老路。在竞争越来越激烈的全球化背景下，没有规划的人生，将会像趴在玻璃窗上的蜜蜂，前途很光明，但却找不到出路。

个人的职业生涯规划就是认识自己、认识职业，设定目标并且寻找实现目标的途径的过程。而这一完整的过程，可以帮助我们少走很多弯路。

1. 只有充分认识自己，才能更好地提升自己

当前激烈的竞争环境，使人们充分认识到了不断提高自我的必要性。然而，个人的时间与精力毕竟有限，只有找准自己需要提升的环节，才能使自己获得更快速的提升。

本科毕业的小陈，学的是电子商务专业，性格外向。毕业后没费什么劲儿就找到了一家广告公司市场部经理助理的工作。一开始，小陈工作干劲十足，可不到半年，小陈就对日渐熟悉的工作心生厌恶，于是跳槽去了一家食品加工公司。可惜没过多久，生性活泼的小陈感觉公司气氛沉闷，加之对食品行业不感兴趣，于是再次辞职。再找工作时，小陈发现称心的工作越来越难找，想想可能是自己能力还不够，就花大价钱去读了MBA，希望可以站在再高的起点从头再来。

如果不能正确地对自己进行评估，认识到自己的个性特征、能力和兴趣等方面的优势和劣势，称心如意的工作只会越来越难找。而更高的学历只有在符合自己职业发展需要时，才能起到助力的作用；否则，只会浪费时间跟精力，而错失提升自己实际需要的能力的机会。

2. 设定明确的奋斗目标，才能离目标越来越近

职业生涯规划是在充分认识自我和对外部环境进行评估的基础上作出的职业选择。有了明确的职业目标和方向，才能使自己的努力朝着目标前进，并且离目标越来越近。

刘勇是计算机专业的学生。刚毕业时，他做的是软件工程师的工作，因为这和他的专业很贴近。后来他从报纸上看到，说软件工程师是一个青春职业，和年龄有很大关系，35岁以后就面临被淘汰的可能性，工作很不稳定。于是他改行去卖包子，因为他认为他家楼下卖包子的生意很稳定。可惜家里人强烈反对，刘勇不得不放弃这一工作，而去一家大公司应聘做销售，因为他看到很多公司高层领导都是从做销售开始的。但是做销售有很大压力，而且还不稳定，于是他又回到IT行业做起了培训老师。整个过程下来，刘勇找了很多工作，一直很努力，但都没有成功。他觉得自己的能力不被社会所接受，开始变得失望、焦虑。

其实刘勇只是想找一份稳定的工作，可惜他没有选好目标，将时间和精力浪费在了完全不相关的工作和找工作上。如果他能早点认清自己内心的需求，同时了解不同职业的要求，选对奋斗目标，就不会绕了一个大圈子之后，还原地踏步。

【拓展阅读】

职业规划可以帮助个人寻找实现目标的途径

许多应届毕业生找工作时总是四处碰壁,感慨自己怀才不遇,而更多的时候,他们只是找不到正确的路径。

黄强是一所普通本科院校的学生,所学专业是信息工程。他在大一的时候就选定了自己的职业目标:进华为公司做软件工程师。为此,他根据华为公司的招聘要求,考取了相关的专业证书,并且各科成绩优秀。可惜,在黄强毕业时,华为公司只招收重点本科毕业的应届生。黄强很受打击,但并没有放弃。在研究了华为公司的社招条件后,黄强去了一家较小的信息公司,做了两年的软件工程师,积累了相关工作经验,并且不断地给华为公司寄送自己的简历。终于,两年后,华为公司录用了他。

《2014 中国大学生就业报告蓝皮书》指出,2013 届大学本科毕业生半年内离职率为 24%,高职高专毕业生半年内离职率为 43%。许多大学生相信找工作需要"骑驴找马",但总是找不到理想的工作,于是在不断的跳槽中,迷失了自己最初的目标。通过职业生涯规划,客观评价自身条件而不盲从,才能找到适合自己并且能够实现自己目标的路径。

马努杰现象

现代职场流传着一个马努杰的故事:亚美尼亚的马努杰是一名平凡的推销员。但是,他却有着一个不平凡的记录,即曾经在 47 年的职业生涯中,为 207 个公司工作。他的这个记录已经成为职业生涯规划的一个案例——"马努杰死亡回旋梯",平均一年换 5 次工作,或者说平均两个月就被辞退或跳槽一次。

"死亡回旋梯"的出现是诸多因素博弈的结果,但马努杰不了解自己的优劣势、不清楚自己适合的工作环境、缺乏必要的职业技能,是悲剧出现的主要原因。事实上,在职场当中,类似的"马努杰现象"并不少见。其实,"马努杰"及"泛马努杰们"在职业中存在的种种问题,都可以通过职业规划、职业指导得到解决。

(资料来源:雷恩·吉尔森. 突破"马努杰的死亡回旋梯"[J]. 出版参考,2004(8):44-44.)

本书意在为即将走入职场或者刚刚走入职场的年轻人提供一套简单、可行而又有效的职业生涯规划工具。从职业生涯规划理论,到个人测评,再到系统分析,使职业生涯规划不再神秘和难以学会,而是确实对自己的职业发展有所帮助。

第一篇 理论篇,通过第一章——职业生涯规划理论,介绍了什么是职业生涯规划,以及主要的职业规划理论,为读者对自己的职业生涯进行管理提供了理论基础。

第二篇 测评篇,内容包括第二~四章,分别提供职业性格测评、兴趣测评和能力测评工具,帮助读者更清晰地认识和了解自己。

第三篇 分析篇,内容包括第五~七章,分别从职业目标的设定、职业决策和职业计划的制定与实施，介绍各种职业生涯分析工具，来帮助读者分析和定位自己的职业生涯，更好地规划自己的人生，早日实现职业成功。

【案例应用】

比尔·拉福的从商之路

比尔·拉福的父亲是洛克菲勒集团的一名高级职员，在商界摸爬滚打了多年。受到父亲的影响，拉福中学毕业便立志从商。拉福的父亲认为儿子有商业天赋、机敏果断、敢于创新，但并不赞成他直接攻读商业相关专业。拉福父子进行了一次长谈，最终拉福听从了父亲的劝告，没有直接读贸易专业，而是选了工科中最基础、最普通的专业——机械制造。

这着棋很妙，因为做商贸必须具备一定的专业知识。在贸易中，工业商品占据了绝大多数，如果不了解产品的性能、生产制造情况，很难保证贸易的收益。况且，工科学习，不仅是知识技能的培养，还能帮助你建立起严谨求实的思维体系，训练你的推理分析能力，使你有一种脚踏实地的工作态度，这些素质对经商帮助极大。比尔·拉福就这样在麻省理工学院度过了4年。他没有拘泥于本专业，还学习了许多化工、建筑、电子等方面的基本知识，这些知识在他后来的商业活动中发挥了不可替代的作用。

大学毕业后，比尔·拉福根据计划开始攻读经济学的硕士学位。比尔·拉福考进芝加哥大学，开始了为期3年的经济学硕士生涯。这期间，比尔·拉福掌握了经济学的基本知识，搞清了影响商业活动的众多因素。他还特意认真学习了有关的经济法律。在现代商业活动中，法律充当了至关重要的角色，没有法律保障，现代商业将陷入一片混乱。他更注重学习微观经济活动的管理知识，而不是把主要精力用来研究理论经济学，那是职业经济学家的工作，他志不在此。这样，几年下来，他在知识贮备上完全具备了经商的素质。

然而，拿到硕士学位的比尔·拉福仍然没有立即投身商海，而是考了公务员，去政府部门工作。他的父亲——这位老谋深算的商人深知，经商必须有很强的交往能力，要想在商业上获得成功，必须深知处世规则，充分了解人的心理特征，善于与人交往，能够给人以良好的印象，使人信任你，愿意与你合作。这种开拓人际关系的能力是在任何学校都学不到的，只有在社会上、在工作中才能得到锻炼。而训练交际能力、观察人际关系的最佳去处就是政府部门。在这种环境里工作，每个人都会逐渐变得机敏、处变不惊。比尔·拉福在政府部门一干就是5年。这5年中，他从稚嫩的热血青年成长为一名老成持重、不动声色的公务员。比尔在环境的压迫下学会了自我保护，城府很深。他在后来的商业生涯中，从未上当受骗，这都归功于他在政府部门的5年锻炼。此外，他通过那5年的政府机关工作，结识了大批各界人士，建立起一套关系网络。

5年的政府工作结束之后，比尔·拉福已完全具备了成功商人所需的各种条件，羽翼丰满了。于是，他辞职下海，去了父亲为他引荐的通用公司熟悉商业业务。仅用了两年时间，他就熟练掌握了商情与商务技巧。这时候，他不再耽搁时间，婉言谢绝了通用公司的高薪挽留，跳出来开办了拉福商贸公司，开始了梦寐以求的商人生涯，正式实施多年前的计划。比尔·拉福的准备工作太充分了，他几乎考虑到了每个细节，学会了商人应学的一切。因此，他的生意进展异常顺利，拉福公司的资产从最初的 20 万美元迅速增加到 2 亿美元，而比尔·拉福本人也成为一个传奇人物。

回过头来看看，比尔·拉福的职业生涯设计脉络清晰，步骤合理：工科学习→工学学士；经济学学习→经济学硕士；政府部门工作→锻炼处世能力，建立人际关系；大公司工作→熟悉商务环境；开公司→事业成功。每一步都充分考虑了个人兴趣、个人素质，着重突出了职业技能的培养，这种生涯设计在他坚持不懈的努力下，终于变为现实。

从比尔·拉福的成功之路中，你学到了什么呢？

(资料来源：苏旭升. 中国教育报，2009 年 3 月 18 日)

本 章 小 结

在生活中，有很多人正在求职或将要求职，却没有清晰而精准的求职目标；不喜欢当下在做的工作，却对未来感到迷茫，搞不清楚应该向哪个方向发展；想创业，但不知道自己是否适合创业。当人们在不断地犹豫、无目的地跳槽以及迷茫与焦虑中度过一天又一天时，才恍然发现，原来时间已经过去了很多年。

每个人的出生环境、家庭背景、教育程度和工作经历等外部条件都不一样，而每个人的天赋、能力、性格等内在素质也各不相同。因此，成功从来不是只有一条道路，而找到适合自己的道路就显得尤为重要。当人们从整个人生的角度来思考自己的选择时，就需要给自己做一个职业生涯规划。

美国波士顿大学教授帕森斯发展出了人—职匹配理论，金斯伯格和舒伯等人分别从动态的角度提出了职业发展理论，霍兰德的类型论是职业生涯管理与心理学、系统论等众多学科交叉的结果，施恩阐述了不同的人可能以他们的天资、动机以及个人价值为观点，从而为他们的职业作出不同的定义，进而采取不同的职业生涯管理措施。

因此，在系统思考前人职业规划理论的基础上，本章化繁为简，认为个人的职业生涯规划就是认识自己、认识职业，设定目标并且寻找实现目标的途径的过程。而这一完整的过程，可以帮助我们少走很多弯路。

第二章　职业性格测试

【引导案例】

丑小鸭的故事

安徒生的童话里有一则家喻户晓的故事《丑小鸭》，说的是角色认知错位所引起的困惑，这是用来阐释某些现代人生活状态的一个很好的范例。

这只最后从蛋壳里爬出来的丑小鸭处处挨啄、受排挤、被讥笑，不仅在鸭群中如此，连在鸡群中也是这样。大家都要赶走这只可怜的丑小鸭，连自己的兄弟姐妹也对它生起气来。于是鸭妈妈也说："我希望你走远一些！"于是它闭起眼睛悲哀地逃，逃到一块住着许多野鸭的沼泽地，又逃到一间老太婆和猫儿鸡儿住的农舍，结果还是一样地受歧视，嫌她不会"咪咪"叫。丑小鸭苦闷极了，自个儿在水中钻来钻去，秋天时冻得"呱呱"直叫。

一天傍晚，暮色低垂，一群美丽的天鹅从灌木林里飞出来，丑小鸭从未见过这么美丽的鸟，看着它们飞走了，既茫然又羡慕，心中油然涌出一种深深的爱，好像它从未爱过什么似的。

终于有一天丑小鸭扇起翅膀飞进了一座大花园，在这里它又遇见了美丽的天鹅。小鸭突然忧郁地想："我要飞向它们，飞向这些高贵的鸟儿！即使被它们打死，也总比让那些欺负自己的鸭子咬、啄要好受得多。"于是它又飞到水里，向美丽的天鹅游去。

"请你们把我弄死吧！"可怜的小鸭说。它低低地把头垂到水上，只等着一死。

但是，当它在清澈的水中看到自己的倒影，再也不是一只粗笨的、深灰色的、又丑又令人讨厌的鸭子，而是一只漂亮的天鹅时，它恍然大彻大悟。

如果是只天鹅蛋，即使生活在鸭窝里，又有什么关系呢？

在经历了许多挣扎以后，丑小鸭苦尽甘来。在发现自己原来是一只天鹅的同时，它找到了尊严，也理解到自己为什么要经历这么多的试练。它不再为自己的角色错误感到迷惑，因为它知道自己是一只漂亮的天鹅了。

当许多大天鹅在它周围游泳，用嘴吻她时，曾经的丑小鸭感到非常幸福，快乐地想："当我还是一个丑小鸭的时候，我做梦也没想到会有这么幸福！"

这个故事告诉我们要走出自我毁灭的幽暗迷宫，开启一个自我改造的闪亮新世界。从丑小鸭探索自己的身份开始，它就认定自己真是很丑陋的，因为别人都这么说。孤单的丑小鸭，因为受到其他鸭子的嘲笑、轻视和排斥，它只好到处寻找和她一样，而且会爱它的同类。这不也是我们所要寻找的吗？

在我们每个人的心里，对自己都有一个评价。这个评价会受我们生存的外在世界的影响,而且得到我们自己的认同。就像丑小鸭一样,当我们受排斥而感到伤心、困惑的时候,我们会用各种可能的方法保护自己,希望有一天能找到家,找到一个能够了解我们并爱我们的人。

尼采说:"人们经常对自我隐藏;在所有的宝藏中,我们自己总是最后才被挖掘出来的"。唯有通过彻底的自我审视,尤其是探索自己行为的动机,才能解开我们的疑惑。当我们知道自己属于哪一个种群,知道自己的性格特点,知道我们自己需要什么样的环境、什么样的伙伴,知道我们将来适合做什么,知道我们最后要达到什么样的目的,那么我们的生活、理想就不再是凭空的幻想,不再漫无边际,而是站在事实的基础之上,那样我们所有的选择才会有的放矢。

我们穷其一生的时间,都是在寻找自己、发现自己。无论我们是否意识到,我们每个人都在进行这样的人生历程。只是有的人,终其一生,对自己的了解还是一知半解。能够在最早的时间里了解自己的人是幸福的,他们的人生将要比晚了解自己的人少很多挣扎。我们的兴趣、爱好,也许会随着时间的推移发生变化,但是我们的性格却是很难改变的。我们会随着年龄的增长变得更加理性、成熟,但是我们的本性是不会改变的。只有当我们了解了自己的性格类型、明白了自己的价值取向,才可以获得真正的满足。

第一节 MBTI 16 种人格类型

美国的凯恩琳·布里格斯和她的女儿伊莎贝尔·布里格斯·迈尔斯研制了迈尔斯-布里格斯类型指标(MBTI)。这个指标以瑞士心理学家荣格划分的八种类型为基础,加以扩展,形成四个维度,这四个维度就是四把标尺,每个人的性格都会落在标尺的某个点上,这个点靠近哪个端点,就意味着这个人有哪方面的偏好。

一、性格类型的四种维度

性格类型的评估体系基于人类性格的四个基本方面:①我们与世界的相互作用是怎样的以及我们的能量向何方疏导。②我们很自然地留意的信息类型。③我们如何做决定。④我们是喜欢结构性强的工作(作决定)还是更自由随意的工作(理解信息)。如表2-1所示。我们把人类性格的这些方面称为"维度",因为每一条都可以用两个相反极端间的连续统一体表示。

表2-1 性格类型的四种维度

评估内容	性格类型
我们与世界的相互作用是怎样的以及我们的能量向何方疏导	外向—内向
我们很自然地留意的信息类型	感觉—直觉
我们如何作决定	思维—情感
我们是喜欢结构性强的工作(作决定)还是更自由随意的工作(理解信息)	判断—知觉

每个人的性格都对应于四种维度每一种的中点的这一边或那一边。我们把每种维度的两端称作"偏好"。例如，如果你落在外向的一边，那么就可以说你具有外向的偏好；如果你落在内向的一边，则称你具有内向的偏好。

我们首先要做的是弄清每个维度的含义，并且能估计出自己在每个维度上的偏好。但要注意，这些偏好是一般性的，而且仅代表极端情况。通过代表人物的行为方式，看哪一个(相对于另一个)与你更相似。在每一种维度的讨论结束后你将看到一个连续尺度，请在最能体现你的偏好的位置上做一个记号。你的记号越靠近尺度的正中，你的偏好就越不明显；你的记号离中心越远，你的偏好也就越强烈。即使你对自己的偏好不肯定，也要试着假设，你可能会将记号标在中点的哪一侧。因为帮你确定性格类型的关键并不是你的偏好有多清楚，而是你更偏向于哪一端。

在现实生活中，每一个尺度的两侧你都会用到，但你仍会有一种天生的倾向于这一边或那一边的偏好。这种偏好会让你更舒服、更自觉，也更可依赖。正因为如此，你在运用它时会更成功。如果你在每个连续尺度上都没有特别明确的偏好的话，你也可能会稍稍偏于中点一点儿。在连续尺度上居于两端的人拥有很强的偏好，他们彼此性情差别特别大。

(一)外向—内向

性格类型的第一个维度关注于我们喜欢怎样与世界相互作用，以及我们向何处释放能量。卡尔·荣格最先提出了"外向"和"内向"的概念用以描述我们是如何在外部世界与内部世界中生存的。我们把偏好外部世界的人称为"外向者"，而把偏好内部世界的人称为"内向者"，外向型与内向型的特征比较如表2-2所示。

外向者把注意力和能量都汇聚于外部的世界。他们寻找别人，与人交往，以感觉人与人之间的相互作用，无论是一对一，还是在一个群体中。他们经常(而且是自然而然地)被外部的人和物所吸引。因为外向者需要通过感受来了解世界，他们会更趋于参加各种活动，以与他人在一起和认识许多人的方式给自己"充电"。因为他们喜欢成为活动的焦点，而且又容易接近，因此他们经常也更容易结识陌生人。外向者在面对一个情况时会问自己："我怎么能影响它？"

表2-2 外向型与内向型的特征比较

外向型的人	内向型的人
与他人相处时精力充沛	独处时精力充沛
行动先于思考	思考先于行动
喜欢边想边说出声	在心中思考问题
易于"读"和了解；随意地分享个人情况	更封闭、更愿意在经挑选的小群体中分享个人的情况
说的多于听的	听的比说的多
高度热情地社交	不把兴奋说出来
反应快，喜欢快节奏	仔细考虑后，才有所反应
重于广度而不是深度	喜欢深度而不是广度

内向者把注意力和能量集中于内部世界。他们喜欢独自一人并需要以此来"充电"。内向者喜欢在感受世界之前先去了解它,这就意味着他们的大部分活动都是精神上的,他们偏好小范围的社会活动——一对一的,或是在一个小群体内。内向者总是避免成为注意的中心,而且他们一般要比外向者沉默一些。他们喜欢慢慢地认识陌生人。内向者面对一个情况时会问自己:"它会怎么影响我?"

【职业案例】

文杰,一个真正的外向者,他自己这样描述,"当我从超市回来之时,妻子总是问我:'怎么样,顺利吗?'你可能以为她是在问我是否买了该买的东西,但实际上,因为她太了解我是什么样的人了,她真正的意思是:'你见到了多少熟人呀?'对我来说,与人交往,特别是与朋友交往,是一件非常快乐而且又令人精神振奋的事。无论走到哪里我都能遇到好多熟人,我喜欢这种感觉。"

李川,非常内向的一个人,有着截然相反的感受。"我喜欢人,"他解释说,"但我不太看重迅速而肤浅的交往。我妻子热衷于参加聚会,而我却觉得那是累人的事。对我来说,不得不与那些我连名字都记不起或再也不会见面的人交谈,是令人疲惫和不快的。有什么意思呢?"

有些人非常肯定自己属于外向型,有些人则发现自己是绝对的内向型。然而,多数人却发现他们似乎介于两者之间,是两种性格的结合。现在我们就来看看你在这种分类中处在何种位置。

阅读以下问题,从 A、B、C 中选出最适合自己的选项。你可能会发现三个选项都不合适,或者合适的不止一项,这种情况下,选出相对来说更适合自己的即可。

1. 人们经常会用下列哪个词语描述你:(   )。

    A. 善于分析

    B. 遵守纪律

    C. 有创造力

2. 一连几天参与社交活动(比如参加一个为期几天的会议)之后,你会:(   )。

    A. 精力充沛,重新开始日常活动

    B. 和之前没什么两样,继续日常活动

    C. 很想"蒙头大睡",无法将注意力集中到第二天要做的事情上

3. 你喜欢人们在你家待多久:(   )。

    A. 时间不定

    B. 一周

    C. 几天

4. 有事情需要做时,你会:(   )。

    A. 立刻付诸行动

B. 采取行动前先看说明书

C. 拖延

5. 在小组中或社交场合度过很长一段时间之后，你会：（　　）。

   A. 比之前更加精力充沛

   B. 和之前几乎一样

   C. 感觉精疲力尽

6. 和他人说话的时候，你：（　　）。

   A. 更在意他人说了什么，而不是在意他人的感受

   B. 能感觉到隐藏在表面之下的意思，不过，你的注意力更多地在交谈本身

   C. 总能感觉到对方的感受，知道他们在想些什么(透过他们说的话)

7. 如果买到不合适的东西，你会：（　　）。

   A. 立刻拿回商店

   B. 真的不喜欢将东西拿回到商店，不过，如果恰好有机会，你会带过去

   C. 一直保存着

8. 晚上如果没事，你会：（　　）。

   A. 打电话给朋友，和大家一起出去

   B. 邀请几位要好的朋友到你这里来

   C. 一个人待着，看本好书或者好的录像带

9. 如果参加社交活动感觉很棒，你会：（　　）。

   A. 真希望活动不要结束，通常是最后一个离开的

   B. 很享受整个过程，其他人离开的话，你也会一起离开

   C. 虽然很喜欢，但还是希望活动快点儿结束

10. 说到朋友，你觉得：（　　）。

    A. 多多益善

    B. 普通朋友可以很多，还要有几个要好的

    C. 有几个深交的就行

11. 人们会如何评价你的交谈技巧：（　　）。

    A. 他们会说"能说会道"

    B. 他们觉得和你在一起很舒心

    C. 他们觉得你是个很好的倾听者

12. 如果有人问你对某事有什么看法，你会说：（　　）。

    A. 太棒了，这恰恰是我正在思考的

    B. 挺有趣，我想听你再说说……

    C. 好问题，我来想想，给我几天的时间，然后我发邮件给你

13. 你最喜欢的交流方式是：（   ）。
    A. 电话交流
    B. 面对面交流
    C. 邮件交流

14. 忙于非常细致的工作或任务时，你会：（   ）。
    A. 立刻投入，然后一直忙到结束
    B. 先解决比较棘手的部分，然后休息一下，重新整合，然后再计划下一步
    C. 将工作或任务分成几部分，以免不堪重负

15. 参加会议时，你会：（   ）。
    A. 公开你的观点，和大家分享
    B. 更多地思考，偶尔说一下你的观点
    C. 仔细听他人的观点，不发表自己的观点，等会议之后再总结出自己的想法

16. 如果看到有人在饭店里兀自歌唱，你会：（   ）。
    A. 感到抱歉，想陪着他们一起唱
    B. 不知道他们为什么这样，但是，也不太想弄明白原因
    C. 猜想他们很喜欢这样，不想和他人交流

17. 如果置身拥挤吵闹的会议或其他场合，你会：（   ）。
    A. 很激动，想尽可能地多认识人
    B. 随便和这个人聊聊，然后再和那个人聊聊
    C. 和一两位你感觉比较"安全"的人深入交流，偶尔会走到一边，寻找一点"个人"空间

18. 如果和朋友一起共进晚餐，你会：（   ）。
    A. 喊一大群人，找一个人声鼎沸的饭店，甚至彼此交流都要大声喊才可以
    B. 选择和几个朋友一起，找一个家庭式的饭店，虽然食客也不少，但不那么吵
    C. 和一两个好友一起，找一家安静的饭店，彼此可以好好聊聊

19. 如果在自己的车里，想要寻找一个地址，你会：（   ）。
    A. 一边想着其他事情，一边很容易地找到目的地
    B. 找到方向时，你会大声说出来
    C. 把广播声音调小，这样就能够专心思考了

20. 发现所乘坐的飞机或火车没有其他乘客时，你会：（   ）。
    A. 失望
    B. 没什么感觉
    C. 很放松

如果选择 A 项，每道题目得 3 分；如果选择 B 项，每道题目得 2 分；如果选择 C 项，每道题目得 1 分。算出总分，看看自己属于以下哪一类。

46~60分：

基本可以断定你是外向型。你就像太阳能电池板一样，和他人在一起时会获得能量，而且在集体环境中会非常兴奋。你不害怕与他人分享自己的观点，你会迅速作出反应。在交谈中你很自如，并且通过和他人的谈话可以形成自己的观点。在你看来，朋友多多益善。交谈比书写更自然，如果收到了他人的邮件，你会拿起电话直接和对方聊一聊而不是回信。一般而言，你的思想允许你同时做几件事。

31~45分：

因为具体情况不同，你会表现出不同的性格特征，有时内向型，有时外向型。如果在社交场合待得太久，即使再愉悦，你也会感觉很疲惫，之后你需要一段独处时间来调整自我。而精力恢复之后，如果没有人可以交谈，你又会觉得焦躁不安。就这样，循环往复，直到再次出现社交时间过长为止。这时候，你发现自己又一次需要从中脱身。在和他人的交谈中思考问题并不困难，但是，你总是在交谈之后一个人时才能够真正厘清自己的思路。你需要完全不同的两个世界(外向型和内向型)，只有在这两者中交替，你才能真正找到自我，获得恢复。

20~30分：

基本可以断定你是内向型。可能你并不害羞，但是，社交场合持续得越长，你就越觉得疲惫。你非常需要独处的时间，就像一块充电电池一样，利用独处再次给自己充电。相比较一些泛泛之交，你更喜欢和三五知己在一起聊天。在多数的交谈中，你都会语塞，等交谈结束好一会儿了，你才想起来当时该怎么表达。因此你喜欢独自一人，安安静静的时候梳理思路。你是个很好的倾听者，因为你喜欢深入思考问题，注意力能够高度集中于一件事。如果有人给你留语音邮件，你很可能以写信的方式回复对方，因为这样你更容易将自己的想法表达清楚。

现在你应该知道自己属于哪种人了，请在下面的连续尺度上标出你的偏好。

外向----------------------------   ----------------------------内向

(二)感觉—直觉

性格类型的第二个维度是关于我们自然注意的信息类型的。一些人关注于"是什么"，而另一些人则关注"可能是什么"。

我们用术语"感觉"来描述"五感"收集信息的过程。我们把偏好"感觉"的人称为感觉型的人，这种类型的人专注于可以看到、听到、感觉到、闻到及尝到的事物。他们只相信可以衡量的或有证据的东西，而且只注意真实而有形的东西。感觉型的人信赖"五感"所带给他们的关于世界的精确信息，而且他们也信赖自己的经验。他们重视现在，并且关注所有此刻发生的事。感觉型的人看到一个情况时就想精确地知道发生了什么事。

虽然我们都运用"五感"来获取信息，但一些人对基于事实的暗示、关系和可能性比对事实本身更感兴趣，这一类型的人更信赖他们的"第六感"(直觉)。我们把偏好直觉的人称为直觉型的人，而这种人会很自然地在字里行间辨认和寻找一切事物的含义。直觉型的人注重暗示和推理，与感觉型的人不同，他们更看重想象力，而且信赖自己的灵感和预感。直觉型的人注重将来，他们喜欢预测事物，并且他们通常想改变事物的本来面貌。直觉型的人看到一个情况时，想知道这意味着什么，结果是怎样的。

感觉型的人尤为擅长注意和记住许多事实，而直觉型的人则更擅长解释事实或收集资料。感觉型和直觉型的特征比较如表2-3所示。

表2-3 感觉型与直觉型的特征比较

感觉型的人	直觉型的人
相信确定和有形的东西	相信灵感或推理
对概念和理论兴趣不大，除非它们有着实际的效用	对概念和理论感兴趣
重视现实性和正常情形	重视可能性和独创性
喜欢使用和琢磨已知的技能	喜欢学习新技能，但掌握之后很容易就厌倦了
留意具体的、特定的事物；进行细节描述	留意事物的整体概况、普遍规律及象征含义；用概括、隐喻等方式进行表述
循序渐进地讲述有关情况	跳跃性地展现事实
着眼于现实	着眼于未来，留意事物的变化趋势，习惯于从长远角度看待事物

【职业案例】

希希，一个感觉型的人；熊迪，一个直觉型的人。她们在同一家化妆品生产公司就职。一天，总经理仓促地将所有部门经理叫到一起开了一个紧急会议。他用一些数字，草草地画了一张公司经济状况糟糕的图表，并且强调如果情况还得不到改善的话，他将不得不采取裁员和其他一些减少开支的措施。

会议戛然而止，所有的部门经理在离开时都一头雾水。希希和熊迪马上秘密地开始核对她们的会议记录。希希非常清楚总经理所列数据的含义，因此她意识到公司的确陷入了财政危机。当她在笔记本上进一步计算之后，她得到了比会议上更糟糕的再清楚不过的结论。

尽管熊迪对数字没有天分，但她也十分警觉。她一走进会议室就意识到有什么地方不对劲了，而且她现在有一种感觉，事情绝对不只像总经理说得那么简单。熊迪发现平常轻松和蔼的总经理忽然变得焦躁不安，而且她还看到几个部门经理偷偷地交换眼神。她告诉希希，总经理与负责研究和开发的副总经理关系十分紧张。尽管在会议上没有提及此事，但熊迪猜测可能是公司期望很高的正在开发中的新的皮肤护理产品生产线出了问题，而这会对全厂的生产线造成很大影响。

结果是，希希和熊迪都对了。总经理几天后宣布了这个坏消息，而且是出于完全不同的原因。正如我们所知，希希和熊迪都没有感到惊讶。尽管她们的分析着眼于不同的信息线索，但最终得到的答案却是一样的。

人的直觉能力经常引发激烈的争论。以下测试题可以让你对自己的立场有所了解。做每道题目时请不要犹豫。如果你回答每道问题前都要思考，那这本身就已经说明了你究竟属于直觉型还是感觉型。

1. 你是否喜欢和别人打赌，而且赌运还很好？
2. 你是否一看见一幢房子便感到合适与舒适？
3. 你是否常感到你一见某个人，便感到十分了解他(她)？
4. 你是否经常一拿起电话便知道对方是谁？
5. 你是否常听到某些"启示"的声音，告诉你应该做些什么？
6. 你是否相信命运？
7. 你是否经常在别人说话之前，便知道其内容？
8. 你是否有过噩梦，而其结果又变成事实？
9. 你是否经常在拆信之前，便已知道其内容？
10. 你是否经常为其他人接着说完话？
11. 你是否常有这种经历：有段时间未能听到某个人的消息了，正当你在思念之时，又忽然接到他(她)的信件、明信片或电话？
12. 你是否无缘无故地不信任别人？
13. 你是否为自己对别人第一面印象的准确而感到骄傲？
14. 你是否常有似曾相识的经历？
15. 你是否经常在登机之前，因害怕该航班出事，而临时改变旅行计划？
16. 你是否在半夜里因担心亲友的健康或安全而忽然惊醒？
17. 你是否无缘无故地讨厌某些人？
18. 你是否一见某件衣服，就感到非得到它不可？
19. 你是否相信"一见钟情"？

每道题回答"是"或者"否"。答"是"的记1分，答"否"的记0分，累计所得分数，并按如下标准进行评价。

10～19分：

你有很强的直觉能力，有着惊人的判断力，当你将它用于创造时一定会取得巨大成功。

1～9分：

你有一定的直觉能力，但常常不善于运用它有时让它自生自灭，应该加强对它的培养，让它成为你事业的好帮手。

0分：

你一点儿也没有发展自己的直觉能力。你应该试着按直觉办事，就会发现直觉有时很灵。

现在你应该了解到人是以两种不同的方式来获取信息的。请在下面的连续统一体上标出你的偏好。

感觉------------------------   ------------------------直觉

(三)思维—情感

第三个性格类型的维度是关于我们如何作决定并得到结果的。作决定也有两种不同的方式：思维和情感。思维是指用客观的方式作决定；而情感是指以个人价值来作决定的方式。尽管在作决定时，感情因素会起到一定的作用，但这里的"情感"是指决定时的方式是以自己和他人的利益为重。

思维型的人喜欢有逻辑意义的决定，他们以自己在作决定时客观的分析能力为自豪。他们通过分析和衡量证据来作决定，哪怕得到的结果并不令人愉快。

情感型的人作决定时，一切都基于他们是否上心，并以自以为正确的事实为基础。他们自豪于自己的感性化和同情心。

"思维"通常被认为是一种作决定的理智的方式，而"情感"则被认为是不理智的。其实不然，"思维"和"情感"都是理智的方法，它们只是在作决定的过程中运用了不同的标准。思维型与情感型的特征比较如表2-4所示。

表2-4 思维型与情感型的特征比较

思维型的人	情感型的人
退一步思考，对问题进行客观的、非个人立场的分析	超前思考，考虑行为对他人的影响
重视符合逻辑、公正、公平的价值；一视同仁	重视同情与和睦，重视准则的例外性
被认为冷酷、麻木、漠不关心	被认为感情过多，缺少逻辑性，软弱
认为坦率比圆滑更重要	认为圆滑比坦率更重要
只有当情感符合逻辑时，才认为它可取	无论是否有意义，认为任何感情都可取
被"获取成就"所激励	被"获得欣赏"所激励
很自然地看到缺点，倾向于批评	惯于迎合他人，着重维护人脉资源

【职业案例】

罗英，一个情感型的人；刘婕，一个思维型的人。她们两人都在一家专业网站的编辑部工作，而且她们一直都很欣赏对方的价值观。

"罗英对人很有研究，"刘婕解释说，"当我与某个客户意见不合时，或者我不明白为什么这个人会这么做的时候，我就会向罗英请教。她总能分析出这其中的原因——而且有时证明我也是有责任的。罗英关于处理特殊情况的见解和建议使我多次摆脱麻烦。"

罗英说："刘婕是我所见过的最诚实的人。她不是最圆滑机敏的，但她是最诚实的。为了不感情用事，我总是向她请教更具逻辑性的处事方法。我并不总是听刘婕所说的话，有时也不喜欢她那种直率的说话方式，但我知道我总是可以从中获得真实客观的看法——这是我最需要也最欣赏的！"

一些人很难在思维型和情感型之间作出判断。不同的性别角色使人们很容易曲解他们真正的性格偏好。一个天生是思维型的妇女，可能表现得更像一个情感型的人(赋予生命者、母亲、养育者、有同情心并给予支持)，而一个天生情感型的男人可能表现得更像一个思维型的人(猎人、竞争者、头脑冷静、独立、不多愁善感)。以下测试可以帮助你更多地了解自己的思维方式。

本测验共六个大问题，每个问题有五个备选答案，请仔细阅读每一道题目并如实回答。

1. 一般而言，你吸收新观念的方法是：(　　)。
   A. 把它们与其他观念相比较
   B. 了解新旧观念的相似程度
   C. 把它们与目前或未来的活动联系起来
   D. 静心思索，周密分析
   E. 践中应用它们

2. 每逢读到自立的文章时，你最关心的是：(　　)。
   A. 文章中提议的是否能办到
   B. 研究结果是否具有真实性
   C. 其结论与自己的经验是否相同
   D. 作者对必须做到的事是否了解
   E. 是否根据资料得出观点

3. 听别人辩论时，你赞成的一方：(　　)。
   A. 能认清事实并揭示出矛盾所在
   B. 最能体会社会规范
   C. 最能反映我个人的意见和经验
   D. 态度符合逻辑，始终如一
   E. 最能简明扼要地表达论点

4. 接受测验和考试时，你喜欢：(　　)。
   A. 回答一套客观而直接的问题
   B. 写一篇有背景、理论和方法的研究报告
   C. 写一篇表述自己如何学以致用的非正式报告
   D. 将自己所知做一个口头汇报
   E. 和其他接受测验者进行辩论

5. 有人提出一项建议时，你希望他：(　　)。
   A. 考虑到利弊得失两个方面
   B. 说明建议如何符合整体目标
   C. 说清楚究竟有何益处
   D. 用统计资料和计划来支持其建议

E. 对如何实施建议作出说明

6. 处理一个问题时，你多半会：（　　）。

　　A. 想象别人会怎样处理

　　B. 设法找到最佳的解决步骤

　　C. 寻求能尽快解决问题的方案

　　D. 试着将它与更大的问题、理论联系起来

　　E. 想出一些相反的方法来解决问题

评分方法：把所有题的相同选项相加，哪个选项最多就表示你爱用哪种方式思维。选A最多，表明是综合型；选B最多，表明是理想型；选C最多，表明是实用型；选D最多，表明是分析型；选E最多，表明是现实型。通常只有15%的人较平均地使用这五种思维方式，35%的人使用两三种思维方式，50%的偏重一种思维方式。

以下是各种不同思维类型的人的特点。

A. 综合型：富有创造性和进取心，但常使别人因他们而不安。对思辨哲学的热爱导致他们有些脱离现实。对任何真理都多方位探讨，结果成为一个热衷于辩论的人。一般人逻辑思维程序单一，从一个念头到另一个念头，可他们却在许多念头间跳跃，令人感到难以理解。

B. 理想型：往往将注意力集中在相同之处，以谋求和谐。能耐心倾听别人的意见，关心自己的目标、价值及造福他人；尊重道德传统和人格。常因未能达到自己所定的过高目标而自责追悔，对唯利是图和蔑视道德之人深感失望。理想型的人比别人更关心未来，可能会热心过度，对那些不需要或不愿意接受帮助之人也给予帮助，因此，也许有人会说你多管闲事。

C. 实用型：有积极向上的人生观，遇到困难临危不乱，他们的信念是今天只需做今天的事，并深知明天还会有尝试的机会。他们不太周密规划，只将注意力放在现有条件可完成的事情上。实用型的人主意多，富有创造力，凡事都以优选的方法去做，毫不气馁。他们也是折中主义者，适应性强、易于满足，在做似乎不可为之事时也会很有兴趣。他们比大多数人的高明之处在于有对付难题的手腕和高超圆滑的谈判技巧。

D. 分析型：认为做任何事情都只有一个最佳方案。为了这个最佳，他们会理性地判断问题，耐心搜集资料并求证，一旦有了最佳的方案，就此打定主意，不会反悔。他们是务实的人，认为感情、愿望和幻想以及恭维赞美等一概无关紧要。由于只求事事完美无缺，得到赞扬时也总感到不满意，因此很可能被视为令人难以忍受的吹毛求疵者。

E. 现实型：认为耳闻目睹或亲身体验感知的事情为真实存在，其余的只是幻想和理论，没有丝毫价值，只喜欢摆在面前的事实，相信亲眼所见的世界才是真实的，不信奉折中综合和理想主义，有自己的目标，对别人不能与自己的看法一致而感到惊讶。

从以上测试可以发现，分析型属于极端思维型的人，而理想型则是极端情感型的人。

但是在这两者之间，还有其他掺杂着不同程度思维与情感的不同类型的人。请在下面的连续统一体上标出你的偏好。

思维-------------------------   -------------------------情感

(四)判断—知觉

性格类型的第四个维度是关于我们喜欢结构严谨(作决定)的方式还是自由宽松(获得信息)的方式。

我们把偏好判断的人称为判断型的人，他们喜欢井然有序的感觉，而且当他们的生活被规划好、麻烦被解决好之时，他们是最快乐的。他们拥有判断的观点，并且喜欢作决定。判断型的人想方设法管理和控制生活。他们在事情结束前会感到压力和紧张，而且在作决定时他们往往会深深地陷入其中。

我们把偏好知觉的人称为知觉型的人，他们以一种自由宽松的方式生活，并且当生活很有余地时，他们感到最快乐。他们拥有知觉的观点并且为所有的可能性留有余地。知觉型的人试图去理解生活而不是控制它。他们在被强迫做决定时会感到压力，避免结果并期望各种选择都未定。

判断型的人喜欢把事情看得清清楚楚，而且总要得到一个结果。他们可能不太容易通融，而且大都不喜欢意外的事情。而知觉型的人希望他们的环境可变通，允许他们生活得更自由宽松。知觉型的人不去想结尾，并且几乎在他们生活的所有领域中都期盼着意外的事情。判断型与知觉型的特征比较如表 2-5 所示。

表 2-5 判断型与知觉型的特征比较

判断型的人	知觉型的人
做了决定后最为高兴	当各种选择都存在时，感到高兴
有"工作原则"：工作第一，玩其次(如果有时间的话)	"玩的原则"：现在享受，然后再完成工作(如果有时间的话)
建立目标，准时地完成	随着新信息的获取，不断地改变目标
愿意知道它们将面对的情况	喜欢适应新情况
着重结果(重点在于完成任务)	着重过程(重点在于如何完成工作)
满足感来源于完成计划	满足感来源于计划的开始
把时间看作有限的资源，认真地对待最后期限	认为时间是可更新的资源，而且最后期限也是有收缩的

【职业案例】

赵阳和王朝认为该是锻炼身体、保持身体健康的时候了，因此他们一起来到运动用品商店买健身自行车。

赵阳，一个知觉型的人，叫来一个销售员，用了半小时的时间询问了上百个问题。他还是不能决定买哪一辆,而且他对商店的退货政策也感到犹豫(只有由于商品质量问题才能退货)。赵阳离开了这家商店,说要考虑一下再作决定。在回家的路上,他在另外两家运动用品商店停下来,想"获取更多的信息"。

王朝,一个判断型的人,用了几分钟看了一下陈列的自行车,然后叫来一个售货员,问:"你推荐哪一辆?"当售货员向他展示了店里最热销的款式后,他说:"行,就买这辆!"

每个人在日常生活中都会用到判断和知觉。在两者之间寻找一种平衡是很重要的,因为判断型的人可能变得顽固、独断和不知变通;而知觉型的人可能变得拖拖拉拉,以至于把一切都拖延过去。以下测试可以帮助你了解自己的决断能力如何。

本测试共15题,每题根据自己的情况选择"是"或"否"。

1. 你能在旧的工作岗位上轻而易举地适应与过去习惯迥然不同的新规定、新方法吗?
2. 你进入一个新的单位,能够很快适应这一新的集体吗?
3. 你要为家里购买一台风扇,发现风扇造型、档次、功效的种类极其丰富,远不是当初想象得那么简单。你是否走遍全市所有的商店才决定要买哪种?
4. 若熟人为你在其他单位提供一个薪资更加优厚的职位,你会毫不犹豫地答应前往吗?
5. 如果做错了事,你是否打算一口否认自己的过失,并寻找适当的借口为自己开脱?
6. 平常你能否直率地说明自己拒绝某事的真实动机,而不虚构一些理由来掩饰?
7. 在讨论会上,经过一番切实的辩论和考虑,你能否改变自己以前对这个问题的见解?
8. 你履行公务或受人之托阅读一部他人的作品,作品主题正确,可你对写作风格很不欣赏。那么,你是否会修改这部作品,并坚持按自己的想法对它来个大幅度修改?
9. 你在商店橱窗里看到一件十分中意的东西,它对你并非必需,你会买下来吗?
10. 如果一位很权威的人士对你提出劝告,你会改变自己的决定吗?
11. 你总是预先设计好度假的节目,而不是"即兴发挥"吗?
12. 对自己许下的诺言,你是否一贯遵守?
13. 假若你了解到在某件事上,上司与你的观点截然相反,你还能直抒己见吗?
14. 今天是校友会踏青的日子,你打扮得潇洒利落。但天气似乎要变,带雨具吧又难免累赘拖沓,你能很轻松地马上作出决定吗?
15. 你花费了很多时间、精力写出一个设计方案,按说也不错,可总觉得并非最佳方案。你是否请求暂缓提交,再仔细斟酌一下呢?

评分标准:

评分标准如表2-6所示。

表 2-6　评分标准

答案得分题号	"是"	"否"	答案得分题号	"是"	"否"
1	3	0	9	0	2
2	4	0	10	0	3
3	0	3	11	1	0
4	2	0	12	3	0
5	0	4	13	3	0
6	2	0	14	2	0
7	3	0	15	0	3
8	2	0			

A. 优柔寡断型：0~12 分

任何决定对你来说都是一桩难事，你总是反复和朋友商量后才能作出一个并不爽快的决定。如果有谁替你作出所有的决定，你简直对他感激不尽了。你使人觉得难以依赖，与你共事或生活会觉得很疲惫。试着在生活琐事上"冒险"，会让你的生活变得更好。

B. 小心审慎型：13~24 分

在需要紧急决断的事情上，你可以当机立断。一旦作决定的时间较为充裕，各种疑虑便向你袭来。于是，你就希望靠别人，或者和朋友商量，或者去征求师长、上级的"同意"。其实你是有决断能力的，只是不太相信自己的头脑和经验。

C. 相当果断型：25~36 分

你具有足够的逻辑判断力及丰富的经验，这使你能迅速作出合理的决定，偶尔出现失误，你一经意识到就会立马补救。你不经常询问他人意见，但从不排斥别人的建议。你一旦下定决心，通常会坚持到底，但不会为维护脸面而坚持错误。如果能在一些自己不在行的方面多请教别人，会使你减少因失误造成的损失。

D. 极其果断型：37 分以上

你曾体验过犹豫的滋味。如果辅以开阔的眼界及合理的知识结构，你会是大集团强有力决策人的合适人选。

环境的因素会迫使我们不能把真实的自己表现出来。大多数人都不得不表现得像一个判断型的人，尤其是在工作中。如果你的工作岗位有很多苛刻的要求，你就必须按时到岗，面对时间期限，做许多决定。而生活与工作总是纠缠在一起，这使得发现"真我"变得越发困难。在这种情况下，请退一步，设想若要你自由选择的话，哪种偏好会更令你满意呢？请在下面的连续尺度上标出你的偏好。

判断--------------------------　　--------------------------知觉

二、各种性格类型的主要特征及职业规划

通过上面的测试,你应该已经确定了自己的性格类型。研究发现,尽管每个人的性格都是由四种偏好组成的,但是每种偏好在我们的性格中起作用的比例是不一样的。因此,我们把以上研究的16种性格分成了四大类,每大类包括了四种性格,它们分别是"情感主导者""思维主导者""直觉主导者"和"感觉主导者",如表2-7所示。

其中,情感主导者以富有人情味的方式考虑自己的决定对他人的影响。思维主导者一般很有逻辑性,善于分析,作决定非常有条理。直觉主导者是高度直觉型的人,可以在任何地方发现隐藏的信息。感觉主导者相信事实和具体情况胜于其他方面。

表 2-7 四大类性格类型

四大类性格类型	每大类包括的性格类型
情感主导者	内向、感觉、情感、知觉
	内向、直觉、情感、知觉
	外向、感觉、情感、判断
	外向、直觉、情感、判断
思维主导者	内向、直觉、思维、知觉
	内向、感觉、思维、知觉
	外向、直觉、思维、判断
	外向、感觉、思维、判断
直觉主导者	内向、直觉、思维、判断
	内向、直觉、情感、判断
	外向、直觉、思维、知觉
	外向、直觉、情感、知觉
感觉主导者	内向、感觉、思维、判断
	内向、感觉、情感、判断
	外向、感觉、思维、知觉
	外向、感觉、情感、知觉

(一)情感主导者

情感主导者是高度情感型的人,四种情感主导者彼此之间也有细微的差别。

1. 内向、感觉、情感、知觉性格类型

这一类型的人安静、友好、敏感、和善,享受当前。他们喜欢有自己的空间,喜欢能按照自己的时间表工作;对于自己的价值观和自己觉得重要的人非常忠诚,有责任心;不喜欢争论和冲突;不会将自己的观念和价值观强加到别人身上。

适合这一类型人的一般职业有：服装设计师、室内装潢设计师、机械工、舞蹈演员、厨师、护士、外科医生、兽医、个人健康教练、花匠、零售店店主、中学和大学体育教练、美容师、按摩师、客户服务专员等。

2. 内向、直觉、情感、知觉性格类型

这一类型的人是理想主义者，对于自己的价值观和自己觉得重要的人非常忠诚。他们希望外部的生活和自己内心的价值观是统一的；好奇心重，很快能看到事情的可能性，能成为实现想法的催化剂；寻求理解别人和帮助他们挖掘潜能；适应力强，灵活，善于接受，除非是有悖于自己的价值观的。

适合这一类型人的一般职业有：心理学家、人力资源管理、翻译、大学教师(人文学科)、社会工作者、图书管理员、服装设计师、编辑/网站设计师、记者、研究员、职业顾问/教练、项目经理等。

3. 外向、感觉、情感、判断性格类型

这一类型的人热心肠、有责任心、合作。他们希望周边的环境温馨而和谐，并为此果断地执行；喜欢和他人一起精确并及时地完成任务；事无巨细都会保持忠诚；能体察到他人在日常生活中的所需并竭尽全力帮助；希望自己和自己的所作所为能受到他人的认可和赏识。

适合这一类型人的一般职业有：房地产经纪人、零售业主、理货员/采购、饮食业管理人员、小学教师、法律顾问、电话推销员、保险代理人、顾客服务代表、美发师、公寓管理员/旅馆主人等。

4. 外向、直觉、情感、判断性格类型

这一类型的人热情、为他人着想、易感应、有责任心。他们非常注重他人的感情、需求和动机；善于发现他人的潜能，并希望能帮助他们实现；能成为个人或群体成长和进步的催化剂；忠诚，对于赞扬和批评都会积极地回应，友善、好社交；在团体中能很好地帮助他人，并有鼓舞他人的领导能力。

适合这一类型人的一般职业有：广告客户经理、杂志编辑、电视制片人、作家、主持人、公司培训师、心理学家、咨询顾问、训导主任、早期教育老师、市场专员、会议策划、程序设计员等。

(二)思维主导者

思维主导者具有很强的作出逻辑判断的冲动。然而，四种思维主导者是以不同的方式分析事物的。

1. 内向、直觉、思维、知觉性格类型

这一类型的人对于自己感兴趣的任何事物都寻求找到合理的解释。他们喜欢理论性的

和抽象的事物，热衷于思考而非社交活动；安静、内向、灵活、适应力强；对于自己感兴趣的领域有超凡的集中精力深度解决问题的能力；多疑，有时会有点挑剔，喜欢分析。

适合这一类型人的一般职业有：企业家、大学里的行政官员、风险投资人、金融分析师、经济学家、音乐家、导演、物理学家、考古学家、法官、知识产权律师、网站设计师、软件设计师等。

2. 内向、感觉、思维、知觉性格类型

这一类型的人灵活、忍耐力强。他们是安静的观察者，直到有问题发生，就会马上行动，找到实用的解决方法；分析事物运作的原理，能从大量的信息中很快找到关键的症结所在；对于原因和结果感兴趣，用逻辑的方式处理问题，重视效率。

适合这一类型人的一般职业有：土木工程师、信息服务业经理、计算机程序员、软件开发员、飞行员、消防员、刑警、私人侦探、药剂师、摄影师、检测员、证券分析师、保险理算员、农民等。

3. 外向、直觉、思维、判断性格类型

这一类型的人坦诚、果断，有天生的领导能力。他们能很快看到公司/组织程序和政策中的不合理性和低效能性，发展并实施有效和全面的系统来解决问题；善于做长期的计划和目标的设定；通常见多识广，博览群书，喜欢拓宽自己的知识面并将此分享给他人；在陈述自己的想法时非常强有力。

适合这一类型人的一般职业有：政治家、公司首席执行官(CEO)、经理、管理咨询顾问、教育咨询顾问、个人理财/投资顾问、股票经纪人、电信安全顾问、节目导演、病理学家、系统分析人员等。

4. 外向、感觉、思维、判断性格类型

这一类型的人实际、现实主义。他们善于将项目和人组织起来将事情完成，并尽可能用最有效率的方法得到结果；果断，一旦下决心就会马上行动；注重日常的细节；有一套非常清晰的逻辑标准，有系统性地遵循，并希望他人也同样遵循；在实施计划时强有力。

适合这一类型人的一般职业有：保险代理人、信贷顾问、军官、公务员、交警、预算分析师、审计师、物业管理员、技术培训人员、临床技术员、后勤管理人员、建筑工人、环保督察员等。

(三)直觉主导者

直觉主导者可以在任何地方发现隐藏的信息。四种不同的直觉主导者以不同的方式运用自己获取的信息。

1. 内向、直觉、思维、判断性格类型

这一类型的人在实现自己的想法和达成自己的目标时有创新的想法和非凡的动力。他

们能很快洞察到外界事物间的规律并形成长期的远景计划；一旦决定做一件事就会开始规划并直到完成为止；多疑、独立，对于自己和他人能力和表现的要求都非常高。

适合这一类型人的一般职业有：律师、科研人员、精神分析师、心脏病专家、验尸官、撰稿人、媒体策划、编辑、专栏作家、情报专家、设计工程师、建筑师、核工程师、航空工程师等。

2. 内向、直觉、情感、判断性格类型

这一类型的人寻求思想、关系、物质等之间的意义和联系。希望了解什么能够激励人，对人有很强的洞察力。有责任心，坚持自己的价值观。对于怎样更好地服务大众有清晰的远景。在对目标的实现过程中有计划而且果断坚定。

适合这一类型人的一般职业有：心理咨询师、特殊教育教师、培训经理/培训师、大众健康教育者、调解员/冲突协调员、艺术家、作家、背景设计师、博物馆研究人员、销售代表、翻译等。

3. 外向、直觉、思维、知觉性格类型

这一类型的人反应快、睿智，有激励别人的能力，警觉性强、直言不讳。他在解决新的、具有挑战性的问题时机智而有策略；善于找出理论上的可能性，然后再用战略的眼光分析；善于理解别人；不喜欢例行公事，很少会用相同的方法做相同的事情，倾向于一个接一个地发展新的爱好。

适合这一类型人的一般职业有：制片人、广告创意总监、文案、公共关系专家、演员、广播/电视主持人、新闻记者/通讯员、酒吧老板、国际贸易营销人员、后勤顾问、城市规划师、政治分析家等。

4. 外向、直觉、情感、知觉性格类型

这一类型的人热情洋溢、富有想象力。他们认为人生有很多的可能性；能很快地将事情和信息联系起来，然后很自信地根据自己的判断解决问题；总是需要得到别人的认可，也总是准备着给予他人赏识和帮助；灵活、自然不做作，有很强的即兴发挥的能力，言语流畅。

适合这一类型人的一般职业有：广告客户经理、网站艺术指导、广告创意指导、性格演员、展览设计师、漫画/卡通画家、心理学家、职业顾问、营养学家、饭店老板、公司团队培训师等。

(四)感觉主导者

感觉主导者相信事实和具体情况胜过任何其他方面。四种感觉主导者对所得到的信息处理方式并不一样。

1. 内向、感觉、思维、判断性格类型

这一类型的人安静、严肃,通过全面性和可靠性获得成功。他们的决定有逻辑性,并一步步地朝着目标前进,不易分心;实际,有责任感;喜欢将工作、家庭和生活都安排得井井有条;重视传统和忠诚。

适合这一类型人的一般职业有:会计、行政管理人员、政府检察官、房地产估价师、公务员、飞行导航员、天文学家、电工、技工、地质学家、气象学家、机械工程师、验光师、内科急救医师等。

2. 内向、感觉、情感、判断性格类型

这一类型的人安静、友好、有责任感和良知。他们坚定地致力于完成他们的义务;全面、勤勉、精确、忠诚、体贴,留心和记得他们重视的人的小细节,关心他人的感受;努力把工作和家庭环境营造得有序而温馨。

适合这一类型人的一般职业有:家庭医生、体检医生、护士、医疗器材销售人员、家庭保健用品营销人员、葬礼规划师、税务稽查师、室内装潢设计师、幼儿园老师、职业康复顾问、农场主、零售店业主等。

3. 外向、感觉、思维、知觉性格类型

这一类型的人灵活、忍耐力强,实际,注重结果。他们觉得理论和抽象的解释非常无趣;喜欢积极地采取行动解决问题;注重当前,自然不做作,享受和他人在一起的时刻;喜欢物质享受和时尚;学习新事物最有效的方式是通过亲身感受和练习。

适合这一类型人的一般职业有:股票经纪人、空中服务员、船长、情报专家、投机商人、预算分析师、体育解说员、舞蹈演员、酒保、工匠、修理工、野外探险领队、生态旅行专家、汽车经销商等。

4. 外向、感觉、情感、知觉性格类型

这一类型的人外向、友好、接受力强。他们热爱生活、人类和物质上的享受;喜欢和别人一起将事情做成功;在工作中讲究常识和实用性,并使工作显得有趣;灵活、自然不做作,对于任何新的事物都能很快地适应;学习新事物最有效的方式是和他人一起尝试。

适合这一类型人的一般职业有:幼教老师、公关专员、旅游管理/导游、促销员、海洋生物学家、为老年人服务的家政人员、新闻节目主持人、画家/插画作者/雕刻家、接待员、旅店老板等。

以上介绍的每种职业中都有各种性格类型的成功人士,因此,了解自己的性格类型只是有助于更好地选择自己喜欢的职业。同时,如果你已经从事了某一职业,但却发现这一职业并没有给你带来自己想要的幸福感和满足感,那么,有可能是你的性格并不适合这一职业。此时,你可以寻找自己性格中从事当前职业的优、劣势,然后扬长避短;也可以寻

找一个能给自己带来幸福感和满足感的新职业。

第二节　九型人格

九型人格(Enneagram)，又名性格型态学、九种性格，是一种性格分类，揭示人们内在最深层的价值观和注意力焦点，把人的性格分成九类，从而让人明白不同人的个性类型，进而懂得如何与不同的人交往沟通及融洽相处。

九型人格图形相传有2500多年的历史，起源于中亚细亚地区。1920年，葛吉夫(G.I.Gurdjieff)首先将九型人格学说传入西方，用它来阐释人类的九种特质。奥斯卡·伊察索(Oscar Ichazo)首先将九型性格的教导与其图形互相结合，并阐明每种性格的主要特质，而精神病专家克劳迪奥·纳兰霍(Claudio Naranjo)将其发扬光大，提出搜集九型性格特质的核心方法。之后再由唐·理查德·里索(Don Riso)及拉斯·赫德森(Russ Hudson)将九型性格特质详加阐释，包括九种性格特质内在发展的层次以及每种性格特质的"内在逻辑"。到1994年，美国斯坦福大学的学者主办了第一届国际九型人格大会，参加人数达1400人，来自20多个国家，同年成立了国际组织。

一、什么是九型人格

图2-1所示就是九型人格的主要模式，每个人都隶属于一种基本型。九个点之间的连线显示出遭受极度压力或极度安定的状态下，每个类型的变化情形。

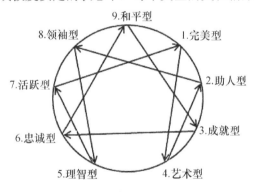

图2-1　九型人格的架构图

人类有三种经验世界的主要方式：思考、感觉和感官经验。九型人格模型认定这三项能传达感觉、知性经验的身体中心，就位于身体的脑、心、腹三个地方。如图2-2所示为脑、心、腹和图形的关系。

九型人格三个为一组，共分为三组，每组对应于其中一个中心。每个中心有其体验人生的独特方式，以及相互关联的负面情绪和顾虑。同一组的三个类型都偏好相同的中心，而且显示出处理这些特定问题的不同方式。

图 2-2 脑、心、腹和图形的关系

以脑部为中心是我们思考的所在,以思考和分析为导向。以脑部为中心的类型(5、6、7)具有以思想来回应生活的倾向。他们有鲜明的想象力,以及分析和联结观念的能力。他们能沉浸在自己的思考中而获得全然的满足。

以心为中心是我们经验情绪的地方,以感受和想象为导向。以心为中心的类型(2、3、4)有时也被称为"形象类型",因为他们在乎别人的眼光,以及它和自己的关联。不论别人有没有意识到,他们都能快速地感受别人的需要和心情,并加以回应。

以腹部为中心是我们本能的焦点,也就是存在感,以身体力行为导向。以腹部为中心的类型(8、9、1)焦点放在存在本身,他们的本能就是行动,即使他们已经思考过整个细节,也还是会基于根本的感觉,去讨论正在打基础的决定和行动。

二、第一型:完美型

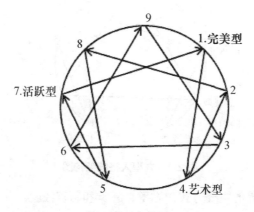

第一型:完美型

(一)外在表现

第一型的人负责、独立,是以超高标准勤奋工作的人。他们严肃地面对生命,显现出急躁、紧张、爱批评、控制、自以为是,以及难以克制地追求完美。他们关注的焦点是哪里出了错,细节有没有做好。

第一型的人经常有以下对白。

"我若不完美,就没有人会爱我。"

"我认为黑就是黑,白就是白,没有什么中间地带,一切应该按规定来,应该走大道,不能走小路。"

"我不明白那些人为什么总是偷工减料,总是不按照制度办事,真应该教育,最好惩罚一下。"

"我是个很有责任感的人,我觉得我自己做事最放心。"

"当我发现别人的错失,或擅自'出位',不依规则的时候,如迟到、缺席,我便难以压抑愤怒,很想指责。"

"'王子犯法,与庶民同罪'。领导怎么了?人人平等,一切按照规矩来,不能例外。"

"我比别人更容易发现错误和缺点,别人常认为我吹毛求疵。"

"我很少去表扬别人,更多的是批评,特别是对亲近的人,因为我觉得批评他们是为他们好。"

未觉察的第一型的人会是爱嘲讽、严厉、自以为是、冷酷、顽固、控制、焦虑或愤怒、占有欲、讥讽,以及支配他人。典型的例子是宗教狂热分子。

觉察的第一型的人是激励人心、照顾他人、聪明且遵从伦理、自我规范,具生产力、说服力的。他们能在各处庆祝并鼓励杰出人士,努力创造一个温暖而美丽的家园乃至推动人类进步。

(二)职业选择

第一型的人适合从事维护公正与规则、程序化、规范化的工作,如铁面无私的"判官"、善于说教的老师、秩序标准的捍卫者、苛求完美的"质检官"、流程规条的制定者、日复一日的"苦行僧"、身体力行的劳模、理想主义的改革家。

这种类型的人不适合从事风险性强的工作,不适合没有明显正确和错误界限的工作。

三、第二型:助人型

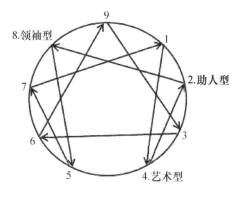

第二型:助人型

(一)外在表现

第二型的人通常表现出外向、快乐、精力充沛、友善、自信、讨人欢心,尤其是乐于助人。他们自愿为他人提供时间、精力及物质,他们既独立又能干,最乐于满足别人的需求。他们关注的焦点是他人的需要。

第二型的人经常有以下对白。

"我若不帮助人,就没有人会爱我。"

"如果想得到别人的爱,就要首先付出爱,我对别人好,别人才会喜欢我。"

"我帮助别人并没有很强的目的性,就是本能的想帮助,但常常被误解有什么企图。"

"有时候我显得过分热心,导致别人觉得多管闲事,有点烦我。"

"我常觉得我很不容易,总是在帮助别人,像我这样的人在这个物欲横流的世界里已经很少了。"

"如果别人不需要我,或我帮不上什么忙,我会很痛苦。"

"当我需要别人帮助的时候,我不愿主动求助,而希望别人能看出来。"

"我经常帮小张,可他这次出去玩居然没叫我,而叫了别人,真叫人伤心。"

未觉察的第二型的人是歇斯底里,善于操控、抑制情感,甚至为得到而付出的野心人物。其原型就是自我牺牲且强势的母亲,总是抱怨家人从不感激她的帮助,或从不给予任何回馈。

觉察的第二型的人是充满爱心、同理心、能真心支持并适当给予的人。不论对待朋友、上司还是权威人士,他们都是觉知力强、配合度高、忠诚而无私的好帮手。

(二)职业选择

第二型的人适合从事协助他人或需要付出爱的工作,如与人为善的服务员、情感心理的陪护者、衬托"红花"的绿叶、"核心人物"身边的人、成就"爱"的公益使者、所向披靡的"人脉之王"、团队中的情感纽带、能说会道的"亲密分享者"。

这种类型的人不适合从事无法获得认可和赞同的职业。

四、第三型:成就型

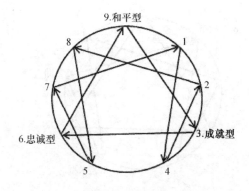

第三型:成就型

(一)外在表现

第三型的人表现出自信、野心勃勃、成功、行动敏捷和热情十足。他们卖力工作来追求自我的目标,而且是极佳的驱动者,能让别人共享他们"任何事情都可以达成"的信念。他们关注的焦点是能够促进目标达成的人和事。

第三型的人经常有以下对白。

"我若没有成就,就没有人会爱我。"

"我很怕成为家人眼中的失败者,所以我要致力维持事事成功的形象。"

"我总是争强好胜,我喜欢事事争第一,我要我是NO.1!"

"我可以清楚地意识到面前的目标,也很快瞄到哪些人对我有帮助。"

"我很喜欢别人夸奖我,尤其让我满足的是鲜花和掌声以及不断赞美。"

"我做事很有效率,可以很好地安排自己的时间和空间,并且目标感特别强,不容易分散。"

"如果我看到谁比我强,我就会暗下决心把他当作竞争对手,然后超过他!"

"如果没有目标,无所事事,我会觉得自己面目可憎,活着没意义!"

未觉察的第三型的人是轻蔑傲慢、积极干练的野心分子,不带感情且不顾人与人之间的亲密关系,为达目的而支配他人。

觉察的第三型的人是具同理心及社会意识的领导者,能运用他们的热情和希望激发别人,和人群及有价值的目标建立起深厚的联系。

(二)职业选择

第三型的人适合从事有挑战性、竞争性,有发展前途,能为自己带来声望和较高社会形象的工作,如挑战卓越的竞争者、"业绩导向"的职场精英、出色的资源调用者、职业阶梯上的攀登者、善于经营的商人、错综复杂的运营工作。

这种类型的人不适合从事无法获得发展前途的工作、无法给自己带来声望的工作和与自己社会形象不符的工作。

五、第四型:艺术型

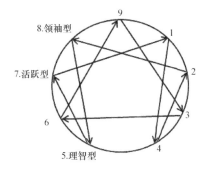

第四型:艺术型

(一)外在表现

第四型的人为人生增添了紧凑而戏剧化的特质。他们是最终极的理想主义者,乐于活在边缘,而且在人生的所有层面追求不寻常、艺术性且富含意义的事物。那些别人可能会评判为"病态"的幻想,像死亡、苦难折磨、诞生,以及人们内心深处的感觉,在他们眼中却是极具价值和真实性的。他们关注的焦点是缺失的美好。

第四型的人经常有以下对白。

"我若不是独特的,就没有人会爱我。"

"好多复杂、烦琐的事要做,好讨厌,面对这些,我的心不小心就飘得好远好远。"

"为什么要和别人一样呢?我不喜欢随大流,我喜欢与众不同的感觉。"

"我总是觉得别人不懂我丰富的内心世界,也显得有点冷漠。"

"我喜欢看那些触动心灵深处的唯美文字,也喜欢侦探推理小说那些跌宕起伏的刺激情节,迷恋那份激荡身心之感。"

"我这个人是双面的,我的情绪就像过山车,一半是天使,一半是魔鬼,想搞懂我很难。"

"我的神经末梢比别人要多。对文字、音乐、景象特别敏感,一些别人觉得寻常不过的事情,我都会被它吸引,久久不能忘怀。"

"他们总是谈什么好吃的、好玩的,真俗。我喜欢艺术、哲学、心理学等,可惜知音难觅。"

"我这个人很真,说谎都会自己说漏出来,讨厌虚伪、奉承、迎合别人会很别扭,人际关系不活络,似乎不太适应社会。"

未觉察的第四型的人是重道德、受罪恶感折磨、自困,且情绪化的操控者,要求别人去注意他们的痛苦,却不愿接受帮助,也不愿承认情绪可能过度膨胀的想法。

觉察的第四型的人是充满创造力、魅力,有同理心的人。他们能结合灵性生命中的爱和对当下的接受,成为出色的艺术家,以及率先成为如收容所、难民营、妇产科病房等其他层面的帮助者。

(二)职业选择

第四型的人适合从事创造性的、思想性的、自由而独特的工作,如富有个性化的原创性职业、追逐"意义"的理想斗士、触及深层情感的工作、寻求精神契合的团队成员、追求精致的唯美主义者、围绕人性的职业和非常规的工作。

这种类型的人不适合从事服务性的、有确定规范和程序的、普通的、技术的等世俗的工作。

六、第五型：理智型

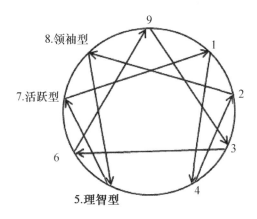

第五型：理智型

(一)外在表现

第五型的人具有退缩、聪明、专注、安静、客观的倾向，他们不表露情感，博学多闻，内向而自给自足。他们属于恐惧型，以疏远冷漠而非害怕来展现自我。他们喜欢事实和系统，将聪明才智投注在这世间只有少数人才明白的事物上。他们关注的焦点是信息的来源。

第五型的人经常有以下对白。

"我若没有知识，就没有人会爱我。"

"有时候我常想，所有人——包括我自己、我熟悉的朋友和家人都不过是生物学、心理学课本上所描述的属于'人'的生物而已，其实并没什么不同啊！"

"我蔑视那些情绪化、以偏概全的结论，不经深思熟虑就说出来的话，是非常不负责任的！"

"接触太多人很容易让我筋疲力尽。每天我都要有固定的时间安静下来，安心思考一些问题。我承认自己很需要个人专属的空间。"

"我喜欢经过自己的大脑思考分析后的东西，不喜欢被过滤后的知识，比如看书，更喜欢原版书而不是注释版。"

"我喜欢玩风帆，因此我累积了大量这方面的知识。现在我已差不多成为一个风帆专家了。"

未觉察的第五型的人是退缩、好猜忌、批判、恃才自傲的人，他们对任何事情都不愿意承诺、控制性极强，而且和感觉甚至整个世界都没有联系。

觉察的第五型的人是敏感、具知觉力、专注、客观而富创造力的思想家，能结合他们的敏感和分析技巧，展现出智慧的一面。

(二)职业选择

第五型的人适合从事与研究、探索事物本质有关的工作，如自然科学工作者、神秘的科研人员、高深莫测的股票分析师、特定领域的专家、幕后的军师、专业的采购员、独立的"原创达人"。

这种类型的人不适合从事需要公开竞争的工作，不喜欢需要直接面对人的工作。

七、第六型：忠诚型

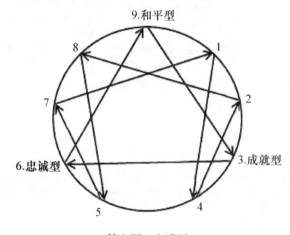

第六型：忠诚型

(一)外在表现

第六型的人通常是忠诚、勤奋、可靠、谨慎，而且富有想象力的思想者。他们身为团队一员的时候比当领袖的时候多，虽然如此，他们仍然为那些被践踏和受到不公平对待的人们代言。他们关注的焦点是一切可能威胁自身安全的事情。

第六型的人经常有以下对白。

"我若不顺从，就没有人会爱我。"

"我的确属于多疑的人。别人对我好，我会在心里反复思量，仔细想想他究竟出于什么动机。同时我会警惕万分：嘿，我绝不是傻瓜，你休想利用我！"

"我习惯于提防别人，喜欢与别人隔绝一点，保持距离，这虽然让我疲累，也让我安全一点。"

"就算伴侣已反反复复地向我表示忠诚，我还是会时不时地考验他一下。我不一定不相信他，只是想自己的心更踏实罢了。"

"我会预先设想最糟的结果，在脑中经历一遍，就好像它真的发生过一样。到真正的结果出现时，因为经过排演，我便更有勇气去面对。"

"我常担心小概率的灾害，如地震，并为之做一些在别人看来多余的防范。"

未觉察的第六型的人具有偏执倾向、没有效率和弹性,而且难以开展或完成任务。他们不退缩、怠惰、唯唯诺诺,是潜在的违纪者。

觉察的第六型的人具有明辨的心智,既多产又富想象力,他们是一诺千金且保护他人的朋友和工作伙伴,能站稳立场以对抗有害的权威体制。

(二)职业选择

第六型的人适合从事依赖或造就权威的,等级分明、责权利非常清楚、需要严密推理的工作,如风险控制专家、提供预案的参谋、严密大组织的内部"忠臣"、职责明晰的事务执行者、善于推理的侦探、尽职尽责的规则守护者、严密体系学科的专家学者、出谋划策的"良师益友"。

这种类型的人不适合从事随机应变的工作,也不适合人际关系复杂的工作场合。

八、第七型:活跃型

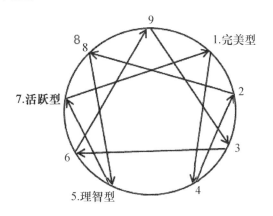

第七型:活跃型

(一)外在表现

第七型的人是九型人格论中永远的乐观派,属于反向表现恐惧的恐惧型。他们充满欢乐、精力充沛、迷人、合群而富有想象力,同时拥有众多兴趣。相较于某些较为严肃的类型,他们显得比较肤浅。他们乐于分享喜悦,把精力用在使人们感到快乐的事上,但是他们也显得以自我为中心。他们关注的焦点是能给自己带来快乐的事物。

第七型的人经常有以下对白:

"我若不带来欢乐,就没有人会爱我。"

"每件事对我来说都有新奇好玩的地方,我想,我的最大目标是去仔细体验每样好的东西:好吃的食物、好听的音乐、迷人的异性……"

"你若问我有什么不愉快的经历,也是有的,可是它们来不及让我悼念,已经有别的东西吸引、刺激我了。"

"同一件事、同一个人不可能长期吸引我,我害怕被束缚,就算到了迫不得已的地步亦无法下定决心,因为假如真要如此,我的自由就会被剥夺了。"

"每个人都有选择快乐的权利,所以我常常不太赞同一些社会道德的约束。"

"我承认我是极敏锐的,我学什么都很快,以致我对什么都很容易生厌。"

"我不喜欢在有束缚的大组织中工作,如果可以的话,我宁愿自己创业,因为我总有宏大的梦想,并且向往自由。"

未觉察的第七型的人是以自我为中心、到处夺取、口是心非且伪善的享乐主义者,在他们对于体验每件事的要求中,容易感到沉闷而无趣。他们也是无法专注、叛逆且自我毁灭的。

觉察的第七型的人热心、具感知能力、宽大、有创造力且照顾他人,能运用他们鲜明而范围广大的想象力、综合力。他们充满爱心,能给许多人带来欢乐。

(二)职业选择

第七型的人适合从事不断变化的、快乐的、无约束的工作,如充满创意的理论家、童真童趣的"开心果"、拒绝束缚的职场自由人、追逐梦想的冒险家、挑战性的工作狂、热情洋溢的"万人迷"、能言善辩的谈判专家。

这种类型的人不适合从事可以预料结果的工作,不适合从事例行公事的工作。

九、第八型:领袖型

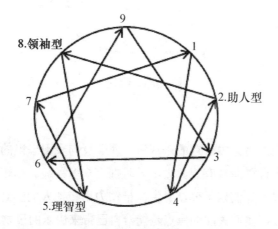

第八型:领袖型

(一)外在表现

第八型的人经常是精力充沛、情感强烈、专横霸道、叛逆、保护者、独断专行、一不做二不休的人。他们工作卖力,玩乐也卖力,乐于承办任何他们所参与的事业。他们通常是支配者,虽然重视公平,却不太乐意听到其他人的观点。他们关注的焦点是与权力有关的人和事。

第八型的人经常有以下对白。

"我若没有权力,就没有人会爱我。"

"如果有问题出现,我不能忍受不说,也不能忍受别人不说。正视问题是人生最基本的责任,那些有事就溜走的人最让我看不起!"

"我对弱者很同情,有想保护的欲望,我很崇拜劫富济贫、打抱不平的英雄!有时候我看到不公平的情况,也喜欢帮助别人出头!"

"如果我没有做错事,领导不问情由地处罚我,我绝对不会不吭声,而是顽抗到底,誓要讨回公道!"

"我是一个很独立、意志坚强的人,有时候尽管真的撑不住了,也不想求援,担心别人会认为我软弱。"

"那些明明四肢健全、头脑正常的人,却总怨天尤人,又不敢创造命运,最令我蔑视!"

"我可以担当很多事情,我会把事情摆平。"

"我才不怕挑战!讲理、够义气才重要,不高兴就放马过来,谁怕谁呀!"

未觉察的第八型的人是愤世嫉俗、逞威风、破坏法纪、手段强硬的人,他们觉察不到别人的感觉,而且利用力量、谎言、操纵或暴力去达到自己的目的。

觉察的第八型的人具有深层的爱、保护他人,而且给出力量,利用他们充沛的精力和天生的权威,为家庭和社会中的不义而战斗。

(二)职业选择

第八型的人适合从事有很强控制性和挑战性的工作、比较危险的工作,如开拓实业的冒险大王、执掌实权的一把手、披荆斩棘的挑战者、侠骨柔肠的"保护伞"、独立自主的"掌舵人"、公平正义的代言人。

这种类型的人不适合从事需要严格遵守规则的工作,不适合从事需要有良好表现的工作,更不能接受待遇不公的工作。

十、第九型:和平型

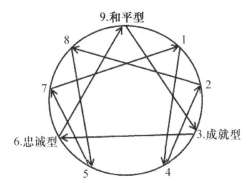

第九型:和平型

(一)外在表现

第九型的人通常是温暖、友善、忍耐、随和、不好竞争,以及爱说话的。他们偏好和平、有组织、可预期而舒适的生活,而且他们喜欢配合这样的环境。他们会按照别人所希望的去做,有时候甚至模仿别人说话的腔调、用词,以及肢体语言。他们关注的焦点是环境和氛围。第九型的人经常有以下对白。

"我若不和善,就没有人会爱我。"

"放假时我喜欢留在家里,看看电视,听听音乐,弄些小吃,这样挺舒服的,就算一整天不外出,我也不觉得无聊啊!"

"何必呢?别太较真,大事化小,小事化了,你好我好大家好嘛。"

"怎么还有那么多事要做,我真想去睡觉。"

"遇到有冲突的事情,尽量别去插手,因为实在太麻烦了。"

"如果能有一个惬意、舒服的空间,让自己懒在里面,那该有多好。"

"人为什么一天到晚争名夺利,其实争到又怎么样?我宁愿享受自然的美,这种境界安全多了。"

"每个人的意见都会不同,那没关系,反正我以大家的意见为意见。"

"生命哪有那么严肃?每天悠游自在,得过且过有什么不好?"

未觉察的第九型的人是被需求缠身、犹豫不决、具批判性、冷漠而强迫性的,他们渴望良好的人际关系,但是却为自己的处境而愤世嫉俗,用抱怨和被动式攻击的行为来表达。

觉察的第九型的人具有同理心、宽大慷慨、和善、好相处、心胸宽阔,能够直觉地感应到团体中适宜而均衡的能量,进而创造出和谐的气氛,为每个人带来真正的贡献。

(二)职业选择

第九型的人适合从事协调性的、固定程序性的工作,如温和的向导、安定人心的"镇静剂"、润滑矛盾的"调停者"、按部就班的办事员、谈判专家、办公室人员。

这种类型的人不适合从事理论性的工作、需要自我推销的工作和工作程序经常变化的工作。

十一、九型人格测试

要想迅速确定你属于哪种类型可能会有点困难。因为某两个甚至更多个类型看起来都很熟悉。不论我们属于哪个中心——脑、心、腹,我们都拥有感觉所有人类情绪的能力。我们的个人背景使我们拥有特定信念、问题、偏好以及行动方式,而这些不一定都吻合我们的类型。因此,我们需要更多地观察、思考以及身边亲朋好友的反馈,才能更准确地了解自己属于哪一类型。

表2-8所示是九型人格的测试题,包括144道二选一的题目。答案没有正确与错误之

分，它反映的只是你的个性和你的世界观。请仔细阅读每一道题中的两个选项，然后根据你自己的行为习惯作出选择，并在相应的括号内打钩。在答题时，可能你觉得两个选项都不适合你，或两个选项都适合你。无论哪种情况，请选择其中你最倾向的答案。如果漏选或多选，将影响你的测试结果。

表2-8 九型人格测试题

题号	问题	A	B	C	D	E	F	G	H	I
1	我浪漫并富于幻想					【】				
1	我很实际并实事求是		【】							
2	我倾向于接受冲突							【】		
2	我倾向于避免冲突	【】								
3	我一般是老练的、有魅力的以及有上进心的			【】						
3	我一般是直率的、刻板的以及空想的					【】				
4	我倾向于集中注意某一事物时，容易紧张								【】	
4	我倾向于自然的东西，喜欢开玩笑									【】
5	我待人友好，愿意结交新朋友						【】			
5	我喜欢独处，不太愿意与人交往					【】				
6	我很难放松和停止思考潜在的问题		【】							
6	潜在的问题不会影响我的工作	【】								
7	我是"聪明"的生存者							【】		
7	我是"高尚"的理想主义者				【】					
8	我需要给别人爱					【】				
8	我愿意与别人保持一定的距离							【】		
9	当别人给我一项新任务时，我通常会问自己它是否对我有用			【】						
9	当别人给我一项新任务时，我通常会问自己是否有兴趣									【】
10	我倾向于关注自己					【】				
10	我倾向于关注他人	【】								
11	别人依赖我的见识与知识								【】	
11	别人依赖我的力量与决策							【】		
12	我给人的印象是十分不自信的		【】							
12	我给人的印象是十分自信的				【】					

续表

题号	问题	A	B	C	D	E	F	G	H	I
13	我更加注重关系						【 】			
	我更加注重目的			【 】						
14	我不能大胆地说出自己想说的话					【 】				
	我能大胆地说出别人想说但没敢说的话								【 】	
15	不考虑其他选择而做某一确定的事对我来说是很困难的							【 】		
	放松、更具灵活性对我来说是很困难的				【 】					
16	我一般犹豫与拖延		【 】							
	我一般大胆与果断							【 】		
17	我不愿意别人给我带来麻烦	【 】								
	我被别人依赖，让我帮忙解决麻烦						【 】			
18	通常我会为了完成工作将感情置之不顾			【 】						
	在做事之前我需要克制自己的感情				【 】					
19	我一般是讲求方法并且很谨慎的		【 】							
	我一般是敢于冒险的									【 】
20	我倾向于帮助和给予，喜欢与他人在一起						【 】			
	我倾向于严肃与缄默，喜欢讨论问题			【 】						
21	我常常感到自己需要成为顶梁柱							【 】		
	我常常感到自己需要做的十全十美			【 】						
22	我喜欢问难题和保持独立性								【 】	
	我喜欢保持心理的稳定与平静	【 】								
23	我太顽固并保持怀疑的态度		【 】							
	我太软心肠并多愁善感					【 】				
24	我常常担心自己不能得到较好的东西								【 】	
	我常常担心如果自己放松警惕，别人就会欺骗我					【 】				

续表

题号	问题	A	B	C	D	E	F	G	H	I
25	我习惯性表现得很冷淡而使别人生气					【】				
	我习惯性指使别人做事而使他们生气				【】					
26	如果有太多的刺激和鼓舞,我会感到忧虑	【】								
	如果没有太多的刺激和鼓舞,我会感到忧虑									【】
27	我要依靠朋友,同时他们也可以依靠我		【】							
	我不依靠别人独立行事			【】						
28	我一般独立于专心								【】	
	我一般情绪化并热衷于自己的想法					【】				
29	我喜欢向别人提出挑战,使他们振奋起来							【】		
	我喜欢安慰他人,使他们冷静下来						【】			
30	我总的来说是个开朗并喜欢交际的人								【】	
	我总的来说是个认真并能很自律的人				【】					
31	我希望能迎合别人——当别人距离很远时,我就会感到不舒服	【】								
	我希望与众不同——当不能看到别人与自己的区别,我就感到不舒服			【】						
32	对我来说,追求个人的兴趣比追求舒适与安全更重要								【】	
	对我来说,追求舒适比追求个人的兴趣更为重要			【】						
33	当与他人有冲突时,我倾向于退缩					【】				
	当与他人有冲突时,我很少会改变自己的态度							【】		

续表

题号	问题	A	B	C	D	E	F	G	H	I
34	我很容易屈服并受他人摆布	【 】								
	我对他人不但不作出让步,而且还对他们下达命令				【 】					
35	我很赏识自己高昂的精神状态与深沉									【 】
	我很赏识自己对他人深沉的关心与热情							【 】		
36	我很想给别人留下好的印象				【 】					
	我并不在乎能否给别人留下好的印象								【 】	
37	我依赖自己的毅力与常有的感觉			【 】						
	我依赖自己的想象与瞬间的灵感					【 】				
38	总的来说,我是很随和、很可爱的		【 】							
	总的来说,我是精力旺盛和过分自信的							【 】		
39	我努力工作以得到别人的接受与喜欢			【 】						
	能否得到别人的接受与喜欢对我来说并不重要				【 】					
40	当别人给我压力时我更容易退缩								【 】	
	当别人给我压力时我会变得更加自信									【 】
41	人们对我感兴趣是因为我很开朗、有吸引力、有趣						【 】			
	人们对我感兴趣是因为我很安静、不同寻常、深沉					【 】				
42	职责与责任对我来说很重要			【 】						
	协调与认可对我来说很重要		【 】							
43	我制订出重要的计划并作出承诺以此鼓励人们							【 】		
	我指出不按照我们的建议去做所产生的后果,以此来要求人们顺从				【 】					

续表

题号	问题	A	B	C	D	E	F	G	H	I
44	我很少表露情绪								【 】	
	我经常表露情绪						【 】			
45	我不擅长处理琐碎的事								【 】	
	我擅长处理琐碎的事			【 】						
46	我常常强调自己与绝大多数人的不同之处,尤其是家境的不同之处					【 】				
	我常常强调与绝大多数人的共同之处,尤其是家境的共同之处	【 】								
47	当场面变得热闹起来时,我一般站在一旁								【 】	
	当场面变得热闹起来时,我一般加入其中									【 】
48	即使朋友不对,我也会支持他们		【 】							
	我不会为了友情而在正确的事情上妥协				【 】					
49	我是善意的支持者						【 】			
	我是积极主动的追求者			【 】						
50	当遇到困难时我倾向于夸大自己的问题					【 】				
	当遇到问题时我倾向于转移注意力									【 】
51	我一般对情况持相信的态度				【 】					
	我一般对情况持怀疑的态度							【 】		
52	我的悲观与抱怨会给别人带来麻烦		【 】							
	我的霸气及强烈控制欲会给别人带来麻烦							【 】		
53	我一般按感觉办事,并听之任之						【 】			
	我一般不按感觉办事,以免产生更多问题	【 】								
54	我成为注意焦点时会很自然			【 】						
	我成为注意焦点时会很不习惯					【 】				

续表

题号	问题	A	B	C	D	E	F	G	H	I
55	我做事很谨慎,努力为意料之外的事情做准备		【 】							
	我做事情凭一时冲动,在问题出现时临时做准备									【 】
56	当别人不欣赏我为他们所做的事情时,我会很生气						【 】			
	当别人不听我说话时我会很生气				【 】					
57	独立、自力更生对我很重要							【 】		
	价值被认可、得到别人的称赞对我很重要			【 】						
58	当与朋友争论时,我一般强烈地坚持自己的观点							【 】		
	当与朋友争论时,我一般顺其自然以免伤了和气	【 】								
59	我常常占有所爱的人,不能放任他们				【 】					
	我常常考察所爱的人,想确定他们是否爱我		【 】							
60	组织资源并促使某些事情的发生是我的优势之一							【 】		
	提出新观点并振奋人心是我的优势之一									【 】
61	我不能依赖自己,要在别人的鞭策下才会做事				【 】					
	我不能自律,过于情绪化					【 】				
62	我试图使生活快节奏、紧张以及充满兴奋									【 】
	我试图使生活有规律、稳定以及平静	【 】								
63	尽管我已取得成功,我仍怀疑自己的能力		【 】							
	尽管我受到挫折,但我仍相信自己的能力				【 】					

续表

题号	问题	A	B	C	D	E	F	G	H	I
64	我一般对自己的情感会仔细研究					【】				
64	我一般对自己的情感并不加注意								【】	
65	我对许多人加以注意并培养他们						【】			
65	我对许多人加以指导并鼓励他们							【】		
66	我对自己要求有点严格				【】					
66	我对自己要求比较宽容									【】
67	我独断,追求卓越			【】						
67	我谦虚,喜欢按自己的节奏做事	【】								
68	我为自己的清晰性与目标性感到自豪							【】		
68	我为自己的可靠与诚实感到自豪		【】							
69	花大量的时间反省——理解自己的感受对我来说是很重要的					【】				
69	花大量的时间反省——做完事情对我来说是很重要的							【】		
70	我认为自己是个灿烂和随和的人	【】								
70	我认为自己是个严肃和有品位的人				【】					
71	我头脑灵活,精力充沛									【】
71	我有一颗炽热的心,具有奉献精神						【】			
72	我所做的事情要有极大的可能性达到奖励与赏识			【】						
72	如果所做的事是我所感兴趣的,我愿意放弃别人对我的奖励与赏识								【】	
73	我认为履行社会义务并不重要				【】					
73	我常常认真履行社会义务		【】							

续表

题号	问题	A	B	C	D	E	F	G	H	I
74	在绝大多数情况下我愿意做领导						【 】			
	在绝大多数情况下我愿意让其他人做领导	【 】								
75	几年来,我的价值观与生活方式变化了好多次				【 】					
	几年来,我的价值观与生活方式基本没有变化		【 】							
76	我一般缺乏自律能力									【 】
	我与别人的联系一般很少								【 】	
77	我拒绝别人爱,希望别人进入我的世界					【 】				
	我需要别人爱,希望自己进入别人的世界						【 】			
78	我一般做最坏的打算		【 】							
	我一般做最好的打算	【 】								
79	人们相信我是因为我很自信,并尽全力做得最好						【 】			
	人们相信我是因为我很公正,并能正确地做事				【 】					
80	我常忙于自己的事情而忽略了与他人交往								【 】	
	我常忙于与他人交往而忽略了自己的事情						【 】			
81	当第一次遇到某人时,我一般会镇定自若并沉默寡言			【 】						
	当第一次遇到某人时,我一般会与他闲聊并使他觉得有趣									【 】
82	总而言之,我是很悲观的				【 】					
	总而言之,我是很乐观的	【 】								
83	我更喜欢呆在自己的小世界里								【 】	
	我更喜欢让全世界的人知道我的所在						【 】			

续表

题号	问题	A	B	C	D	E	F	G	H	I
84	我常常被紧张、不安全以及怀疑困扰		【 】							
	我常常被生气、完美主义以及不耐烦困扰				【 】					
85	我意识到自己太有人情味,待人太亲密						【 】			
	我意识到自己太酷,过于冷漠			【 】						
86	我失败是因为我不能抓住机会					【 】				
	我失败是因为我追求太多的可能性									【 】
87	我要过很长的时间才会采取行动								【 】	
	我会立即采取行动									【 】
88	我一般很难作出决定	【 】								
	我一般很容易作出决定						【 】			
89	我容易给人留下态度强硬的印象						【 】			
	我并不过多地坚持自己的意见	【 】								
90	我情绪稳定				【 】					
	我情绪多变					【 】				
91	当不知道要干什么事情的时候,我常常会向别人寻求建议		【 】							
	当不知道要干什么事情的时候,我会尝试不同的事情以确定哪一种最适合我去做									【 】
92	我担心别人搞活动时会忘记我					【 】				
	我担心参加别人的活动时会影响到我做自己的事情				【 】					
93	当我生气时,我一般会责备别人							【 】		
	当我生气时,我一般会变得很冷淡				【 】					
94	我很难入睡								【 】	
	我很容易入睡		【 】							

续表

题号	问题	A	B	C	D	E	F	G	H	I
95	我常努力思考如何与别人建立亲密的关系						【】			
	我常努力思考别人想从我这里得到什么		【】							
96	我一般是慎重、有话直说以及深思熟虑的人							【】		
	我一般是易于兴奋、善于快速回避问题以及机智的人								【】	
97	当看到别人犯错误时,我一般不会指出来					【】				
	当看到别人犯错误时,我一般会帮助他们认识自己所犯的错误				【】					
98	在生活中的绝大多数时间里,我是情感激烈的人,我会产生许多易变的情感								【】	
	在生活中的绝大多数时间里,我是情感稳定的人,我会心如止水	【】								
99	当我不喜欢某些人时,我会掩藏自己的情感且努力保持热情			【】						
	当我不喜欢某些人时,我会以这种或那种方式让他们知道我的情感			【】						
100	我与别人交往有困难是因为我很敏感以及总是从自己的角度去考虑问题					【】				
	我与别人交往有困难是因为我不太在乎社会习俗								【】	
101	我的方法是直接帮助别人						【】			
	我的方法是告诉别人如何自助							【】		
102	总的来说,我喜欢释放并突破所受的限制								【】	
	总的来说,我不喜欢过多地失去自我控制				【】					

续表

题号	问题	A	B	C	D	E	F	G	H	I
103	我过度关注要比别人做得好				【 】					
103	我过度关注把别人的事做好	【 】								
104	我喜欢幻想，总是充满想象与好奇								【 】	
104	我很实际，只是试图保持事情的发展状况		【 】							
105	我的主要优势之一就是能够控制场面							【 】		
105	我的主要优势之一就是能够讲述内心的感受					【 】				
106	我争取努力把事情做好，却不管这样别人开心不开心				【 】					
106	我不喜欢有压力的感觉，所以也不喜欢压制别人	【 】								
107	我常常因自己在别人的生活中起着重要作用而感到骄傲						【 】			
107	我常常因自己对新的东西感兴趣并乐于接受而感到骄傲								【 】	
108	我认为自己给别人留下的印象是好样的，甚至是很令人钦佩的			【 】						
108	我认为自己给别人留下的印象是与众不同的，甚至是很古怪的								【 】	
109	我一般去做自己必须做的事		【 】							
109	我一般去做自己想做的事					【 】				
110	我很喜欢高压力或困境							【 】		
110	我不喜欢高压力或困境	【 】								
111	我为自己拥有灵活的能力而感到骄傲——我知道情况是变化的			【 】						
111	我为自己的立场而感到骄傲——我有坚定的信念				【 】					

续表

题号	问题	A	B	C	D	E	F	G	H	I
112	我的风格倾向于节约和朴实								【 】	
	我的风格倾向于过度地做某些事情									【 】
113	因为我有强烈的愿望去帮助别人,所以我的健康与幸福受到了伤害						【 】			
	因为我只关注自己的需要,所以我的人际关系受到了损害				【 】					
114	总的来说,我太坦诚,太天真	【 】								
	总的来说,我过于谨慎,过于戒备		【 】							
115	有时我因过于好斗而令人厌恶								【 】	
	有时我因太紧张而令人厌恶			【 】						
116	关注他人的需要以及为他人服务对我来说是很重要的						【 】			
	寻找并等待做好事的其他方法对我来说是很重要的								【 】	
117	我全身心投入并持之以恒地追求自己的目标				【 】					
	我喜欢探索各种行动的途径,想看看最终的结果如何									【 】
118	我经常会激起强烈和紧张的情绪				【 】					
	我经常很冷静和安逸	【 】								
119	我不太注重实际结果,而是注重自己的兴趣								【 】	
	我很实际,总是希望自己的工作有具体的结果						【 】			
120	我有强烈的归属需求		【 】							
	我有强烈的平衡需求				【 】					
121	过去我可能过于要求朋友间的亲密						【 】			
	过去我可能过于要求朋友间的疏远			【 】						

续表

题号	问题	A	B	C	D	E	F	G	H	I
122	我喜欢回忆过去的事情				【 】					
	我喜欢预期未来所要做的事情									【 】
123	我倾向于将人看作是很麻烦和苛刻的								【 】	
	我倾向于将人看作是很莽撞和有需求的				【 】					
124	总的来说,我不太自信		【 】							
	总的来说,我只相信自己							【 】		
125	我可能太被动,从不积极参与	【 】								
	我可能控制过多						【 】			
126	我经常因为怀疑自己而停下来					【 】				
	我很少会怀疑自己			【 】						
127	如果让我在熟悉的东西和新的东西之间作出选择,我会选新的东西								【 】	
	我一般会选自己所喜欢的东西,对自己不喜欢的东西会感到失望		【 】							
128	我给别人大量的身体接触来让他们相信我对他们的爱						【 】			
	我认为真正的爱是不需要身体的接触来表达的				【 】					
129	当我责备别人时,我是很严厉和直截了当的							【 】		
	当我责备别人时,我是旁敲侧击的				【 】					
130	我对别人认为很困扰甚至是很可怕的学科却很感兴趣								【 】	
	我不喜欢研究别人认为很困扰甚至是很可怕的学科	【 】								
131	我因妨碍或干扰他人而受到指责						【 】			
	我因逃避或沉默寡言而受到指责		【 】							

续表

题号	问题	A	B	C	D	E	F	G	H	I
132	我担心没有办法履行自己的职责							【】		
	我担心自己缺乏自律而不能履行自己的职责									【】
133	总的来说,我是一个凭直觉办事且极度个人主义的人					【】				
	总的来说,我是一个很有组织能力且负责任的人				【】					
134	难以克服惰性是我的主要问题之一	【】								
	不能缓下来是我的主要问题之一								【】	
135	当我觉得不安全时会变得傲慢,对此表示轻视			【】						
	当我觉得不安全时会变得好争论,自卫性强		【】							
136	我思想开朗,乐意尝试新的方法							【】		
	我会表白真情,乐意与别人共享我的情感					【】				
137	在别人面前我会表现得比实际的我更强硬							【】		
	在别人面前我会表现得比实际的我更在意						【】			
138	我一般是按良心与理性去做事情				【】					
	我一般是按感觉与冲动去做事情									【】
139	严峻的逆境使我变得坚强			【】						
	严峻的逆境使我变得气馁与听天由命	【】								
140	我确信有某种安全网可以依靠		【】							
	我常常选择居于边缘而无所依靠							【】		

续表

题号	问题	A	B	C	D	E	F	G	H	I
141	我要为了别人而表现得很坚强,所以没有时间顾及自己的感受							【】		
141	我不能应对自己的感受,所以不能为别人表现得很坚强					【】				
142	我常常觉得奇怪,对于生活中美好的事情为什么人们只看到它消极的一面	【】								
142	我常常觉得奇怪,为什么人们在生活中遇到很糟糕的事情还这么开心				【】					
143	我努力使自己不被看作是自私的人						【】			
143	我努力使自己不被看作是令人讨厌的人									【】
144	我担心被别人的需要与要求压垮时会避免产生亲密的关系								【】	
144	我担心辜负人们对我的期望时会避免产生亲密的关系			【】						

计分方法:

将每一栏打钩的数目相加,并将总钩数填入表2-9中。如果你在每一组陈述中只选择了一个答案,之后又正确地计算了所有的问题数,你的总钩数应该是144个,否则,请回头检查是否有数错的或加错了。

表2-9 个性号码统计表

栏目	A	B	C	D	E	F	G	H	I
总数									
个性号码	9号	6号	3号	1号	4号	2号	8号	5号	7号

1号:完美型;2号:助人型;3号:成就型;4号:艺术型;5号:理智型;6号:忠诚型;7号:活跃型;8号:领袖型;9号:和平型。

第三节 DISC 个性测试

1928年,美国心理学家马斯顿博士在他的《正常人的情绪》一书中,提出了DISC测评，以及理论说明。他采用了四个他认为是非常典型的人格特质因子，即 Dominance——支配，Influence——影响，Steady——稳健，以及 Compliance——服从。DISC 个性测试现已成为国外企业广泛应用的一种人格测试，用于测查、评估和帮助人们改善其行为方式、人际关系、工作绩效、团队合作、领导风格等。研究表明，这个测试所考察的维度与管理绩效相联系，为企业的人事甄选、录用、岗位安置提供了良好的测评手段，既可以用于岗位招聘，也可以用于职业规划。

一、什么是 DISC

DISC 是以"理性—感情"和"主动—被动"为纵、横坐标，把行为分成四种倾向：Dominance——支配型/控制者、Influence——活泼型/社交者、Steadiness——稳定型/支持者、Compliance——完美型/服从者，如图 2-3 所示。这四种倾向没有好坏对错之分，每一个人的性格中都有 D、I、S、C 因子，只是四种因子所占的百分比因时因地因人而有不同。"理性—感情"也可以理解为"关注事—关注人"，"主动—被动"也可以理解为"外向—内向"。

图 2-3 DISC 象限图

二、DISC 的象限分析

(一) Dominance——支配型/控制者

D 型又被称为开拓型、力量型。D 型人外向、乐观，是积极的行动者。他们喜欢做主，行动力强，思考力稍弱，喜欢挑战较高的目标，不达目的不罢休，充满自信，意志坚定，有活力，做事主动，不易气馁，是推动别人行动的人。由于他们行动力很强，所以往往做事会有很大成就。

D 型人的缺点是不易看到别人的需求，只看到自己的需求；粗线条、不容易适应环境，经常人际关系差，做错事后很容易原谅自己；无耐性、固执、易争吵、好斗、说话极易伤害别人、具有强迫性，很容易支配别人。

在工作方面，D型人是务实和讲究效率的人，目标明确，眼光全面，组织力强，行动迅速，解决问题不过夜，果敢、坚持到底，在反对声中成长。果断、反应快的人擅言词，同时尖锐而不圆滑，因为他们以事为主，并要求结果。但是，因为过于强调结果，D型人往往容易忽视细节，处理问题不够细致。爱管人、喜欢支使他人的特点使得D型人能够带动团队进步，但也容易激起同事的反感。

D型人没有兴趣从事一成不变的工作，没有耐性循着僵硬的管道升迁，不喜欢当幕僚，希望可以掌控全局。他们追逐更大的权力、更高的位置，不怕压力，期待工作就像战场一样充满挑战。D型人适合从事有挑战性的工作，如律师、创业家、业务代表等。

【职业案例】

D型，代表人物：曹操。似乎一提起曹操，一副奸雄的嘴脸就会浮现在眼前，其实不然。在三国，可以说天下英雄始出于曹，曹操就是一个典型的力量型的人物，善断亦善行，其成功之路是一步一个脚印走出来的。在紧要关头，曹操总是可以果断决定，并快速付诸实践，直至最后取得胜利。从刺董卓曹操献刀，到举义军洛阳勤王，再到挟天子以令诸侯，以至灭袁绍、除袁术、征乌丸、攻张绣、擒吕布、定荆州、平汉中，直至受九锡、封魏王，无一不体现曹操的善断与善行。从曹操与袁绍的对比中，更能看出曹操力量型性格的特点。曹操称袁绍色厉胆薄、好谋无决、干大事而惜身、见小利而忘命，那么这些表述的反面也就是曹操的性格特点了。同时力量型性格的人往往很急，容易好大喜功，这点也在曹操身上展露无遗，最典型的自然是赤壁之战。曹操平定荆州后，不等队伍修整恢复，就浩浩荡荡、趾高气扬地直下东吴，急功近利，妄图一举平定江东，结果被孙刘联军打得大败而归。力量型性格的人容易成为领导，也在于此类性格之人知人善任，这点在曹操身上更是有着突出的表现。三国之中，就属曹操手下人才济济，人数最多，武将如张辽、许褚、徐晃、夏侯惇等；谋士如荀彧、荀攸、郭嘉、程昱等。曹操横槊赋诗，"周公吐哺，天下归心"的英雄气魄更是力量型性格的又一表征。

(二)Influence——活泼型/社交者

I型又被称为推销型、影响型。I型人是一群人里面说话最多的，天生希望成为注意力的中心，具有很强的好奇心，热情、热心，具有很好的表达能力，精力充沛、有干劲。I型人生性较乐观，会将大多数状况视为有利条件。由于他们急于认识他人并获得其欣赏，因此这类人的行为，有时是不善社交者很难理解的。他们通常有能力说服他人共同合作。他们的自我意识很强，口才极佳，但I型人较圆滑，对他人的感觉较敏感。他们非常外向，且以人为主，同时珍惜关系。

I型人的缺点是以自己为中心，独霸主题，爱打断别人的谈话，不注意记忆，变化无常。他们易交朋友，但深交的朋友却不多。他们缺乏毅力，喜好多却不精，好表现，粗线条，轻许诺(因为热心所以常常答应别人，但是由于记忆差，所以常常答应后就忘记了)，以自己的快乐为主。

在工作方面，I型人是一个热情的推动者，总有新主意，色彩丰富，说干就干，能够鼓励和带领他人一起积极投入工作。可是，I型人似乎总是情绪决定一切，想哪儿说哪儿，而且说得多干得少，遇到困难容易失去信心，杂乱无章，做事不彻底，爱走神，爱找借口。喜欢轻松友好的环境，非常害怕被拒绝。

I型人希望从事与人互动接触，有舞台得到掌声，能发挥口语表达能力，工作气氛愉快，工作环境轻松的工作。不喜欢官僚的程式，而希望组织允许一些天马行空的想法。I型人适合从事经常与人接触的工作，如教育训练、演艺人员、广告创意、客户服务、柜台接待、导游等。

【职业案例】

> I型代表人物：张飞。大家都说张飞是个大老粗，性情暴躁，但是在张飞表现其急躁、粗心、耿直的时候，另一种生动、活泼、让人捧腹大笑的形象又会跃然而出，这不正是活泼型性格的特点吗？张飞同时又是粗中有细、善于变通的，主要体现在长板桥头喝退操兵和智擒严颜两件事上。作为大口吃肉、大碗喝酒这样的一个莽汉代表的张飞多才多艺，能画一手好画，尤其善于画婀娜多姿的女子，不得不叫人刮目相看。

(三)Steadiness——稳定型/支持者

S型又被称为专家型、和平型。S型人性格低调、易相处，很轻松平和，无异议，耐心，适应力强，无攻击性，是很好的聆听者，具有外交手段(说话绕弯、不直接)，人际关系好，朋友很多。他们不仅是忠诚的员工，也是可信赖的团队成员。他们是按部就班的逻辑思考者，喜欢为一个领袖或目标奋斗。他们偏爱稳定且可预测的环境，而需要改变时，他们会希望事先被告知。他们热爱长期的工作关系，以服务为导向，同时有耐心且和善，真正关心他人的感觉和问题，尤其能扮演幕僚的角色。

S型人的缺点是不容易兴奋，拒绝改变、喜欢一成不变，看似懒惰，不愿承担责任、回避压力，沉默，马虎无主见。因为他们避免出错，不希望伤害到任何人，追求结果圆满，就会因考虑太多而变得犹豫不决、优柔寡断。

在工作方面，S型人能够按部就班地管理事务，他们喜欢的工作环境个人化、轻松、友好且非正式。他们喜欢一致、缓慢且简单的方法，同时具备长期的专注力，使他们能稳健地执行工作。奉行中庸之道，平和可亲，一方面习惯于避免冲突，另一方面也能处变不惊。但是，S型人似乎总是慢吞吞的，很难被鼓动，得过且过。由于害怕承担风险和责任，宁愿站在一边旁观。很多时候，S型人总是没有主意，有话不说，或折中处理。

S型人喜欢在工作中接触人，只是在作风上比较保守、被动，不喜欢管人，不喜欢有压力，也不喜欢给人压力。S型人可以从事参谋类的工作，或是长期的、稳定性强的工作，如教师、特别助理、公务人员、非营利事业组织人员等。

【职业案例】

> S 型代表人物：刘备。陈寿《三国志》中记载：先帝少有大志，喜怒不形于色。这便是稳定型人物的典型特征。同时刘备手下的诸葛亮、关羽、张飞、赵云等更是对刘备死心塌地，忠心耿耿，至死不渝。这又说明了作为稳定型的刘备善于团结人，而不论其是使用枕同榻，还是编草帽，亦或是摔孩子等方法。刘备在成就霸业之前，先后跟随公孙瓒、陶谦、吕布、袁绍、曹操、刘表等人，又说明作为稳定型的刘备善于在不同的阵营中保护自己，以图日后起家。

(四)Compliance——完美型/服从者

C 型人又被称为客观型、服从型。C 型人是理想主义者，以思考为主，深思熟虑，严肃有目标，并且目标感很强，追求完美，有艺术天分，沉闷，关注细节，高标准，做事前一定要先想个计划，有条理、有组织，交友慎重(但一旦交往就会很忠诚地对待朋友)，关心别人，情感丰富容易感动，也容易受伤。他们天生精准且井然有序。由于他们思路清晰，只要知道正确的方向，就能够受到激励，他们喜欢规矩和秩序。

C 型人的缺点是行动力弱、想得多但做得少，优柔寡断，容易抑郁(常常是因为要求过高，当达不到时就会很失望)，容易自惭自愧，悲观、天生消极，易受环境影响、情绪化。

在工作方面，C 型人是一个完美主义者，他们对自己和下属的要求都非常高。计划性强，注重细节，讲究条理，整洁，能够发现问题并制定解决问题的办法，喜欢图表和清单，坚持己见，善始善终。但是，C 型人也很可能是一个优柔寡断的人，习惯于收集信息资料和作分析，却很难投入到实际运作的工作中来。容易自我否定，因此需要别人的认同。同时，也习惯于挑剔别人，不能忍受别人的工作做不好。C 型特征明显的人非常不喜欢冒险与压力，有逃避的倾向。尽管如此，他们却是扎实的问题解决者，天生具有组织、诠释信息的能力。

C 型人喜欢从事研究性的工作，可以独立作业，在实验室、研究室、图书馆里面可能有他们的踪迹。他们喜欢谨慎的思考后才作出行动，重视规划、顺序、流程及制度，善于修正别人的论点。C 型人适合从事精准化的工作，如会计、精算师、脑部外科医师等。

【职业案例】

> C 型代表人物：诸葛亮。诸葛亮是蜀国的智囊，属于劳心之人，足智多谋，是完美型人物的代表。正如后人所说：诸葛亮大智若妖。诸葛亮未出草庐，一直天下三分，隆中一对，千古无出其右；诸葛亮火烧博望坡、智激孙权、舌战群儒、草船借箭、借东风，有鬼神莫测之计；诸葛亮鞠躬尽瘁，死而后已，为蜀国积劳成疾，最后客死五丈原，果真是完美型人物。

三、DISC 个性测试与分析

性格分析不仅可以帮助我们了解和塑造自己，改善职业，而且可以帮助我们了解别人，根据双方的性格特点，掌握与不同类型的人打交道的技巧，改善人际关系。表 2-10 所示是普通版本的 DISC 测试，帮助我们快速了解自己。本测试共 40 题，在每题的四个选项中只选择一个最符合你自己的，请勿多选。请按第一印象最快地选择，联想生活、工作、学习中的你，如果不能确定，可回忆童年时的情况，或者从你最熟悉的人对你的评价中来选择。

表 2-10　DISS 个性测试表

问题序号	选　项	你的选择
1	A. 对新事物下决心做好 B. 表情多动，多手势 C. 轻松自如地融入环境 D. 准确知道所有细节之间的逻辑关系	
2	A. 用逻辑与事实服人 B. 充满乐趣与幽默感 C. 在任何冲突中不受干扰，保持冷静 D. 完成一件事后才接手新事	
3	A. 决心用自己的方式做事 B. 认为与人相处好玩，无所谓挑战或商计 C. 接受他人的观点，不坚持己见 D. 为他人利益愿意放弃个人意见	
4	A. 把一切当成竞赛，总是有强烈的赢的欲望 B. 因个人魅力或性格使人信服 C. 控制自己的情感，极少流露 D. 关心别人的感觉与需要	
5	A. 对任何情况都能很快作出有效的反映 B. 给旁人清新振奋的刺激 C. 对人诚实尊重 D. 自我约束情绪与热忱	
6	A. 独立性强，机智，凭自己的能力判断 B. 充满动力与兴奋 C. 容易接受任何情况和环境 D. 对周围的人事十分在乎	
7	A. 相信自己有转危为安的能力 B. 运用性格魅力或鼓励推动别人参与 C. 不因延误而懊恼，冷静且容忍度大 D. 事前做详尽计划，依计划进行工作	

续表

问题序号	选 项	你的选择
8	A. 自信，极少犹豫 B. 不喜欢预先计划，或受计划牵制 C. 安静，不易开启话匣子的人 D. 生活与处事均依时间表，不喜欢干扰	
9	A. 毫不保留，坦率发言 B. 自信任何事都会好转 C. 愿改变，很快与人协调配合 D. 有系统、有条理安排事情	
10	A. 发号施令者，别人不敢造次反抗 B. 时时表露幽默感，任何事都能讲成惊天动地的故事 C. 保持可靠、忠心、稳定 D. 不主动交谈，经常是被动的回答者	
11	A. 敢于冒险，下决心做好 B. 带给别人欢乐，令人喜欢，容易相处 C. 待人得体，有耐心 D. 做事秩序井然，记忆清晰	
12	A. 自我肯定个人能力与成功 B. 始终精神愉快，并把快乐推广到周围 C. 情绪稳定，反应永远能让人预料到 D. 对学术、艺术特别爱好	
13	A. 自给自足，自我支持，无须他人帮忙 B. 游戏般地鼓励别人参与 C. 从不说或做引起他人不满与反对的事 D. 以自己完善的标准来设想衡量事情	
14	A. 有很快作出判断与结论的能力 B. 忘情地表达出自己的情感、喜好，与人娱乐时不由自主地接触别人 C. 直接的幽默近乎讽刺 D. 认真、深刻，不喜欢肤浅的谈话或喜好	
15	A. 闲不住，努力推动工作，别人跟随的领导 B. 喜好周旋于宴会中，结交朋友 C. 避免冲突，经常居中调和不同的意见 D. 爱好且认同音乐的艺术性，不单是表演	
16	A. 不达目的誓不罢休 B. 不断愉快地说话、谈笑，娱乐周围的人 C. 易接受别人的想法和方法，不愿与人相左 D. 善解人意，能记住特别的日子，不吝于帮助别人	

续表

问题序号	选项	你的选择
17	A. 天生的带领者，不相信别人的能力如自己 B. 充满生机，精力充沛 C. 愿意听别人想说的 D. 对理想、工作、朋友都有不可言喻的忠实	
18	A. 要求领导地位及别人跟随 B. 讨人喜欢，令人羡慕，人们注意的中心 C. 满足自己拥有的，甚少羡慕人 D. 用图表数字来组织生活，解决问题	
19	A. 不停地工作，不愿休息 B. 聚会时的灵魂人物，受欢迎的宾客 C. 易相处，易说话，易让人接近 D. 对己对人高标准，一切事情有秩序	
20	A. 大无畏，不怕冒险 B. 充满活力和生气的性格 C. 时时保持自己举止合乎认同的道德规范 D. 稳定，走中间路线	
21	A. 命令支配，有时略傲慢 B. 好表现，华而不实，声音大 C. 面上极少流露表情或情绪 D. 躲避别人的注意力	
22	A. 不易理解别人的问题与麻烦 B. 生活任性无秩序 C. 不易兴奋，经常感到好事难成 D. 不易宽恕或忘记别人对自己的伤害，易嫉妒	
23	A. 抗拒或犹豫接受别人的方法，固执己见 B. 反复讲同一件事或故事，忘记自己已重复多次，总是不断地找话题说话 C. 不愿意参与，尤其当事物复杂时 D. 把实际或想象的别人的冒犯，经常放在心中	
24	A. 直言不讳，不介意把自己的看法直说 B. 由于缺乏自我约束，不愿记无趣的事 C. 经常感到强烈的担心、焦虑、悲戚 D. 坚持做琐碎事情，要求注意细节	
25	A. 难以忍受等待别人 B. 滔滔不绝的发言者，不是好听众，不留意别人也在讲话 C. 很难下定决心 D. 感到担心且无信心	

续表

问题序号	选 项	你的选择
26	A. 很难用语言或肢体当众表达感情 B. 时而兴奋，时而低落，承诺总难兑现 C. 无兴趣且不愿介入团体活动或别人生活 D. 由于强烈要求完美，而拒人千里之外	
27	A. 坚持依自己的意见行事 B. 不依照方法做事 C. 犹豫不决——迟迟才有行动，不易参与 D. 标准太高，很难满意	
28	A. 自我评价高，认为自己是最好的人选 B. 容许别人(包括孩子)做他喜欢做的事，为的是讨好别人，让人喜欢自己 C. 中间性格，无高低情绪，很少表露感情 D. 尽管期待好结果，但往往先看到事物的不利之处	
29	A. 易与人争吵，永远觉得自己是正确的 B. 有小孩般的情绪，易激动，事后马上又忘了 C. 不喜欢目标，也无意定目标 D. 容易感到被人疏离，经常无安全感或担心别人不喜欢与自己相处	
30	A. 充满自信，坚忍不拔，但常不适当 B. 孩子般的单纯，不喜欢去理解生命意义 C. 不关心，得过且过，以不变应万变 D. 往往看到事物的反面，而少有积极的态度	
31	A. 为回报或成就感不断工作，耻于休息 B. 需要旁人认同、赞赏，如同演艺家，需要观众的掌声、笑声与接受 C. 时时感到不确定、焦虑、心烦 D. 感到需要大量时间独处	
32	A. 常用冒犯或未斟酌的方式表达自己 B. 难以自控，滔滔不绝，不是好听众 C. 遇到困难退缩 D. 被人误解时感到冒犯	
33	A. 冲动地控制事情或别人，指挥他人 B. 缺乏组织生活秩序的能力 C. 事事不确定，又对事缺乏信心 D. 很多时候情绪低落	
34	A. 不接受他人的态度、观点、做事方法 B. 善变，互相矛盾，情绪与行动不合逻辑 C. 对多数事情均漠不关心 D. 思想兴趣放在内心，活在自己的世界里	

续表

问题序号	选项	你的选择
35	A. 精明处事，影响事物，使自己得利 B. 生活无秩序，经常找不到东西 C. 低声说话，不在乎说不清楚 D. 情绪不易高涨，不被欣赏时很容易低落	
36	A. 决心依自己的意愿行事，不易被说服 B. 要吸引人，要做注意力的集中点 C. 行动思想均比较慢，通常是懒于行动 D. 不容易相信别人，寻究语言背后的真正动机	
37	A. 毫不犹豫地表示自己的正确或控制能力 B. 说话声与笑声总是令全场震惊 C. 总是先估量每件事要耗费多少精力 D. 需大量时间独处，喜避开人群	
38	A. 当别人不能合乎自己的要求(如动作不够快)，易感到不耐烦而发怒 B. 无法专心或集中注意力 C. 凡事起步慢，需要推动力 D. 凡事皆怀疑，不相信别人	
39	A. 喜新厌旧，不喜欢长期做相同的事 B. 因无耐性，不经思考，草率行动 C. 不甘愿的、挣扎、不愿参与或投入 D. 情感不定，记恨并力惩冒犯自己的人	
40	A. 精明，总是有办法达到目的 B. 像孩子般注意力短暂，需要各种变化，怕无聊 C. 为避免矛盾，宁愿放弃自己的立场 D. 不断地衡量和下判断，经常考虑提出相反的意见	
A 的数量	B 的数量　　　　　　C 的数量　　　　　　D 的数量	

注：ABCD 分别对应 DISC。计算你的选项数量，超过 10 个称为显性因子，可以作为性格测评的判断依据。如果有两个或两个以上选项数量超过 10 个，说明你同时具备那两项特征。

【案例应用】

小玲还有半年就要大专毕业了，但是她还不知道自己要做什么样的工作。小玲目前跟父母住在一起，她们全家人都是从外地来广州打工的。小玲学的是会计专业，但是她并不确定自己是否要从事会计工作。

小玲在班级里看起来非常活跃，总能跟其他同学打成一片，与老师的关系也很好。她还参加了学校的社团，并且担任过社团的负责人。小玲的学习成绩不错，虽然她看起来并不是很努力学习的样子，但是她却拿到过两次学校的奖学金。

　　眼看就要毕业了，大家都开始找工作了。小玲也在想，自己要从事什么样的职业呢？小玲了解到，许多师兄、师姐找工作的时候没选好职业，毕业后总是在换工作。一些师兄、师姐告诉她，其实有些工作还是挺不错的，就是跟自己的性格不合，总是感觉做起来特别费劲，而且找不到工作的成就感。小玲也在担心，那自己的性格又适合做什么样的工作呢？

本 章 小 结

　　尼采说：人们经常对自我隐藏；在所有的宝藏中，我们自己总是最后才被挖掘出来的。唯有通过彻底的自我审视，尤其是探索自己行为的动机，才能解开我们的疑惑。当我们知道自己属于哪一个种群，知道自己的性格特点，知道我们自己需要什么样的环境、什么样的伙伴，知道我们将来适合做什么，知道我们最后要达到什么样的目的，那么我们的生活、理想就不再是凭空的幻想，不再漫无边际，而是站在事实的基础之上，那样我们所有的选择才会有的放矢。

　　本章系统介绍了 MBTI 16 种人格类型、九型人格、DISC 个性测试这三大流行的性格测试工具，提供了相应的简化版测试量表，并对相应匹配的职业进行了分析说明，帮助读者更好地认识自己、认识职业。

　　能够在最早的时间里了解自己的人是幸福的，他们的人生将要比晚了解自己的人少很多挣扎。我们的兴趣、爱好，也许会随着时间的推移发生变化，但是我们的性格却是终生的。我们会随着年龄的增长变得更加理性、成熟，但是我们的本性是不会改变的。当我们了解了自己的性格类型，明白了自己的价值取向，才可以获得真正的满足。

第三章 职业兴趣测试

【引导案例】

做你喜欢做的事

在美国,有一位妇孺皆知的老太太,她的全名叫安娜·玛丽·罗伯逊·摩西,但大家尊敬地称她摩西奶奶。她生于纽约州格林威治村一个贫穷的农夫家庭,母亲生育了10个孩子。摩西童年时代只受过零星的教育,12岁就离开父母在别人的农场打工挣钱,补贴家用。27岁时,她与托马斯·摩西结婚,这名来自弗吉尼亚州斯汤顿的男子也是农场工人,两人都在斯汤顿谢南多厄河谷的一个农场工作。像母亲一样,她也生了10个孩子。

后来摩西太太重回纽约州,在离出生地格林威治村不远处的伊格布里奇一个农场居家过日子,一晃近20年。她整日忙于擦地板、挤牛奶、装蔬菜罐头等琐事,还抽出时间刺绣乡村景色,并以此为乐。丈夫去世后,她在小儿子的帮助下继续操持农场。后因年事已高,只得退休和女儿生活在一起。摩西太太76岁时患上关节炎,双手因疼痛而不得不放弃刺绣。但酷爱艺术的她并没有善罢甘休,开始拿起画笔。对于一位年过7旬的老人,在随后20多年的绘画生涯中创作1600幅作品确实不易。

摩西太太在当地展览自己的绘画作品,女儿还将她的画带到镇上的杂货铺里寄售,每一幅只卖23美元。就是靠这些微薄的收入,勉强为她含辛茹苦抚养的11个孙辈提供最基本的生活费用。

一天,艺术收藏家路易斯·卡多尔被陈列在杂货店橱窗中的作品吸引,颇感兴趣买了下来,而且提出想多要几幅。为了帮助才华横溢的摩西太太,卡多尔将她的作品带到纽约画商奥特卡利尔的画廊。从此,摩西太太在当地美术界的名气越来越大。

摩西太太年过八十时,在纽约举办个人画展。此事成为一大新闻,引起轰动。从此以后,她变成了名人,每天收到大量的问候卡。她的作品在艺术市场火爆热销,供不应求。在多次比赛后,摩西太太成为获奖专业户。由于电台与电视台的采访报道,她的知名度超过别的艺术家。

在公众眼里,摩西太太最使人感动的是她挣脱年龄羁绊和突破教育限制的孜孜追求,最令人羡慕的是她取得的巨大成功和幸福的晚年生活。尽管从来没有接受过正规系统的艺术训练,但对美的热爱使她爆发了惊人的创作力。她脚踏实地,一步一个脚印,从临摹柯里夫和艾夫斯的图片和明信片开始,随后根据自己早期的农场生活进行创作。摩西太太的作品丰富多彩,有对童年时代乡村景色的描绘,有对个人生活的记录,有对过往的伤感怀旧,有对永恒东西的向往。摩西太太的风景画善于捕捉人与自然和谐相处的意境,体现出季节、天气和时间的细微差别。她通过自己的发现和感悟，用画笔创造出一种别样的精彩人生，让人们看到了奋斗与成功的希望。

摩西太太上过《时代》和《生活》杂志的封面，作品在一流的纽约现代美术馆展出过，被大都会博物馆和白宫收藏，个人画展从美国办到法国和英国等地。在摩西太太百岁时，纽约州将她生日那天命名为 Grandma Moses Day，给予了极高的荣誉。摩西太太101岁逝世时，美国邮政特地为她发行邮票，表示纪念。这位百岁老人一生留下千余幅油画作品，代表作有《过河去看奶奶》《捉感恩节火鸡》和《槭树园里的熬糖会》等，从这些题目就不难领略到她质朴无华、与众不同的乡土气息。说起来也许令人不可思议，其中20多幅作品是在过完100岁生日之后创作的。

(资料来源：李忠东. 做你喜欢做的事[J]. 青年博览，2012(14):30-31.)

摩西太太说：你最愿意做的那件事，才是你真正的天赋所在。人到底该在什么时候做什么事，没有明确的规定。如果我们想做，就从现在开始。有人总埋怨：已经晚了，实际上，现在就是最恰当的时候。对一个真正有追求的人来说，生命的每个时期都是年轻的、及时的。摩西太太的经历告诉我们，不论年纪多大，追随梦想，你就可能成功。

兴趣是一种无形的动力，每个人都会对他感兴趣的事物给予优先注意、进行积极的探索，并表现出心驰神往。职业兴趣是指人们对某种职业活动具有的比较稳定而持久的心理倾向，使人对某种职业给予优先注意，并向往之。拥有职业兴趣将增加个人的工作满意度、职业稳定性和职业成就感。由于兴趣爱好不同，人的职业兴趣也有很大的差异。有人喜欢具体工作，如室内装饰、园林、美容、机械维修等；有人喜欢抽象和创造性的工作，如经济分析、新产品开发、社会调查和科学研究等。

第一节　霍兰德职业兴趣测试

美国约翰·霍普金斯大学心理学教授约翰·霍兰德于1959年提出了具有广泛社会影响的职业兴趣理论。他的理论假设是人可以分成六大类，即现实型、研究型、艺术型、社会型、企业型和传统型，职业环境也可以分成相应的同样名称的六大类，人格与职业环境的匹配是形成职业满意度、成就感的基础。通过霍兰德职业兴趣测试，人们可以发现和确定自己的职业兴趣和能力特长，从而更好地作出求职择业的决策。

一、类型描述

(一)R型：现实型

现实型又被称为实际型、操作型。具有这类倾向的人，属于技术与运动取向。往往身体技能及机械协调能力较强，对机械与物体的关心比较强烈，愿意使用工具从事操作性的工作。能够独立钻研业务、完成任务，长于动手并以"技术高"为荣。喜欢明确的、具体的、体力的任务，喜欢户外的工作。不善言谈，人际关系能力较差，对于人际交往及人员管理、监督等活动不太感兴趣。

现实型的职业主要是指各类工程技术工作、农业工作，通常需要一定的体力，需要运用工具或操作机器。技能性职业如矿工、电工、机械工、农牧渔民、园艺工人等；技术性职业如电气技师、工程师、营养专家、司机、摄影师、测绘员、制图员等。

(二)I 型：研究型

研究型又被称为调研型、思维型。具有这类倾向的人，抽象思维能力强，求知欲强，肯动脑，思考问题透彻，通常倾向于通过思考、分析解决难题，而不一定落实到具体操作。喜欢理论思维或偏爱数理统计工作，对于解决抽象性问题具有极大的热情。喜欢具有创造性、挑战性的工作，不太喜欢固定程式的任务。不重视实际，考虑问题偏于理想化，对于人员的领导及人际交往也情非所愿，独立倾向明显。

研究型的职业主要是指科学研究和科学实验工作。科学方面的职业如数学、化学、医学技术人员、心理学家等自然科学和社会科学方面的研究与开发者；技术方面的职业如技师、计算机程序员、冶金化工等方面的工程师和技术人员。

(三)A 型：艺术型

具有这类倾向的人，审美能力较强，感情丰富且易冲动，不顺从他人，具有特殊艺术才能和个性。喜欢以各种艺术形式的创作来表现自己的才能，实现自身的价值。好自我表现，重视自己的感性，直觉力较好，比较喜欢独立行事，不太合群。他们对具有创造、想象及自我表现空间的工作显示出明显偏好。喜欢单独工作和长时间的埋头苦干。对于结构化程度较高的任务及环境都不太喜欢，对于机械性及程式化的工作了无兴趣。

艺术型的职业主要是指各类艺术创作工作。艺术方面的职业如雕刻家、艺术家、设计师等；音乐方面的职业如音乐教师、管弦乐队指挥等；文学方面的职业如编辑、作家、评论家等。

(四)S 型：社会型

社会型又被称为服务型。具有这类倾向的人，喜欢以人为对象的工作。他们通常言语能力优于数理能力，善于言谈，乐于与人相处，给人提供帮助，具有人道主义倾向，责任心也较强。他们关心社会问题，经常出席社交场合，对于公共服务与教育活动感兴趣，习惯与人商讨或调整人际关系来解决面临的问题。不太喜欢以机械和物品为对象的工作。

社会型的职业主要是指各种直接为他人服务的工作，如医疗服务、教育服务、生活服务等。教育工作如教师、教育行政人员等；社会工作如咨询人员、福利人员、服务行业人员、保育员、医护人员等。

(五) E 型：企业型

企业型又被称为经营型、领导型。具有这类倾向的人，精力充沛、自信、善交际、具有领导才能、支配欲、冒险性强。喜欢影响、管理、领导他人，喜爱权力、地位和物质财富。喜欢制订新的工作计划、事业规划以及设立新的组织，并为积极地发挥组织的作用进行活动。他们不喜欢具体精细或需要长时间集中心智的工作，忽视理论，自身的科学研究能力也较差。

企业型的职业主要是指那些组织与影响他人共同完成组织目标的工作，包括管理方面和销售方面的工作等。管理方面的工作如政府官员、经理、企业家、律师、金融家等；销售方面的工作如销售员、保险业务员、零售商、采购代理人等。

(六) C 型：传统型

传统型又被称为常规型。具有这类倾向的人，工作踏实、仔细、有毅力，忠诚可靠，遵守纪律，喜欢高度有序、要求明晰的工作，对于规则模糊、自由度大的工作不太适应。对社会地位、社会评价比较在意，与人工作中的交往会保持一定的距离，通常愿意在大型机构做一般性工作。为人拘谨、保守，缺乏创新。不喜欢主动决策，习惯于服从，不喜欢冒险和竞争。

传统型的职业主要是指各类与文件档案、图书资料、统计报表之类相关的各类科室工作。主要职业有办公室人员、会计、出纳、银行职员、统计人员、秘书、图书管理员、保管员、审计人员、人事职员等。

二、类型关系

当个人的人格特点与职业相匹配时，会产生最高的职业满意度和最低的员工流动率。因此人们通常倾向选择与自我兴趣类型匹配的职业环境，如具有现实型兴趣的人希望在现实型的职业环境中工作，可以最好地发挥个人的潜能。

但职业选择中，个体并非一定要选择与自己兴趣完全对应的职业环境，因为大多数人都并非只有一种性向。因此评价个人的兴趣类型时也时常以其在六大类型中得分居前三位的类型组合而成，组合时根据分数的高低依次排列字母，构成其兴趣组型，如 RCE、AIS 等。霍兰德所划分的六大类型，并非是并列的、有着明晰的边界的。图 3-1 展示了六种性向类型的相互关系。

其中 RI、IA、AS 等被称为相邻关系，属于这种关系的两种类型的人们之间共同点较多。例如现实型(R)、研究型(I)的人就都不太偏好人际交往。

RA、IS、AE 等被称为相隔关系，属于这种关系的两种类型的人们之间共同点较相邻关系少。

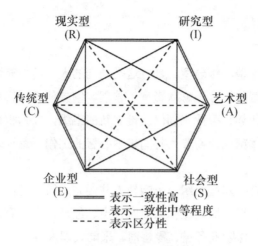

图 3-1　六种性向类型

RS、IE、SC 等被称为相对关系，相对关系的人格类型共同点很少，因此，一个人同时对处于相对关系的两种职业类型都感兴趣的情况较为少见。

一个人所具有的性向越相似，相容性越强，则他在选择职业时所面临的内在冲突和犹豫就会越少。

三、霍兰德职业兴趣测试与分析

本测验量表将帮助您发现和确定自己的职业兴趣和能力特长，从而更好地作出求职择业的决策。如果您已经考虑好或选择好了自己的职业，本测验将使您的这种考虑或选择具有理论基础，或向您展示其他合适的职业；如果您至今尚未确定职业方向，本测验将帮助您根据自己的情况选择一个恰当的职业目标。

本测验共有六个部分，每部分测验都没有时间限制，但请您尽快按要求完成。

第一部分：您所感兴趣的活动

如表 3-1 所示，每个类别下的每个小项皆为是否选择题，请选出比较适合您的。如果您喜欢这项活动，请选"是"；如果您不喜欢这项活动，请选"否"。选"是"的，计 1 分；选"否"的，不计分。统计每一项的分值，并将相应分值填写在第五部分的统计项目中。

表 3-1　您感兴趣的活动

R：现实型活动	是	否	I：研究型活动	是	否
1. 装配修理电器或玩具			1. 读科技图书或杂志		
2. 修理自行车			2. 在实验室工作		
3. 用木头做东西			3. 改良水果品种，培育新的水果		

续表

R：现实型活动	是	否	I：研究型活动	是	否
4. 开汽车或摩托车			4. 调查了解土和金属等物质的成分		
5. 用机器做东西			5. 研究自己选择的特殊问题		
6. 参加木工技术学习班			6. 解算术题或玩数学游戏		
7. 参加制图描图学习班			7. 物理课		
8. 驾驶卡车或拖拉机			8. 化学课		
9. 参加机械和电气学习班			9. 几何课		
10. 装配修理机器			10. 生物课		
A：艺术型活动	是	否	S：社会型活动	是	否
1. 素描/制图或绘画			1. 参加学校或单位组织的正式活动		
2. 参加话剧/戏剧			2. 参加某个社会团体或俱乐部活动		
3. 设计家具/布置室内			3. 帮助别人解决困难		
4. 练习乐器/参加乐队			4. 照顾儿童		
5. 欣赏音乐或戏剧			5. 出席晚会、联欢会、茶话会		
6. 看小说/读剧本			6. 和大家一起出去郊游		
7. 从事摄影创作			7. 想获得关于心理方面的知识		
8. 写诗或吟诗			8. 参加讲座会或辩论会		
9. 进艺术(美术/音乐)培训班			9. 观看或参加体育比赛和运动会		
10. 练习书法			10. 结交新朋友		
E：企业型活动	是	否	C：传统型活动	是	否
1. 鼓动他人			1. 整理好桌面与房间		
2. 卖东西			2. 抄写文件和信件		
3. 谈论政治			3. 为领导写报告或公务信函		
4. 制订计划、参加会议			4. 检查个人收支情况		
5. 以自己的意志影响别人的行为			5. 参加打字培训班		
6. 在社会团体中担任职务			6. 参加算盘、文秘等实务培训		
7. 检查与评价别人的工作			7. 参加商业会计培训班		
8. 结交名流			8. 参加情报处理培训班		
9. 指导有某种目标的团体			9. 整理信件、报告、记录等		
10. 参与政治活动			10. 写商业贸易信		

第二部分：您所擅长获胜的活动

如表 3-2 所示，每个类别下的每个小项皆为"是""否"选择题，如果您能做或大概能做这项事情，请选"是"；如果您不能做或大概不能做这项事情，请选"否"。选"是"的，计 1 分；选"否"的，不计分。统计每一项的分值，并将相应分值填写在第五部分的统计项目中。

表 3-2　您擅长获胜的活动

R：现实型能力	是	否	I：研究型能力	是	否
1. 能使用电锯、电钻和锉刀等木工工具			1. 懂得真空管或晶体管的作用		
2. 知道万用电表的使用方法			2. 能够列举三种蛋白质多的食品		
3. 能够修理自行车或其他机械			3. 理解铀的裂变		
4. 能够使用电钻钉、磨床或缝纫机			4. 能用计算尺、计算器、对数表		
5. 能给家具和木制品刷漆			5. 会使用显微镜		
6. 能看建筑设计图			6. 能找到三个星座		
7. 能够修理简单的电气用品			7. 能独立进行调查研究		
8. 能修理家具			8. 能解释简单的化学		
9. 能修理收录机			9. 能理解人造卫星为什么不落地		
10. 能简单地修理水管			10. 经常参加学术的会议		
A：艺术型能力	是	否	S：社会型能力	是	否
1. 能演奏乐器			1. 有向各种人说明解释的能力		
2. 能参加二部或四部合唱			2. 常参加社会福利活动		
3. 能独唱或独奏			3. 能和大家一起友好相处地工作		
4. 能扮演剧中角色			4. 善于与年长者相处		
5. 能创作简单的乐曲			5. 会邀请人、招待人		
6. 会跳舞			6. 能简单易懂地教育儿童		
7. 能绘画、素描或书法			7. 能安排会议等活动顺序		
8. 能雕刻、剪纸或泥塑			8. 善于体察人心和帮助他人		
9. 能设计板报、服装或家具			9. 帮助护理病人和伤员		
10. 能写一手好文章			10. 安排社团组织的各种事务		
E：企业型能力	是	否	C：传统型能力	是	否
1. 担任过学生干部并且干得不错			1. 会熟练地打印中文		
2. 工作上能指导和监督他人			2. 会用外文打字机或复印机		
3. 做事充满活力和热情			3. 能快速记笔记和抄写文章		
4. 有效利用自身的做法调动他人			4. 善于整理保管文件和资料		
5. 销售能力强			5. 善于从事事务性的工作		
6. 曾作为俱乐部或社团的负责人			6. 会用算盘		
7. 向领导提出建议或反映意见			7. 能在短时间内分类和处理大量文件		
8. 有开创事业的能力			8. 能使用计算机		
9. 知道怎样做能成为一个优秀的领导者			9. 能搜集数据		
10. 健谈善辩			10. 善于为自己或集体做财务预算表		

第三部分：您所喜欢的职业

如表 3-3 所示，每个类别下的每个小项皆为"是"、"否"选择题，如果您有兴趣做该项工作，请选"是"；如果您没有兴趣做该项工作，请选"否"。选"是"的，计 1 分；选"否"的，不计分。统计每一项的分值，并将相应分值填写在第五部分的统计项目中。

表 3-3 您喜欢的职业

R：现实型职业	是	否	I：研究型职业	是	否
1. 飞机机械师			1. 气象学或天文学者		
2. 野生动物专家			2. 生物学者		
3. 汽车维修工			3. 医学实验室的技术人员		
4. 木匠			4. 人类学者		
5. 测量工程师			5. 动物学者		
6. 无线电报务员			6. 化学者		
7. 园艺师			7. 教学者		
8. 长途公共汽车司机			8. 科学杂志的编辑或作家		
9. 电工			9. 地质学者		
10. 火车司机			10. 物理学者		
A：艺术型职业	是	否	S：社会型职业	是	否
1. 乐队指挥			1. 街道、工会或妇联干部		
2. 演奏家			2. 小学、中学教师		
3. 作家			3. 精神病医生		
4. 摄影家			4. 婚姻介绍所工作人员		
5. 记者			5. 体育教练		
6. 画家、书法家			6. 福利机构负责人		
7. 歌唱家			7. 心理咨询员		
8. 作曲家			8. 共青团干部		
9. 电影电视演员			9. 导游		
10. 电视节目主持人			10. 国家机关工作人员		
E：企业型职业	是	否	C：传统型职业	是	否
1. 厂长			1. 会计师		
2. 电视剧编制人			2. 银行出纳员		
3. 公司经理			3. 税收管理员		
4. 销售员			4. 计算机操作员		
5. 不动产推销员			5. 簿记人员		
6. 广告部长			6. 成本核算员		
7. 体育活动主办者			7. 文书档案管理员		
8. 销售部长			8. 打字员		
9. 个体工商业者			9. 法庭书记员		
10. 企业管理咨询人员			10. 人员普查登记员		

第四部分:您的能力类型简评

表 3-4 和表 3-5 是您在 6 个职业能力方面的自我评定表。您可以先与同龄者比较出自己在每一方面的能力,然后经斟酌后对自己的能力作评估。请在表中适当的数字上画圈。数字越大,表示您的能力越强。注意,请勿全部画同样的数字,因为人的每项能力不可能完全一样。

表 3-4 职业能力自我评定表 A

R 型	I 型	A 型	S 型	E 型	C 型
机械操作能力	科学研究能力	艺术创作能力	解释表达能力	商业洽谈能力	事务执行能力
7	7	7	7	7	7
6	6	6	6	6	6
5	5	5	5	5	5
4	4	4	4	4	4
3	3	3	3	3	3
2	2	2	2	2	2
1	1	1	1	1	1

表 3-5 职业能力自我评定表 B

R 型	I 型	A 型	S 型	E 型	C 型
体育技能	数学技能	音乐技能	交际技能	领导技能	办公技能
7	7	7	7	7	7
6	6	6	6	6	6
5	5	5	5	5	5
4	4	4	4	4	4
3	3	3	3	3	3
2	2	2	2	2	2
1	1	1	1	1	1

第五部分:统计和确定您的职业倾向

统计每一部分中各类型的分值,并将相应分值填写在表 3-6 中。

表 3-6 职业倾向计分表

测试内容		R 型 现实型	I 型 研究型	A 型 艺术型	S 型 社会型	E 型 企业型	C 型 传统型
第一部分	兴趣						
第二部分	擅长						
第三部分	喜欢						
第四部分 A	能力						
第四部分 B	技能						
总分							

请将表 3-6 中的 6 种职业倾向总分按大小顺序从左到右排列:
_____型、_____型、_____型、_____型、_____型、_____型

第六部分：您所看重的东西——职业价值观

这一部分测验列出了人们在选择工作时通常会考虑的 9 种因素(工作价值标准)，请从以下 9 种因素中选出最重要的两项因素，以及最不重要的两项因素，并填入表 3-7 中。

工作价值标准：

(1) 工资高、福利好。

(2) 工作环境(物质方面)舒适。

(3) 人际关系良好。

(4) 工作稳定有保障。

(5) 能提供较好的受教育机会。

(6) 有较高的社会地位。

(7) 工作不太紧张、外部压力少。

(8) 能充分发挥自己的能力特长。

(9) 社会需要与社会贡献大。

表 3-7 职业价值观

最重要		最不重要	
次重要		次不重要	

根据得分最高的三项职业兴趣倾向，对比相应的类型描述，找到跟您的职业价值观比较适合的工作，您应该有意识地往这些方向选择自己的职业。对于得分最低的一个分项，那是您最不喜欢和最不擅长的一些工作，您应该有意识地避免它们。

【职业案例】

职业兴趣在人力资源管理中的应用

某公司频繁接到顾客对一线员工的投诉，总经理要求人力资源部门介入调查。人力资源部经过初步调查，发现一个奇怪的现象：公司销售部、售后服务部、咨询部共 300 多名一线员工中，得到上级主管好评的，大部分的顾客评分都较低；相反，顾客评分较高的一线员工，大部分的上级主管评分较低。

为什么上司喜爱的员工却受到客户的抱怨呢？原来公司实行的是主管考评的绩效管理制度。对直接服务顾客的一线员工，公司同时也一直在进行顾客满意度的跟踪调查：即针对每个员工，公司每个月联系 25 位顾客，请他们就所接受服务的质量打分，调查持续 12 个月，每个员工得到 300 位顾客的评分。通过认真分析这些数据，人力资源部门发现，上级主管考评与顾客评分之间实际上并无明显联系。

这个现象反映出的背后问题是什么呢？人力资源部采用霍兰德职业性向测试工具和性格测试工具对每个员工进行了测试，再一对一地面谈，以掌握每个人的"霍兰德密码"和性格特点。调查结果显示,得到顾客较高评分的 121 位员工中,社会型的员工占 96%,企业型的员工占 89%;而得到上级主管较高评分的 130 位员工中,常规型的员工占 98%。这个结果说明:社会型的员工和企业型的员工容易受到顾客的好评,而常规型的员工则容易受到上级主管的好评。

按照霍兰德的职业性向理论不难理解:社会型的人有自己的主见和特长,喜欢从事为他人服务的工作;企业型的人善交际,口才好,能影响他人;而常规型的人尊重权威,习惯接受他人指挥和领导,工作踏实,忠诚可靠,上级主管当然喜欢。

同时,人力资源部还发现了另一个有趣的现象:这 300 多名员工分别是由两个经理招聘录用的:李经理挑选的员工中,研究型的占 99%,常规型的占 82%,社会型的占 56%;张经理挑选的员工中,社会型的占 93%,常规型的占 68%,研究型的占 16%。而李经理本人是研究型的,张经理本人是社会型的。很明显,负责招聘的主管人员倾向于聘用与自己同类型的人。

至此,人力资源部胸有成竹地提出了调整招聘制度和绩效管理制度的建议报告。
(1) 摒弃主管考评制度,代之以比较客观的业绩评估——顾客满意度评分的绩效管理制度。
(2) 把职业性向为社会型或企业型作为招聘服务顾客的一线员工的标准。
(3) 将招聘程序改为:首先通过人力资源中心测试,挑选出社会型或企业型的候选人,然后由人力资源部将这些候选人推荐给部门经理,再由部门经理确定最后的人选。

改革半年后,该公司社会型和企业型的一线员工的比例增加了 26%,平均顾客评分提高了 21%。该公司的人力资源部成功地运用"职业性向理论"解决了顾客满意度持续偏低的问题。

(资料来源:姚颖超. 大学生职业生涯规划[M]. 浙江大学出版社,2013.)

第二节 哈佛职业生涯兴趣测验

美国哈佛大学商学院教授提摩西·巴特勒等人基于 MBA 学员的职业生涯咨询,设计了"职业生涯兴趣测验"(BCII,Business Career Interest Inventory),为人们认识自我、认识职业提供了一种认识思维方式和自我测评工具。

一、职业核心功能

BCII 职业生涯兴趣测验从更契合工作本身,更贴近普通职业环境,并且不附属于任何特定公司来进行工作分类,把构成职业的所有活动,称为"职业核心功能"。BCII 职业模型涵盖了八大职业核心功能:运用科技、量化分析、理论发展与概念性思考、创意性生产、咨询与辅导、人员管理、企业控制、语言与思想影响。

这八类功能又可归类成三个基本层面。

第一个基本层面是运用专业能力，包括运用科技、量化分析、理论发展与概念性思考、创意性生产。这四类核心功能都牵涉到某种专业能力。

第二个基本层面是与人共事，包括咨询与辅导、人员管理两类核心功能。

第三个基本层面是控制与影响，包括企业控制、语言与思想影响两类核心功能。

(一)运用科技

个人兴趣如果是在"运用科技"这项职业核心功能上，就表示此人倾向于从事工程、生产与系统规划、产品设计及系统分析等活动，也普遍习惯于通过科技来实现自己的目标。这类人对事物内部的运作情形充满好奇，喜欢运用科技来更有效地解决问题。一般而言，他们习惯使用科技语言，如数学分析、电脑程序设计及根据物理模型解释外在世界。

(二)量化分析

个人兴趣如果是在"量化分析"这项核心功能上，表示此人喜欢利用数学分析来解决问题。需要这类兴趣的工作项目，通常包括市场研究分析、设计电脑模型以决定最佳生产流程、执行贴现出售现金流动分析、分析某项投资工具的未来效益等活动。该项功能得分高的人，大都从事策略顾问、信息系统顾问与管理、各种财务领域、策略规划及生产与经营管理等工作。这类功能与"运用科技"和"理论发展与概念性思考"两项核心功能密切相关，都跟好奇心和理性有直接关系。

(三)理论发展与概念性思考

个人兴趣如果是在"理论发展与概念性思考"核心功能上，表示此人喜欢运用广泛的概念性做法来解决工作上的问题。这些活动包括发展经济理论、设计模型解释特定产业中的竞争优劣、设计产品开发和销售的流程等。这类人在思想、想象力等理论领域中能自得其所，他们乐于进行计划分析、长期预测等工作，也从中感受到极大的乐趣和挑战性。这类功能具有一种明显的学术性特质。当这类功能与"量化分析"功能的兴趣都很高时，表示你具备利用分析方式解决问题的特质。当它与"创意性生产"功能的兴趣都很高时，则突显了你在想象、视觉化及理论思考方面的倾向。

(四)创意性生产

个人兴趣如果是在"创意性生产"核心功能上，表示此人喜欢从事具有高度创意的活动，包括设计新产品、提出新的营销概念、创造图像与文字广告概念、规划活动等。这一核心功能与艺术评论、设计、音乐及写作等兴趣相关。"创意性生产"功能和"语言及思想影响"功能，具有一定程度的关联。"创意性生产"功能涉及一般创意工作，如果搭配"语言与思想影响"的功能，将更具体、更有创意地运用语言来造成影响和说服力。表现这种兴趣形态的人，有没有机会发挥创意，就成为他们评判工作满意度的关键。

(五)咨询与辅导

这项核心功能所代表的兴趣主要包括指导训练、辅导等发展人际关系的活动。对此类功能兴趣强烈的人，喜欢从事与教导、咨询相关的服务，也喜欢在与同事及公司客户的关系上有所作为，并希望能为公司带来更大的利益。组织文化通常是这类人对工作是否满意的决定因素。如果一个组织重视员工成长，并鼓励经理人投注心力在人员发展上面，就会对"咨询与辅导"功能特别感兴趣的人产生吸引力。

(六)人员管理

如果个人兴趣是在"人员管理"核心功能上，表示此人倾向于通过扮演经理、主管或监督者等角色，直接与人共事。对这类功能感兴趣的人，也偏爱人员管理方面的领导工作。他们乐于与人交流，擅长处理日常人际问题，也能够从职场人际关系中获得极大的成就感。如果对人员管理功能的兴趣明显偏高，那么无论其他兴趣特征如何，这项评估都可以作为"纯管理"职业生涯模型的重要指标。这样的人的兴趣是在企业环境中担任经理人角色，而不是投资银行、管理顾问或投资管理等行业中独立工作的专业角色。需要注意的是，如果你正处于职业生涯发展初期，还没有接触管理工作的机会，就难以发掘自己对人员管理的兴趣。那么，你可以等有了充分的管理经验以后再了解你在这类工作中的得分。

(七)企业控制

如果个人兴趣是在"企业控制"功能上，那就说明此人热衷于拥有企业的最高决策权。他有志于追求权力与资源的控制权，以此来实现他在事业上的宏愿。这类人不管是否乐于从事管理工作，他们的满足都主要来自对工作团队、事业单位、公司部门的行动方向的决策过程。能令他们获得满足的工作角色，主要有团队领导人、部门经理、政府官员等。

(八)语言与思想影响

如果个人兴趣是在"语言与思想影响"功能上，表示此人倾向于通过文字与语言的有效运用，而发挥自己的影响力。仲裁、谈判、公共关系、销售业务及广告宣传等，都是实现这类核心功能兴趣的相关活动。对这类功能有强烈兴趣的人，一般乐于从事人际交往比较频繁的工作。他们喜欢充分运用语言和思想的力量，并且通常认为自己的沟通技巧很强。

二、个人职业兴趣的评价

通过对职业核心功能的描述，相信你已经对自己的职业兴趣有了初步的判断。表 3-8 列举了每类职业核心功能中具有代表性的活动项目。你可以根据自己的工作经验、亲朋好友的工作经验以及收集到的职业、工作信息，选择每项核心功能的得分，从而快速判断你的职业兴趣是什么。其中：1分——我非常不喜欢这些活动；2分——我不喜欢这些活动；3分——我能接受这些活动；4分——我喜欢这些活动；5分——我非常喜欢这些活动。

表3-8 职业兴趣量表

核心功能	代表性的活动项目	1分	2分	3分	4分	5分
1. 运用科技	设计电脑程序，系统分析工作，解决工程问题，建筑，各种程度的产品设计，在制造工厂里工作，木工、电子产品、汽车、机械、光学、天文、摄影、制陶及其他工艺等方面的业余嗜好，阅读科技或上述任何领域的书籍					
2. 量化分析	会计工作，各种类型的财务分析、统计分析，以数学方法作决策，玩数学游戏或解答数学难题，预测经济					
3. 理论发展与概念性思考	策略规划，市场分析，营销计划，策略顾问，讲授或选修企业理论课程，研究或提出经济理论，科学、哲学、数学或文学理论方面的业余兴趣					
4. 创意性生产	各种性质的写作、艺术与设计工作，提出新的产品构想，艺术、工艺、时尚、室内设计、写作或者音乐方面的业余嗜好					
5. 咨询与辅导	各种形式的顾问、辅导、训练或老师，涉及咨询、指导或教学角色的业余工作					
6. 人员管理	各种直接、日常性的管理或监督角色，业余担任民间团体、宗教团体、学校团体的发起人或领导人					
7. 企业控制	经营或打算经营自己的事业、担任或渴望担任组织中最高领导职位、拥有政府职位					
8. 语言与思想影响	广告工作、公关活动、法律相关活动、撰写备忘录和报告、准备和发表与工作相关的口头报告、公开演讲、政府官员、媒体工作、对政治或辩论的业余嗜好					

三、职业与兴趣的匹配

当你获得从事某项职业或者工作的机会时，可以分析它是否能和你的职业核心功能相匹配。把你收集到的有关特定工作机会的资料，与表3-9中的8种职业核心功能的相关说明做对比，仔细思考这份工作在每种功能领域的活动强度，并逐一打分。如果已经在工作，也可以运用这个方法评估你目前的工作。

表 3-9　职业核心功能的活动强度

核心功能	强度说明	分数
1. 运用科技	这份工作不需要应用到科技，也不要求科技技能或知识	1
	这份工作要求最低限度的科技技能与知识。例如要求使用 Word 文档和 Excel 表格等标准商用软件，以及使用传真机、电子邮件等办公设备和系统	2
	这份工作中，科技技能与知识的应用很频繁，但并不是决定成功与否的关键因素。例如在销售科技产品中，可能会用到数据库、空白表单程序和电脑排版系统	3
	这份工作成功的关键因素是应用科技技能与知识。例如为了做财务分析或市场分析，必须操作财务分析模型的软件	4
	这份工作的主要内容就是应用科技技能与知识，这种能力也是成功与否的关键。例如研发管理、工程导向的技术顾问、生产流程工程、电子工程、信息系统分析与管理(或咨询)、电脑辅助设计技术研发等	5
2. 定量分析	这份工作不需要应用定量分析	1
	这份工作要求最低限度的定量分析。例如需要进行记录的业务员或其他客户服务的工作角色	2
	这份工作中，定量分析的应用很频繁，但还不是决定成功与否的关键因素。例如需要做销售分析与预测的工作，或是编制与使用一套复杂的预算系统的管理职务	3
	这份工作成功的关键因素是定量分析能力。例如定期进行现金流量分析、业务与市场趋势分析或一般企业财务报表分析的职务	4
	这份工作的主要内容就是定量分析，这种能力也是成功与否的关键。例如股市分析、保险统计分析、市场研究分析、设计与建立财务和经济模型等	5
3. 理论发展与概念性思考	这份工作不需要应用理论发展与概念性思考能力	1
	这份工作要求最低限度的理论发展与概念性思考。例如负责找出新市场中潜在客户的采购模式与需求特性这类工作	2
	在这份工作中，理论发展与概念性思考很频繁，但还不是决定成功与否的关键因素。例如需要做组织与项目设计的管理职务、作业或流程改造的咨询顾问等	3
	这份工作成功的关键因素是理论发展与概念性思考能力。例如拟订营销策略或新事业发展流程、规划或咨询有关购并策略、拟订薪酬制度等	4
	这份工作的主要内容就是理论发展与概念性思考，这种能力也是成功与否的关键。例如大学的企业管理教授、顾问公司的研究人员、政府部门的产业政策分析师等	5

续表

核心功能	强度说明	分数
4. 创意性生产	这份工作不涉及创意性生产	1
	这份工作要求最低限度的创意性生产。例如制作企业内部报告所需要的幻灯片	2
	这份工作中,创意性生产能力的应用很频繁,但还不是决定成功与否的关键因素。例如需要使用电脑制图,设计内部刊物或撰文,设计业务简报用的幻灯片、图表等	3
	这份工作成功的关键因素是创意性工作能力。例如公共关系、活动规划,设计企业内部训练与人才培育课程	4
	这份工作的主要内容就是创意性生产,这种能力也是成功与否的关键。例如图表设计师、新产品设计师、建筑师等	5
5. 咨询与辅导	这份工作不需要应用咨询与辅导	1
	这份工作要求最低限度的咨询与辅导。例如专家型的独立工作者	2
	这份工作中,咨询与辅导的应用很频繁,但还不是决定成功与否的关键因素。例如大多数中层主管,或生产现场领班	3
	这份工作成功的关键因素是咨询与辅导。例如新进员工培训主管,或在高度压力的环境下,维系一个团队的人际关系,并带动成员努力作业的管理职务	4
	这份工作的主要内容就是咨询与辅导,这种能力也是成功与否的关键。例如人力资源发展、针对投资大户的个人理财服务等	5
6. 人员管理	这份工作不涉及人员管理	1
	这份工作要求最低限度的人员管理。例如顾问、资产组合经理、银行家等专业角色	2
	这份工作中,人员管理的应用很频繁,但还不是决定成功与否的关键因素。例如项目经理	3
	这份工作成功的关键因素是人员管理能力。例如事业部主管、董事长、CEO等角色	4
	这份工作的主要内容就是人员管理,这种能力也是成功与否的关键。例如统筹监督大批正式的蓝领、白领员工每天的工作,但并不涉及更广泛的组织性事务	5
7. 企业控制	这份工作不涉及企业控制	1
	这份工作要求最低限度的企业控制。例如在制造业中担任生产线主管	2
	这份工作中,企业控制很平常,但还不是决定成功与否的关键因素。例如投资银行或投资公司交易与业务柜台的主管、足球教练等	3
	这份工作成功的关键因素是企业控制能力。例如工厂经理、区域业务经理等	4
	这份工作的主要内容就是企业控制,这种能力也是成功与否的关键。例如总经理、律师事务所常务负责人,或是经常要出面谈业务的负责人	5

续表

核心功能	强度说明	分数
8. 语言与思想影响	这份工作不需要语言与思想影响力	1
	这份工作要求最低限度的语言与思想影响力。例如处理邮购订货电话的职务	2
	这份工作中,语言与思想影响力的应用很频繁,但还不是决定成功与否的关键因素。例如管理由大量志愿者组成的组织,激励他们为组织的使命努力工作	3
	这份工作成功的关键因素是语言与思想影响力。例如慈善机构的董事会成员	4
	这份工作的主要内容就是语言与思想影响,这种能力也是成功与否的关键。例如业务员、劳资协调人员、财经媒体的撰稿人等	5

当你根据以上说明为某个工作机会打分以后,可以将你的个人兴趣和这份工作的八种职业核心功能等级作比较分析,如表 3-10 所示,从而判断这份工作是否符合你的兴趣。如果有任何一项明显不吻合,那么即使你勉强接受了这份工作,也可能会以失败收场。

表 3-10 个人兴趣与工作匹配度量表

核心功能	个人兴趣评价得分	工作评价得分	匹配程度(完全不匹配 1～5 分完全匹配)
1. 运用科技			
2. 定量分析			
3. 理论发展与概念性思考			
4. 创意性生产			
5. 咨询与辅导			
6. 人员管理			
7. 企业控制			
8. 语言与思想影响			

【案例应用】

纠结的李唯

李唯在一家房地产公司从事市场策划工作。她在这家公司已经工作了两年,能力得到了公司上下的一致认可,并且还被公司评为上年度优秀员工。不幸的是,李唯并不快乐。她觉得自己受不了工作的压力,经常加班到凌晨一、两点,很多次回到家都只能自己偷偷地掉眼泪。

据李唯说,她当初之所以选择进入房地产企业,是因为听朋友介绍说房地产公司薪水丰厚,很快就可以买房买车。她一开始也很享受工作上的挑战,努力在工作上取得成就。但是两年的时间过去了,当初的挑战变成了永无休止的压力。

刚毕业的时候，李唯曾对小学教师这一工作很感兴趣。教师是一种受人尊敬的职业，而且工作相对轻松，每年还有寒、暑假。她原本是想按照自己的兴趣发展，但是身边的朋友都告诉她教师工资很低，而房地产企业的收入要比教师高很多倍。于是，她就进入了现在这家公司。虽然她现在的收入比做了教师的同学高几倍，但是她却开始羡慕那些做了教师的同学。因为工作的要求，她不得不经常参加社交活动。于是她的钱都用来买很贵的衣服，去高档的餐厅等，几乎就是一个"月光族"。

现在，李唯陷入了左右为难的处境。一方面，如果她辞掉工作，就没有了收入，难以负担自己的生计，而且即便她真的做了老师，那份工作的收入将比现在少很多。另一方面，如果她不辞掉工作，她就得继续忍受从事一份令她不快乐的工作。她到底应该怎么办呢？

本 章 小 结

本章系统介绍了霍兰德职业兴趣测试、哈佛职业生涯兴趣测验这两大兴趣测试的工具，提供了相应的简化版测试量表，并对相应匹配的职业进行了分析说明，帮助读者更好地结合自身情况，知道自己对什么样的职业感兴趣。

第四章 职业素质测试

【引导案例】

郭台铭制止员工吸烟反被呛

据香港《南华早报》网站11月24日报道,网友爆料称,近日在深圳富士康龙华B13爱转角餐厅门口,董事长郭台铭也去吃饭,看见两个员工在餐厅门口抽烟,他叫员工把烟头灭了。但一员工不认识老板,直接回骂:"你谁啊!关你×事!"

郭台铭震怒,直接打电话叫 iDSBG(创新数位系统事业群)总经理陈振国到现场处理此事。网友曝出的视频只有7秒。画面中郭台铭身着白衬衫黑裤子,还拿着一个水杯。他旁边还有两名分别穿着黑色上衣和绿色上衣的男子。视频中,郭台铭指着穿绿色上衣的男子说:"你不修理他,我修理你。我们富士康不要这种员工。"

这段视频一出,顿时引起轩然大波。有人提出,在当前的法制社会,老板直接当场炒员工,是侵害了员工劳动的合法权益,这是老板的不得当之处。也有人提出,在工厂内乱抽烟,是一个很危险的坏习惯,更是代表着员工职业道德与素养的缺失。厂内易燃物品较多,极易引发火灾和爆炸事件,如8·12天津滨海新区爆炸事件这类惨例,便是国人们永久的痛!

且不说谁对谁错,在这一事件中暴露出来的职业素质问题确实值得引起人们的高度重视。职场上曾流传着这样一段话:"能力决定着你所在的位置,而品格决定着你在这个位置上能待多久!"一个人职业道德素养与品格的高度,对他一生的成就影响深远,甚至将起到决定性作用!近年来,大学生就业越来越困难,而另一方面很多企业也在叹息招不到合适的人选。很多事实表明,这种现象的存在与学生的职业素质难以满足企业的要求有关。

影响和制约职业素质的因素很多,如受教育程度、实践经验、社会环境、工作经历以及自身的一些基本情况(如身体状况等)。一般来说,职业素质越高的人,获得成功的机会就越多。了解自己的职业素质水平,并且有针对性地提高,将是职场制胜、事业成功的一大法宝。

第一节 职业基本素质测试

职业素质是指从业者在一定生理和心理条件基础上,通过教育培训、职业实践、自我修炼等途径形成和发展起来的,在职业活动中起决定性作用的、内在的、相对稳定的基本品质。职业素质主要包括身体素质、心理素质、思想与政治素质、道德素质、科技文化素质、审美素质、专业素质、社会交往和适应素质、学习和创新方面的素质。

一、心理素质

中国全民健心网的肖汉仕教授认为，心理素质是在遗传基础之上，在教育与环境影响下，经过主体实践训练所形成的性格品质与心理能力的综合体现。心理素质好的人，具有较强的适应性、承受能力、自信心和意志力，更容易拥有奋进、快乐、幸福的人生。而心理素质差的人，一旦遇到挫折就会很容易想不开而作出傻事。

(一)心理素质测试

以下 8 道试题，每题只能选一个选项，然后将每个选项对应的分数累加起来，看看总分是多少，就能大致了解你的心理素质和应付能力。

1. 你骑车闯红灯，被警察叫住。警察知道你急着要赶路，却故意拖延时间，这时你：
   A. 急得满头大汗，不知怎么办才好
   B. 十分友好地、平静地向警察道歉
   C. 听之任之，不作任何解释

2. 在朋友的婚礼上，你未料到会被邀请发言，在毫无准备的情况下，你：
   A. 双手发抖，结结巴巴说不出话来
   B. 感到很荣幸，简短地讲几句
   C. 很平淡地谢绝了

3. 你在餐馆刚用过餐，服务员来结账，你忽然发现身上带的钱不够，你：
   A. 感到很窘迫，脸发红
   B. 自嘲一下，马上对服务员实话实说
   C. 在身上东摸西摸，拖延时间

4. 假如你乘坐公共汽车时忘了买票，被人查到，你的反应是：
   A. 尴尬，出冷汗
   B. 冷静，不慌不忙，接受处理
   C. 强作微笑

5. 你独自一人被关在电梯内出不来，你会：
   A. 脸色发白，恐慌不安
   B. 想方设法自己出去
   C. 耐心地等待救援

6. 有人像老朋友似的向你打招呼，但你一点也记不起他(她)是谁，此时你：
   A. 装作没听见似的不搭理
   B. 直率地承认自己记不起来了
   C. 朝他(她)瞪瞪眼，一言不发

7. 你从超市里走出来，忽然意识到你拿着忘记付款的商品，此时一个很像保安人员的人朝你走过来，你会：

    A. 心怦怦跳，惊慌失措

    B. 诚实、友好地主动向他解释

    C. 迅速回转身去补付款

8. 假设你从国外回来，行李中携带了超过规定的烟酒数量，海关官员要求你打开提箱检查，这时你会：

    A. 感到害怕，两手发抖

    B. 泰然自若，听凭检查

    C. 与海关官员争辩，拒绝检查

每道题选 A 得 0 分，选 B 得 5 分，选 C 得 2 分。

0～25 分：你承受压力的心理素质较差，很容易失去心理平衡，变得窘促不安，甚至惊慌失措。

25～32 分：你的心理素质比较强，性情还算比较稳定，遇事一般不会十分惊慌，但有时往往采取消极应付的态度。

32～40 分：你的心理素质很好，几乎没有令你感到尴尬的事，尽管偶尔会失去控制，但总的来说，你的应变能力很强，是一个能经常保持镇静、从容不迫的人。

(二)提高心理素质的方法

提高心理素质对一个人的心理成长很有必要。虽然心理素质与先天有着一定的联系，但是靠后天的锻炼，还是可以提高心理素质的。

1. 正视现实

正确看待社会、看待人生、看待自己的处境，对应付挫折有心理准备。既不盲目乐观，也不消极处世。

2. 体现自己的价值

要认识到人在社会中是相互依赖的，自己对亲人、朋友、同事和他人是有用的，是能够为社会作出自己的一份贡献的。

3. 相信并运用自己的能力

相信自己有能力控制自己的生活并改变生活，能够掌握自己的发展道路，掌握自己的命运。

4. 掌握缓解心理压力的各种办法

(1) 改变情境法。主动脱离引起挫折的情景，通过运动或各种户外活动的方式放松身心，摆脱挫折感。

(2) 发泄法。通过倾诉、放声大哭等发泄情绪的方法释放内心的压抑。

(3) 升华法。把精力投入到更高层次的追求中，以转移对挫折的注意等。

二、责任心

责任心是指个人对自己和他人、对家庭和集体、对国家和社会所负责任的认识、情感和信念，以及与之相应的遵守规范、承担责任和履行义务的自觉态度。托尔斯泰说："一个人若是没有热情，他将一事无成，而热情的基点正是责任心。"

【拓展阅读】

校园招聘企业更看重啥？责任心

进入11月中下旬后，年底校园的招聘热度也越来越高。昨天，记者从义乌部分人才招聘中介机构和部分企业了解到，在金华各高校2016年应届生求职者中，因为择业偏好不同，已逐渐造成部分行业岗位爆冷和爆热的现象。

从近期参与校园招聘的本地企业来看，用人方对应届生提出的用人要求普遍不高，在学历、技能等方面都没有严苛限制，唯独对"是否具备责任心"非常看重。

"往年校招时，不少用人企业会强调应届生的学历水平或是专业能力，但今年很多企业更看重应届生的责任心强不强。"义乌人才中介业资深人士黄强介绍，据不少招聘企业反映，应届生本身具备较强的可塑性，其能力或技能方面都可以慢慢培养，可是真正具有责任心的年轻人并不多，不少年轻员工稍遇挫折就想辞职，心态不是很好。因此，现在招聘应届生时，用人企业大多会关注求职者的责任心问题。

(资料来源：浙中新报，2015年11月18日)

(一)责任心测试

一个拥有责任心的人，不仅会全力以赴地把自己分内的事情做完，更会在事情遇到障碍时承担起不利的后果，总结经验，继续去克服困难。而一个没有责任心的员工，不但不能把分内的工作做完，对工作偷工减料，还会逃避责任，不面对困难，使得工作进程停滞不前。

通过下面的测试，你可以检查一下你的责任心如何。每个题目你只需要答"是"或"否"。

1. 与人约会，你通常准时赴约吗？
2. 你认为你这个人可靠吗？
3. 你会因未雨绸缪而储蓄吗？
4. 发现朋友犯法，你会通知警察吗？
5. 出外旅行，找不到垃圾桶时，你会把垃圾带回家去吗？

6. 你经常运动以保持健康吗?
7. 你不吃有害健康的食物吗?
8. 你永远先做正事,再做其他事情吗?
9. 你从来没有错过任何选举活动吗?
10. 收到别人的信,你总会在一两天内就回信吗?
11. "既然决定做一件事情,那么就要把它做好。"你相信这句话吗?
12. 与人相约,你从来不会耽误,即使自己生病时也不例外吗?
13. 小时候,你经常帮忙做家务吗?
14. 你曾经犯过法吗?
15. 在求学时代,你经常拖延交作业吗?

评分标准:1～13题,答"是"计1分,答"否"计0分;14～15题,答"是"计0分,答"否"计1分。

10～15分:你是个非常有责任感的人。你行事谨慎、懂礼貌、为人可靠并且相当诚实。

3～9分:大多数情况下,你都很有责任感,只是偶尔有些率性而为,没有考虑得很周全。

0～2分:你是个完全不负责任的人。有些朋友的父母可能会对你有成见,力劝儿女少跟你来往。你一次又一次地逃避责任,造成每个工作都干不长,手上的钱也老是不够用。

(二)责任心的培养

责任心是可以培养的。"勿以善小而不为,勿以恶小而为之",注意生活中的细节就有助于责任心的养成。一个书店的营业员能勤擦拭书架上的灰尘,一家公交公司的司机,能让汽车每天保持清洁,渐渐地就会习惯成自然。当责任感成为一种习惯,成了我们的生活态度,我们就会自然而然地担负起责任,而不是刻意地去做。当一个人自然而然地做一件事情时,当然不会觉得麻烦和辛苦。当你意识到责任在召唤你的时候,你就会随时为责任而放弃别的什么东西,而且你不会觉得这种放弃对你来讲很艰难。

三、沟通能力

沟通能力是指一个人与他人有效地进行沟通信息的能力,包括表达能力、争辩能力、倾听能力和设计能力。良好的沟通能力是处理好人际关系的关键。具有良好的沟通能力可以使你很好地表达自己的思想和情感,获得别人的理解和支持,从而和上级、同事、下级保持良好的关系。沟通能力差的人常常会被人误解,给别人留下不好的印象,甚至无意中对别人造成伤害。

(一)沟通能力测试

每个人都有独特的与人沟通、交流的方式。阅读下面的情境性问题,选出你认为最合适的处理方法。请根据自己的第一印象回答，不要过多考虑。

1. 你的上司的上司邀请你共进午餐，回到办公室，你发现你的上司颇为好奇，此时你会：

    A. 告诉他详细内容

    B. 粗略描述，淡化内容的重要性

    C. 不透露蛛丝马迹

2. 当你主持会议时，有一位下属一直以不相干的问题干扰会议，此时你会：

    A. 要求所有的下属先别提出问题，直到你把正题讲完

    B. 告诉该下属在预定的议程之前先别提出别的问题。

    C. 纵容下去

3. 当你跟上司正在讨论事情时，有人打长途来找你，此时你会：

    A. 告诉对方你在开会，待会再回电话

    B. 告诉上司的秘书说不在

    C. 接电话，而且该说多久就说多久

4. 有位员工连续四次在周末向你要求他想提早下班，此时你会说：

    A. 你对我们相当重要，我需要你的帮助，特别是在周末

    B. 今天不行，下午四点我要开个会

    C. 我不能再容许你早退了，你要顾及他人的想法

5. 你刚好被聘为某部门主管，你知道还有几个人关注着这个职位，上班的第一天，你会：

    A. 把问题记在心上，但立即投入工作，并开始认识每一个人

    B. 忽略这个问题，并认为情绪的波动很快会过去

    C. 个别找人谈话以确认哪几个人有意竞争职位

6. 有位下属对你说，"有件事我本不应该告诉你的，但你有没有听到……"你会说：

    A. 跟公司有关的事我才有兴趣听

    B. 谢谢你告诉我怎么回事，让我知道详情

    C. 我不想听办公室的流言

评分标准：选 A 为 3 分，选 B 为 2 分，选 C 为 1 分，满分 18 分。

15～18 分：被测评人具有良好的沟通能力，能很好地表达自己的思想和情感，获得别人的理解和支持，从而和上级、同事、下级保持良好的关系。

11～14 分：被测评人的沟通能力一般，需要加强。

6～10 分：被测评人的沟通能力很差，常常会被别人误解，给别人留下不好的印象，甚至无意中对别人造成伤害。

本测验选择了一些在工作中经常会遇到的、比较尴尬的、难于应付的情境，测试你是否能正确地处理这些问题，从而反映你是否了解正确的沟通知识和技能。这些问题看似无

足轻重，但是一些工作中的小事和细节往往决定了别人对你的看法和态度。如果你的分数偏低，不妨仔细检查一下你所选择的处理方式会给对方带来什么样的感受，或会使自己处于什么样的境地。

(二)沟通能力的培养

沟通的本质是信息的传递，因此，提高沟通能力就是提高信息传递和接收的能力，也即如何更好地表达自己和如何更好地理解别人。

1. 不同的场合，采用不同的沟通方式

不同的场合对于沟通的要求是不一样的。例如在公司与领导的沟通，在家里与亲人的沟通等。分清不同的场合与对象，可以让你的沟通更有效率。

2. 掌握必要的沟通技巧并加以练习

有些人面临的困难是虽然很想与其他人很好地沟通，但总是不得要领。要向他人表达一个意思，始终说不清楚；本想与他人消除误会，但结果可能弄得更糟。沟通技巧是需要学习并加以练习的。日本的保险推销大师原一平刚刚加入保险公司时，业绩很差。后来他听从前辈的建议，从微笑开始训练，苦练沟通技巧。有人说："原一平的38种微笑价值百万。"美国著名作家奥格·曼狄诺称他为"世界上最伟大的推销员"。

3. 多聆听，了解对方的真正意图

戴尔·卡耐基说："如果你想成为一个谈话高手，必须先是一个专心听讲的人。"想要知道对方要什么，倾听就是不可或缺的第一步。

4. 注意自己的沟通风格

心理学家研究发现，一个人跟别人说过话后，所留给人的印象，只有20%取决于谈话的内容，其他80%则取决于沟通的风格。当你采取强势风格，即使有理，到最后别人还是留下不好印象。接纳对方，从而转化对方的思考，方是上策。

四、团队协作能力

团队协作能力是指建立在团队基础上，发挥团队精神、互补互助以达到团队最大工作效率的能力。对于团队成员而言，不仅要有个人能力，还要有与其他成员协调合作的能力。俗话说："三个臭皮匠，赛过诸葛亮。"没有完美的个人，只有无敌的团队。当今社会越来越强调团队之间的合作与竞争，有些人比较积极地参与并很快领会和把握要领；但也有一些人在心理认知或客观环境上有某种局限，而阻碍了团队能力的发展。

(一)团队协作能力测试

当今社会的竞争日趋激烈，信息量成几何级增长。任何一个组织的成功都不能仅仅依靠某一个人单枪匹马作战，因此团队精神的重要性不言而喻。没有团队合作精神的人，将很难在这个社会立足。那么，来看看你的团队合作精神如何。

1. 如果某位中学校长请你为即将毕业的学生，举办一次介绍公司情况的晚间讲座，而那天晚上恰好播放你"追踪"的电视连续剧的最后一集，你是：

    A. 立即接受邀请

    B. 同意去，但要求改期

    C. 以有约在先为由拒绝邀请

2. 如果某位重要客户在周末下午5：30打来电话，说他们购买的设备出了故障，要求紧急更换零件，而主管人员及维修工程师均已下班，你是：

    A. 亲自驾车去30公里以外的地方送货

    B. 打电话给维修工程师，要求他立即处理此事

    C. 告诉客户下周才能解决

3. 如果某位与你竞争最激烈的同事向你借一本经营管理畅销书，你是：

    A. 立即借给他

    B. 同意借给他，但声明此书无用

    C. 告诉他书被遗忘在火车上了

4. 如果某位同事为方便自己去旅游而要求与你调换休息时间，在你还未作决定如何度假的情况下，你是：

    A. 马上应允

    B. 告诉他你要回家请示夫人

    C. 拒绝调换，推说自己已经参加旅游团了

5. 你如果在急匆匆地驾车去赴约途中看到你秘书的车出了故障，停在路边，你是：

    A. 毫不犹豫地下车帮忙修车

    B. 告诉他你有急事，不能停下来帮他修车，但一定帮他找修理工

    C. 装作没看见他，径直驶过去

6. 如果某位同事在你准备下班回家时，请求你留下来听他"倾吐苦水"，你是：

    A. 立即同意

    B. 劝他第二天再说

    C. 以夫人生病为由拒绝他的请求

7. 如果某位同事因事要去医院探望夫人，要求你替他去接一位搭夜班机来的大人物，你是：

    A. 立即同意

B. 找借口劝他另找别人帮忙

C. 以汽车坏了为由拒绝

8. 如果某位同事的儿子想选择与你同样的专业，请你为他做些求职指导，你是：

A. 立即同意

B. 答应他的请求，但同时声明你的意见可能已经过时，他最好再找些最新的资料作参考

C. 只答应谈几分钟

9. 你在某次会上发表的演讲很精彩，会后几位同事都向你索要讲话纲要，你是：

A. 同意——并立即复印

B. 同意——但并不十分重视

C. 同意——但转眼即忘记

10. 如果你参加一个新技术培训班，学到了一些对许多同事都有益的知识，你是：

A. 返回后立即向大家宣布并分发参考资料

B. 只泛泛地介绍一下情况

C. 把这个课程贬得一钱不值，不泄露任何信息

评分说明：

全部回答"A"：你只能说是一位极善良、极有爱心的人，但你要当心，千万别被低效率的人拖后腿，应该有自己的主见。

大部分回答"A"：说明你很善于合作，但并非失去个性，认为礼尚往来是一种美德，在商业生活中亦不可或缺。

大部分回答"B"：你是一个以自我为中心的人，不愿意为自己找麻烦，不想让自己的生活规律、工作秩序受到任何干扰。

大部分回答"C"：你是一个名副其实的孤家寡人，不善于同别人合作，几乎没有团队意识。

(二)团队协作能力的培养

一个团队中的成员有差异，能力有高低，然而当所有人能够协调合作、上下一心时，却能爆发出 1+1>2 的效果。通过有意识的练习，可以让你的团队协作能力得到很好的提升。

1. 树立共同的目标

斯蒂芬·罗宾斯提出，团队就是为了实现某一目标而由相互协作的个体所组成的正式群体。一个团队存在的前提就是有共同的目标。《西游记》中唐僧师徒之所以能够经得起考验，就是因为他们有共同的目标：去西天取经。

2. 充分了解团队成员

主动去寻找团队成员的积极品质，学习这些品质，并努力克服和改正自身的缺点和消

极品质。三人行，必有我师。团队成员之间欣赏长处、熟悉短处，才能做到扬长避短，默契配合。

3. 建立信任

高效团队的一个重要特征就是团队成员之间相互信任。也就是说，团队成员彼此相信各自的品格、个性、特点和工作能力。这种信任将使团队成员乐于付出，相信团队的目标并为之付出自己的责任与激情。当团队中的每一个人都能坦诚相待，都有一份奉献精神时，取长补短，个人的能力肯定也会得到极大的提升。

4. 彼此承担责任

团队在运作过程中，难免出现失误，若每次出现错误都互相推卸责任，那么这个团队就没有存在的价值。对自己负责，更意味着对团队负责，对团队成员负责。

5. 保持谦虚

团队中的任何一位成员都有自己的专长，所以必须保持足够的谦虚，将自己的注意力放在他人的强项上，只有在这样的压力下，才能看到自己的肤浅和无知，才能促使自己在团队中不断进步。

五、创新能力

经济学家约瑟夫·熊彼特指出，创新是建立一种生产函数，在经济生活中引入新的思想、方法，实现生产要素新的结合。创新能力是指一个人具有的运用一切已知信息产生某种新颖、独特、有社会或个人价值的产品的能力，实质就是创造性地解决问题的能力。2014年9月，在夏季达沃斯论坛上，李克强总理发出"大众创业、万众创新"的号召，希望激发整个民族的创业精神和创新基因。诺贝尔经济学奖得主埃德蒙德·菲尔普斯说："如果大多数中国人，因为从事挑战性工作和创新事业获得成就感，而不是通过消费得到满足的话，结果一定会非常美好。"人的创新活动是大脑活动的结果，陶行知说："人人是创造之人，处处是创造之地，天天是创造之时。"那么，你是否具备强大的创新能力呢？

(一)威廉斯创造力倾向测试

表 4-1 是一份帮助个人了解自己创造能力的测试量表。每一题都需要作答，但不要花太多的时间去想。所有题目没有标准答案，请根据你的第一印象快速作答。如果你发现题目描述的情形很适合自己，请在题后表格中的"完全符合"选项内打"√"；如果只是部分适合，则在"部分符合"选项内打"√"；如果题目描述的内容对你来说根本不可能，则在"完全不符合"选项内打"√"。虽然没有时间限制，但尽可能地争取以较快的速度完成。

表 4-1 创造力测试表

编号	问　题	选　项		
		完全符合	部分符合	完全不符合
1	在学校里,我喜欢试着对事情或问题作猜测,即使不一定都猜对也无所谓			
2	我喜欢仔细观察我没有看过的东西,以了解详细的情形			
3	我喜欢听变化多端和富有想象力的故事			
4	画图时我喜欢临摹别人的作品			
5	我喜欢利用旧报纸、旧日历及旧罐头等废物来做各种好玩的东西			
6	我喜欢幻想一些我想知道或想做的事			
7	如果事情不能一次完成,我会继续尝试,直到成功为止			
8	做功课时我喜欢参考各种不同的资料,以便得到多方面的了解			
9	我喜欢用相同的方法做事情,不喜欢去找其他新的方法			
10	我喜欢探究事情的真假			
11	我喜欢做许多新鲜的事			
12	我不喜欢交新朋友			
13	我喜欢想一些不会在我身上发生的事情			
14	我喜欢想象有一天能成为艺术家、音乐家或诗人			
15	我会因为一些令人兴奋的念头而忘记了其他的事			
16	我宁愿生活在太空站,也不喜欢住在地球上			
17	我认为所有的问题都有固定的答案			
18	我喜欢与众不同的事情			
19	我常想要知道别人正在想什么			
20	我喜欢故事或电视节目所描写的事			
21	我喜欢和朋友一起,和他们分享我的想法			
22	如果一本故事书的最后一页被撕掉了,我就自己编造一个故事,把结局补上去			
23	我长大后,想做一些别人从没想过的事情			
24	尝试新的游戏和活动,是一件有趣的事			
25	我不喜欢太多的规则限制			
26	我喜欢解决问题,即使没有正确的答案也没关系			
27	有许多事情我都很想亲自去尝试			
28	我喜欢唱没有人知道的新歌			

续表

编号	问　题	完全符合	部分符合	完全不符合
29	我不喜欢在班上同学面前发表意见			
30	当我读小说或看电视时，我喜欢把自己想成故事中的人物			
31	我喜欢幻想200年前人类生活的情形			
32	我常想自己编一首新歌			
33	我喜欢翻箱倒柜，看看有些什么东西在里面			
34	画图时，我很喜欢改变各种东西的颜色和形状			
35	我不敢确定我对事情的看法都是对的			
36	对于一件事情先猜猜看，然后再看是不是猜对了，这种方法很有趣			
37	玩猜谜之类的游戏很有趣，因为我想要知道结果如何			
38	我对机器有兴趣，也很想知道它里面是什么样子，以及它是怎样转动的			
39	我喜欢可以拆开来的玩具			
40	我喜欢想一些新点子，即使用不着也无所谓			
41	一篇好的文章应该包含许多不同的意见或观点			
42	为将来可能发生的问题找答案，是一件令人兴奋的事			
43	我喜欢尝试新的事情，目的只是为了想知道会有什么结果			
44	玩游戏时，我通常是有兴趣参加，而不在乎输赢			
45	我喜欢想一些别人常常谈过的事情			
46	当我看到一张陌生人的照片时，我喜欢去猜测他是怎样一个人			
47	我喜欢翻阅书籍及杂志，但只想知道它的内容是什么			
48	我不喜欢探寻事情发生的各种原因			
49	我喜欢问一些别人没有想到的问题			
50	无论在家里或在学校，我总是喜欢做许多有趣的事			

记分方法：

本量表共有50题，包括冒险性、好奇性、想象力、挑战性四项。其中，正面题目"完全符合"计3分，"部分符合"计2分，"完全不符合"计1分；反面题目"完全符合"计1分，"部分符合"计2分，"完全不符合"计3分。

冒险性题目有：正面题目1、5、21、24、25、28、36、43、44；反面题目29、35。

好奇性题目有：正面题目2、8、11、19、27、32、34、37、38、39、47、49；反面题目12、48。

想象力题目有：正面题目6、13、14、16、20、22、23、30、31、32、40、46；反面题目：45。

挑战性题目有：正面题目 3、7、10、15、18、26、41、42、50；反面题目 4、9、17。

在做完所有题目后，根据测试表中所给每一选项的分数计算自己的最后得分，得分高说明创造能力强；反之说明创造能力差。

其中，冒险性得分≥30 为优；好奇性得分≥36 为优；想象力得分≥35 为优；挑战性得分≥32 为优。总分高于 133 分，有创造性潜能；111～133 分，良好；111 分以下，一般。

分数解释：

在好奇性特征上得分高，表明受测者具有下列个性品质：富有追根究底的精神；主意多；乐于接触暧昧迷离的情境；肯深入思索事物的奥妙；能把握特殊的现象并观察其结果。在好奇性特征上得分低，表明受测者不具备上述特征，影响受测者创造力的发展。

在想象力特征上得分高，表明受测者具有下列特征：善于视觉化并建立心像；善于幻想尚未发生过的事情；可进行直觉地推测；能够超越感官及现实的界限。低分者缺乏想象力，因而创造性不高。

在挑战性特征上得分高，表明受测者具有下列特征：善于寻找各种可能性；能够了解事情的可能性及现实间的差距；能够从杂乱中理出秩序；愿意探究复杂的问题或主意。低分者在这方面表现出因循守旧的特点，因而缺乏创造性。

在冒险性特征上得分高，表明受测者具有下列特征：勇于面对失败或批评；敢于猜测；能在杂乱的情境下完成任务；勇于为自己的观点辩护。而低分者缺乏冒险性，因而创造性不足。

(二) 创新能力的培养

创新能力是一种综合素质，被视为智慧的最高形式。要想培养和提高自己的创新能力，可以从以下几个方面入手。

1. 培养创新的兴趣

创新的过程往往充满了艰辛与挑战，只有当人们真正对创新感兴趣，探究的是自己内心向往的东西时，才会呈现出情绪饱满、精神愉快、充满自信、联想丰富的最佳状态。所以，兴趣对创新活动具有启动功能，当一个人对某种事物产生兴趣时，他总是能积极地、主动地、心情愉快地去接触和观察研究。

2. 培养创新的好奇心

创新的好奇心是理解和追求未知的强烈愿望。只有理解未知的强烈意愿产生的创新好奇心，才会对广泛共知而又被忽视的未知事物产生强烈的进行深入探究的心理动力。

3. 培养创新的进取心

目光高远，时刻想着提高和进步，是创新人才最重要的习惯。美国著名学者奥里森·马登说："进取心激发了人们抗争命运的力量，他来自天堂，是完成崇高使命和创造伟大成就的动力，激励着人们向自己的目标前进。"

4. 培养创新思维

著名物理学家劳厄在谈教育时说："重要的不是获得知识，而是发展思维能力，教育无非是将一切已学过的东西都遗忘时所剩下来的东西。"古往今来，许多成功者既不是那些最勤奋的人，也不是那些知识最渊博的人，而是一些思维敏捷、最具有创新意识的人，他们懂得如何去正确思考，善于利用头脑的力量。

5. 提高学习能力

学习的意义在于能不能在没有问题的地方发现问题，在没有机会的地方寻找机会，在没有道路的地方开拓道路。"工欲善其事，必先利其器"，只有通过深入学习，才能不断提高自身的创新能力。

第二节 情商测试

情商(Emotional Quotient, EQ)也被称作情绪智力，是指自我管理情绪的能力，包括一个人感受、理解、控制、运用和表达自己及他人情感情绪的能力。情商主要包括以下五个方面的能力，即认识自己情绪的能力、控制自己情绪的能力、激励自己的能力、认识他人情绪的能力、处理人际关系的能力。

近年来，EQ 逐渐受到了重视，世界 500 强企业还将 EQ 测试作为员工招聘、培训、任命的重要参考标准。看看我们的身边，有些人聪明绝顶，智商很高，有些人甚至可以说是某方面的能手，却仍被拒于企业大门之外，一事无成。相反，许多智商平庸者，却反而常有令人羡慕的良机，杰出的表现。其中最大的原因就在于 EQ 不同！一个人若没有情绪智商，不懂得提高情绪自制力、自我驱动力，也没有同情心和热忱的毅力，就可能是个"EQ 低能儿"。

【拓展阅读】

高情商的十大典型特征

1. 不抱怨不批评

高情商的人一般不批评别人，不指责别人，不抱怨，不埋怨。其实，这些抱怨和指责都是不良情绪，它们会传染。高情商的人只会做有意义的事情，而不做没有意义的事情。

2. 富有热情和激情

高情商的人对生活、工作或是感情保持热情，有激情。知道调动自己的积极情绪，让好的情绪伴随每天的生活工作。不让那些不良的情绪影响到生活或工作。

3. 能包容和宽容

高情商的人宽容，心胸宽广。心有多大、眼界有多大，你的舞台就有多大。高情商的人不斤斤计较，有一颗包容和宽容的心。

4. 善于沟通与交流

高情商的人善于沟通，善于交流，并且以坦诚的心态来对待，真诚又有礼貌。善于记住别人的名字，记住了别人的名字，别人也会更加愿意亲近你，和你做朋友，你会有越来越多的朋友，有好的朋友圈子。沟通与交流是一种技巧，需要学习，在实践中不断地总结摸索。

5. 经常性地赞美别人

高情商的人善于赞美别人，这种赞美是发自内心的、真诚的。看到别人优点的人，才会进步得更快；总是挑拣别人缺点的人，会故步自封，进而退步。

6. 始终保持好心情

高情商的人每天保持好的心情，每天早上起来，送给自己一个微笑，并且鼓励自己，告诉自己是最棒的，并且周围的朋友们都很喜欢自己。

7. 善于聆听别人说话

高情商的人善于聆听，聆听别人的说话，仔细听别人说什么，多听多看，而不是自己滔滔不绝、口若悬河。聆听是尊重他人的表现，聆听是更好沟通的前提，聆听是人与人之间最好的一种沟通。

8. 有责任心敢担当

高情商的人敢做敢承担，不推卸责任，遇到问题，分析问题，解决问题。正视自己的优点或是不足，是敢于担当的人。

9. 每天进步一点点

高情商的人每天进步一点点，说到做到，从现在起，就开始行动。不是光说不做，行动力是成功的保证。每天进步一点点，朋友们也更加愿意帮助这样的人。

10. 好东西善于分享

高情商的人会将好东西分享给朋友，独乐不如众乐。分享是件奇怪的东西，绝不因为你分给了别人而减少。有时你分给别人的越多，自己得到的也越多！

(资料来源：佚名. 高情商与低情商的典型表现[J]. 领导科学，2016(21).)

一、认识自身情绪的能力

自我认识，是指能够认识自身的情绪，能够觉知某种情绪的出现，观察和审视自己的内心体验，监视情绪的变化，即当自己某种情绪刚一出现时便能够察觉。自我认识能力是情绪智力的核心能力，它的培养有赖于仔细聆听潜藏在身体内层的感受。如果一个人不具有这种对情绪的自我觉察能力，或者说不认识自己真实的情绪感受的话，就容易听凭自己的情绪任意摆布，成为情绪的奴隶。

(一)情绪测试：你是个情绪稳定的人吗

情绪稳定一般被看作一个人心理成熟的重要标志。所谓情绪稳定，主要是指一个人能积极地调节、控制自己的情绪，在短时间内没有大起大落的变化。情绪稳定的人不一定心理成熟，但心理成熟的人情绪必然是稳定的。

以下测试可以帮助你检验自己是否是一个情绪稳定的人。每个问题都有 3 个答案，选择其中与自己的实际情况最相近的。

1. 看到自己最近一次拍摄的照片，你有何想法？
   A. 觉得不称心　　　　B. 觉得很好　　　　C. 觉得可以
2. 你是否想到若干年后会有什么事使自己极为不安？
   A. 经常想到　　　　　B. 从来没有想过　　C. 偶尔想到
3. 你是否被朋友、同事或同学起过绰号并挖苦过？
   A. 这是常有的事　　　B. 从来没有　　　　C. 偶尔有过
4. 你上床以后，是否经常再起来一次，看看门窗是否关好，炉子是否封好等？
   A. 经常如此　　　　　B. 从不如此　　　　C. 偶尔如此
5. 你对与你关系最密切的人是否满意？
   A. 不满意　　　　　　B. 非常满意　　　　C. 基本满意
6. 半夜的时候，你是否经常觉得有害怕的事？
   A. 经常　　　　　　　B. 从来没有　　　　C. 极少有这种情况
7. 你是否经常因梦见可怕的事而惊醒？
   A. 经常　　　　　　　B. 没有　　　　　　C. 极少有这种情况
8. 你是否有多次做同一个梦的情况？
   A. 有　　　　　　　　B. 没有　　　　　　C. 记不清楚
9. 有没有一种食物使你吃后呕吐？
   A. 有　　　　　　　　B. 没有　　　　　　C. 记不清楚
10. 除去看见的世界外，你心里有没有另一个世界？
    A. 有　　　　　　　　B. 没有　　　　　　C. 记不清楚
11. 你心里是否时常觉得你不是现在的父母所生？
    A. 时常　　　　　　　B. 没有　　　　　　C. 偶尔有
12. 你是否曾经觉得有一个人爱你或尊重你？
    A. 是　　　　　　　　B. 否　　　　　　　C. 说不清楚
13. 你是否常常觉得你的家庭对你不好，但是你又确知他们的确对你好？
    A. 是　　　　　　　　B. 否　　　　　　　C. 偶尔
14. 你是否觉得没有人十分了解你？
    A. 是　　　　　　　　B. 否　　　　　　　C. 说不清楚

15. 你在早晨起来的时候,最常有的感觉是什么?
    A. 忧郁　　　　　　　　B. 快乐　　　　　　　　C. 讲不清楚
16. 每到秋天,你常有的感觉是什么?
    A. 秋雨霏霏或枯叶遍地　B. 秋高气爽或艳阳天　　C. 不清楚
17. 你在高处的时候是否觉得站不稳?
    A. 是　　　　　　　　　B. 否　　　　　　　　　C. 有时是这样
18. 你平时是否觉得自己很强健?
    A. 否　　　　　　　　　B. 是　　　　　　　　　C. 不清楚
19. 你是否一回家就立刻把房门关上?
    A. 是　　　　　　　　　B. 否　　　　　　　　　C. 不清楚
20. 你坐在小房间里把门关上后,是否觉得心里不安?
    A. 是　　　　　　　　　B. 否　　　　　　　　　C. 偶尔
21. 当一件事需要你作决定时,你是否觉得很难?
    A. 是　　　　　　　　　B. 否　　　　　　　　　C. 偶尔
22. 你是否常常用抛硬币、翻纸牌、抽签之类的游戏来测凶吉?
    A. 是　　　　　　　　　B. 否　　　　　　　　　C. 偶尔
23. 你是否常常因为碰到东西而跌倒?
    A. 是　　　　　　　　　B. 否　　　　　　　　　C. 偶尔
24. 你是否需要一个小时以上才能入睡,或醒得比你希望的早一个多小时?
    A. 经常这样　　　　　　B. 从不这样　　　　　　C. 偶尔
25. 你是否曾看到、听到或感觉到别人觉察不到的东西?
    A. 经常这样　　　　　　B. 从不这样　　　　　　C. 偶尔
26. 你是否觉得自己有超乎常人的能力?
    A. 是　　　　　　　　　B. 否　　　　　　　　　C. 不清楚
27. 你是否觉得有人跟着你走而心里不安?
    A. 是　　　　　　　　　B. 否　　　　　　　　　C. 不清楚
28. 你是否觉得有人在注意你的言行?
    A. 是　　　　　　　　　B. 否　　　　　　　　　C. 不清楚
29. 当你一个人走夜路时,是否觉得前面暗藏着危险?
    A. 是　　　　　　　　　B. 否　　　　　　　　　C. 偶尔
30. 你对别人自乐有什么想法?
    A. 可以理解　　　　　　B. 不可思议　　　　　　C. 不清楚

评分规则:

选 A 记 2 分,选 B 记 0 分,选 C 记 1 分。请将各题得分相加,算出总分。

0~20 分:表明你情绪稳定、自信心强,具有较强的美感、道德感和理智感。你有一定的社会活动能力，能理解周围人们的心情，顾全大局。你是一个性情爽朗、受人欢迎的人。

21～40分：说明你情绪基本稳定，但较为深沉，对事情的考虑过于冷静，处事淡漠消极，不善于发挥自己的个性。你的自信心受到压抑，办事热情忽高忽低，易瞻前顾后、踌躇不前。

41～50分：说明你情绪极不稳定，日常烦恼太多，易使自己的心情处于紧张和矛盾之中。

51分及以上：这是一种危险信号，你务必要请心理医生作进一步诊断。

(二)如何正确认识自我

1. 审视自己的内心

从理论上说，一个人的外在举止和内心活动是相应的，但是实际情况并非这么简单。人的心理十分复杂，比如说，人们通常认为骄傲的人比较自信，谦虚的人比较自卑，但有时候情况正好相反，有的人会用狂妄自大来掩饰自己的自卑，也有人由于自信而变得随和、谦虚。要想看到真实的自己，就要经常审视自己的内心。宋代的瑞严和尚每天都要问自己："你头脑清醒吗？"然后自己回答说："清醒。"一个人如果每天都能审视自己的内心并且成为一种习惯，那么，他就能正确地认识自我。

2. 避免自欺欺人

自欺欺人是来自我们内心的一大障碍。每个人内心都有积极、美好、光明的一面，也有消极、丑恶、阴暗的一面。当不好的那一面在我们心中占据优势时，有的人会及时反省、调整心态，重新唤醒那个美好的自己；而有的人却回避现实，粉饰自己，自欺欺人。如果一个人习惯于以自欺的方式来回避自己的缺点和失败，他终将失去认识自己的能力，陷入失败的泥潭无力自拔。

3. 保持积极的心态

认识自我，就是对事情的各种可能性保持一种开放的心态。如果大部分时间都紧闭心扉，那么你不可能完全接受各种可能性的发生。以批判的眼光看问题，有益于你的情商发展。事实上，只有尽量去尝试各种各样的事情，你才能慢慢明晰以及确定自己的喜爱及偏好是什么，并且在此过程中认真挖掘出自己的潜力。

4. 随性而为

我们的社会在鼓励大家运用理性思维，强调发挥理性思维的力量，这导致我们中大部分人在创造性、娱乐性方面，都没有得到充分的利用和培养。很多人早就学会了压抑自己的直觉力，习惯于单独依靠头脑中合乎逻辑、理性的思维空间来作出各种决策。因此，当人们谈到"接触你自己"时，他们要表达的意思是，不要遗忘了你头脑中的直觉力和创造性思维，记得发挥它们的作用。有时候，我们需要听任于自己的直觉力、感觉力以及想象力，不要让理性完全支配、左右了我们的生活。

二、控制自己情绪的能力

自我控制是个人对自身心理与行为的主动掌握。人的情绪会受到诸多因素的影响，遇到不好的事情时，人们或低落消沉，或火冒三丈，或心烦气躁，种种消极情绪都给人带来负面的影响。自我控制关注的是如何不让你的情绪失去控制。当这种失控发生时，你会体验到自己正变得心烦意乱，无法控制自己，这让你感到非常不快，极其厌恶。你不知道自己将会胡乱说出什么话，或者你的脸、你的肢体将会有哪些变化，出现什么动作。这种事一旦发生，你可能就会错失良机，无法获得你所追求的东西。

(一)自我控制能力测试

本测试题共包括 15 道选择题，每题有 A、B、C 三个备选答案。请你在理解题意后，尽可能快地选择最符合或接近你实际情况的那个选项。请注意，这是要求你填写自己的真实想法和做法，而不是问你哪个答案最正确，备选项也没有好坏之分。不要猜测哪个是"正确"的或是"错误"的，以免测验结果失真。

1. 你烦躁不安时，你知道是什么事情引起的吗？
   A. 很少知道　　　　　　B. 基本知道　　　　　　C. 有时知道
2. 当有人突然出现在你的身后时，你的反应是：
   A. 感受到强烈的惊吓　　B. 很少感受到惊吓　　　C. 有时感受到惊吓
3. 当你完成一项工作或学习任务时，你感觉到轻松吗？
   A. 没有什么特别的感觉　B. 经常有这种体验　　　C. 有时有这种体验
4. 当你与他人发生口角或关系紧张时，你是否体验到自己的不快呢？
   A. 能够　　　　　　　　B. 不能够　　　　　　　C. 说不清楚
5. 当你专心致志地从事某项活动时，你知道这是你的兴趣所致吗？
   A. 知道　　　　　　　　B. 不知道　　　　　　　C. 很少知道
6. 在你的生活中，你遇到过令你非常讨厌的人吗？
   A. 遇到过　　　　　　　B. 没遇到过　　　　　　C. 说不清楚
7. 当你与家人或亲朋好友在一起的时候，你感到幸福和快乐吗？
   A. 感觉不到　　　　　　B. 说不清楚　　　　　　C. 是的
8. 如果别人有意为难你，你感觉如何？
   A. 没有什么感觉　　　　B. 觉得不舒服　　　　　C. 感到气愤
9. 假如你排队买东西等了很长时间，有人插队到你面前，你感觉如何？

A. 没有什么感觉　　　　B. 觉得不舒服　　　　C. 感到气愤

10. 假如有人用刀子威胁你把所有的钱都交出来，你会感到害怕吗？

　　A. 不害怕　　　　　　　B. 害怕　　　　　　　C. 也许害怕

11. 当别人赞扬你的时候，你会感到愉快吗？

　　A. 说不清楚　　　　　　B. 愉快　　　　　　　C. 不愉快

12. 你遇到特别令你佩服和尊敬的人了吗？

　　A. 遇到过　　　　　　　B. 说不清楚　　　　　C. 没有遇到过

13. 假如你错怪了他人，事后你感到内疚吗？

　　A. 不知道　　　　　　　B. 内疚　　　　　　　C. 不内疚

14. 假如你认识的一个人低级庸俗，但却好为人师，你是否会瞧不起他？

　　A. 不知道　　　　　　　B. 是的　　　　　　　C. 不会

15. 假如你不得不与你深爱的朋友分手时，你会感到痛苦吗？

　　A. 说不清楚　　　　　　B. 肯定会　　　　　　C. 不会

评分标准：

从第1题到第15题，每个选项对应得分不同，分别是如表4-2所示。

表4-2　自我控制能力测试选项对应得分

选项＼题号	1	2	3	4	5	6	7	8	9	10	11	12	13	14	15
A	1	3	1	3	3	3	3	3	3	1	2	3	2	2	2
B	3	1	3	1	1	2	2	1	1	3	3	2	3	3	3
C	2	2	2	2	2	1	1	2	2	2	1	1	1	1	1

根据自己的分数高低，查看自己属于哪种类型。

1. **敏感型(36～45分)**：这一水平的特征是能够准确、细致地识别自己的情绪，并能够认识到情绪发生的原因。但有可能会出现下面几种情况。

悲观绝望型：虽然能清晰地识别到自我情绪状态，但却采取"不抵抗主义"，被动地接受各种消极情绪，典型的将发展为抑郁症。

乐天知命型：整天总是乐呵呵的，对各种情绪采取轻描淡写的态度。

沉溺型：被卷入自己情绪的狂潮中无力自拔。

2. **适中型(26～35分)**：这一水平的特征是能够识别自己的情绪冲动，能够区分各种基本情绪，但不能区别一些性质相似的情绪。例如，不能区分愤怒、悲哀、嫉妒等不同的情绪，只是体验为"难受"。致使情绪区分模糊的原因如下。

体验情绪强度不够；

不能准确地识别引发情绪产生的原因；

掌握情绪词汇的数量太少。

3. 麻木型(15～20分)：这一水平的特征是很少有情绪冲动，对喜、怒、哀、乐等基本的情绪缺乏明确的区分。这种类型的人一般表现为冷漠无情，不能与他人进行正常的情感交流，是一种病态症状。

(二)自我控制的方法

每个人都有自己的情绪形态与模式，在愤怒时，乱发脾气会影响人际关系；不发脾气，长期压抑又伤害自己的身心。自我控制关注的是寻求一种平衡。

1. 抑制冲动

生活中总会有很多事情让我们感到生气，但是当我们深入反思，就会发现，许多过去作出的冲动性行为，在事后看来都显得如此微不足道，几乎一点也不重要；往往那些在冲动下作出的重大决策，结果证明其代价惨重。因此，如果我们偶尔延迟对事情发表意见(例如一直数数数到100)，而不是马上给予判断，我们的生活会轻松很多。当然，有时候我们需要或者他人要求我们迅速甚至是即刻作出判断，这种情况例外，但大部分情况不是如此。

2. 转移注意力

当人们被激怒时，通常身边的人会劝他们说："别把事情放在心上"。无论是什么让他们感到不幸、忧伤，都要把注意力从那些事情中转移出来。如果事情实在非处理不可，也要等到情绪平静下来，心情好一些时再回来解决这些事情。

3. 顺其自然，不强求

有时候，在某些情况下你也许并不能如愿以偿，达成自己的目标。为了让自己的情绪保持安宁稳定，你最好能认清事实，并且接受事实。对事情过于强求，有的时候一点意义都没有。因为你越是强求，你会觉得越沮丧。当我们遇到这种情况时，一种比较聪明的应对方法是，重新检查一下自己制定的各个目标，并且看看你寻求达到这些目标的途径是否恰当。你将会发现，付出更多的努力可能并不是寻找突破、取得进展的最佳方法。条条大路通罗马，实现某个目标可以同时存在不同的解决办法。所以，改变你现在的处理方式可能是一个更好的选择。

4. 控制非语言沟通

美国传播学家艾伯特·梅拉比安曾经提出，人际交往过程中信息沟通有55%是由肢体语言进行的。不管愿不愿意，人们都会从我们的肢体语言中得到信息，去判断我们内心的各种情绪状态。因此，我们需要关注的不仅是自己口头上说了什么内容，还要关注在这一过程中传达给他人的、与我们内心感受相关的那些非语言信息。

5. 疏解情绪

心理学家温斯拉夫研究发现,最好的情绪疏解方法之一是运动。因为当人们在沮丧或愤怒时,生理上会产生一些异常现象,这些现象可以通过运动来恢复原状。生理得到恢复,情绪也就自然正常了。此外,音乐具有强烈的情绪感染力,听音乐也是缓解情绪的有效方法之一。

三、激励自己的能力

自我激励是指个体不需要外界奖励和惩罚作为激励手段,能为设定的目标自我努力工作的一种心理特征。德国专家斯普林格在其所著的《激励的神话》一书中写道:"强烈的自我激励是成功的先决条件。"自我激励意味着主动追求与负责任,一个情商高的人会主动完成自己的工作,履行自己的诺言,对自己的行为负责。

(一)激励能力测试

在每个测试的题目下面,有A、B、C三个选项,请选择最接近你的真实做法的选项,不管是你将会采取这种方法去处理事情,还是你曾经使用过这种方法。请不要根据你目前的想法,认为某一项是最佳的选择,或者是最值得人称道的做法而进行选择。毕竟,做任何事情都想得到他人的称许,这并不是情感聪明的反应方式。

1. 你被要求完成一项难度很大的任务,为此你很沮丧、生气。对此,你会如何反应?

   A. 稍稍喘口气,休息一下,然后理清自己的思绪,制订出计划,有效地完成这份工作

   B. 仍然觉得非常沮丧,但与此同时尽最大努力继续应付这项任务

   C. 找一个愿意听你倾诉的人,宣泄一番,发发牢骚,然后尽快地把任务做完了事

2. 你正在完成一项非常重要的任务。你曾经觉得它很有趣,但是因为经常重复做同样的事情,现在你已经感到有所厌烦了。对此,你会如何反应?

   A. 在此时此刻,先想一个尽可能迅速有效的方法把任务完成,然后再找机会换一份工作

   B. 把它放在一大堆资料的最下面,然后继续做其他比较有意思的事情

   C. 投入最短的时间、最少的精力继续把事情做完

3. 为了实现目标,你非常努力地工作。最后发现,自己收获到的比预想的要多得多。对此,你会如何反应?

   A. 享受成功的时光,然后坐下来开始休息,不再工作,靠吃老本过日子

   B. 在这成功的基础上,为自己设立一些新的目标去努力、去奋斗

   C. 继续保持努力,这样你的表现就不会与自己之前设定的标准有落差

4. 为了解决某个问题你想了一些方案。但是其他人告诉你，你的方案成功的可能性很小。对此，你会如何反应？

    A. 考虑其他人的意见，修改自己的方案。然后计算方案实施的风险成本有多少

    B. 向其他人提出的意见低头，把自己想到的全部方案都否定掉

    C. 忽略他们的建议，相信自己的判断能力，继续实施方案

5. 你已经在一件事情上工作了一段时间，但是觉得很难评价自己做到了什么程度以及还可以作出怎样的改进。对此，你会如何反应？

    A. 继续做自己已经在做的事情，因为到目前为止还没有人对你的表现提出任何的不满

    B. 相信你的判断能力，并对自己的行动相应作出一些调整

    C. 完成一份自评问卷，并找一个你信任其意见的人与你一起讨论，然后对自己的行动相应再作出一些调整

6. 他人要求你完成一项你极其不喜欢做的任务。对此，你会如何反应？

    A. 付出最小的努力，尽快把任务做完

    B. 一直拖延任务，先把你喜欢做的事情做完

    C. 投入你尽可能多的时间和努力，尽自己最大的能力去完成这项任务

7. 你正在完成一项很重要的任务，几个同事让你暂停手中的工作，一起去喝下午茶。对此，你会如何反应？

    A. 感谢他们的邀请，向他们解释在这个时候不能与他们一起去喝下午茶的原因

    B. 没有向对方致谢，断然拒绝他们的邀请

    C. 向对方表示，如果可以的话随后再加入他们，尽管你并不打算停下手上的工作跑去喝茶

8. 他人要求你承担额外的责任，你知道这对自己所在的团队来说具有非常重要的意义。但是你觉得自己不能胜任新的角色。对此，你会如何反应？

    A. 表示同意。但是不带任何居心地把自己现有的任务先放在一边，优先考虑完成新承担的职责

    B. 以自己已经有很多的事情要完成为理由，拒绝他人的要求

    C. 表示尽管承担额外的责任会让自己工作很辛苦，但是你愿意去面对新的挑战

9. 为了提高绩效，几个月来你一直在很努力地工作。但是到目前为止，还没有多少成功的迹象。对此，你会如何反应？

    A. 继续努力，相信你为自己订立高目标的做法是正确的，在某个适当的时候，自己的目标一定会得以实现

    B. 减少付出努力，因为觉得自己不用那么辛苦工作，在某个水平上随意发挥一下就可以满足他人的要求

    C. 为了实现目标，再次肯定自己付出的努力不会白费。但是寻求方法上的改进，以取得最后的成功

10. 你所在的小组正面临着一项很重要的任务,但是没有人自愿承担来完成它。你有自信把这项任务干好,你会如何反应?

    A. 守株待兔,等待他人来询问你对此是否有意愿

    B. 让小组成员明白,你有意愿承担这项任务,而且如果有了他们的支持,你会更加相信自己有能力把事情做好

    C. 毫不犹豫,没有咨询他人的意见就自愿报名承担这项任务

11. 某项职位刚好有一个空缺。但是它要求你承担额外的工作和责任。对此,你会如何反应?

    A. 不提出申请,因为你觉得自己毫无争议就可以得到这个职务

    B. 提交申请,表明你相信自己有能力胜任这份工作

    C. 袖手旁观,看是否有人比你经验更丰富、更适合担任这个职务。然后再决定是否提交申请

12. 有些预想不到的坏消息传来,让你和你的同事对自己将来的发展前景感到焦虑,十分抑郁。对此,你会如何反应?

    A. 希望大家都能快乐一点,振作起来。建议大家晚上一起出去玩,别把坏消息放在心上

    B. 让自己陷入消极悲观的心境当中,并持续一段时间

    C. 尽量让自己保持快乐的心境。集中所有思绪,努力寻找各种办法,试图把局势扭转到对自己有利的一面

13. 尽管已付出了最大的努力,但是你一直未能实现自己设定的目标。为此,你会如何反应?

    A. 坚持自己的目标,但是重新检查寻求实现目标的方法,看它们是否恰当。如果有必要,将付出更多的努力

    B. 不愿放弃,下定决心以后要更加努力

    C. 重新调整自己的目标,把它调整到自己能够实现的水平

14. 在没有任何思想准备的情况下,要求你调整自己在团队中的职位,到一个全新的、你完全不熟悉的位置上去工作。对此,你会如何反应?

    A. 拒绝工作上的变动,因为你觉得在短时间内要求你承担新的职责,对你来说并不公平

    B. 与他人讨论新的职责要求承担哪些具体的义务。然后在经过充分的思考之后,依靠自己的能力回应挑战,接受新的工作

    C. 如果条件确定都符合,那么同意在试用期内从事新的工作

15. 你正赶着在最后的期限内完成一项很重要的工程。但是在这时你遇到了意想不到的麻烦。你会如何反应?

    A. 竭尽所能,不管怎样以尽可能高的水准按时完成任务

B. 向他人解释你遇到的特殊情况，请求增加额外的时间来完成任务，以达到让你满意的程度

C. 对问题保持沉默，满足于当时情况下自己的尽力而为。如果有必要，甚至选择走捷径

答案计分：将你在测验中的回答与表 4-3 给出的答案进行比较，然后，在你每道题目的选项上画一个圈。你画圈数量最多的那一列就代表了你的情商水平。

表4-3　激励能力测试选项对照表

序　号	情商高	中间水平	情商低
1	A	B	C
2	A	C	B
3	B	C	A
4	A	C	B
5	C	B	A
6	C	A	B
7	A	C	B
8	C	A	B
9	C	A	B
10	B	C	A
11	B	C	A
12	C	A	B
13	A	C	B
14	B	C	A
15	A	B	C

(二) 自我激励的方法

自我激励是人生道路前行的动力。一旦你拥有了自我激励的动力，就等于在生命中插上了美丽的翅膀，它将带着你展翅翱翔，创造属于你自己的辉煌人生。

1. 树立目标

如果你的主要目标不能激发你的想象力，目标的实现就会遥遥无期。因此，你需要有一个每天早晨醒来为之奋斗的目标，既宏伟又具体。

2. 制订可行的计划

很多时候我们之所以会失去前行的动力，是因为我们没有明确可行的计划，不知道怎样才能达到我们的目标。制订可行的计划，并随时做好调整的准备，毕竟实现目标的道路

并不是坦途。

3. 立刻行动

20世纪作者阿耐斯曾写道:"沉溺生活的人没有死的恐惧。"自以为能长命百岁无益于你享受人生。有行动才可能有结果,因此,一旦确定了目标与计划,立刻行动,不要迟疑。

4. 不怕犯错,敢于尝试

有时候我们不做一件事,是因为我们没有把握做。这是不对的。如果有些事你知道需要做却又提不起劲,尽管去做,不要怕犯错。给自己一点自嘲式的幽默,来对待自己做不好的事情,一旦做起来了尽管乐在其中。

5. 保持积极的心态

生命前行的道路上总是会面临各种困难,这些困难可能会使我们情绪低落,面临压力。保持积极的心态,让自己在塑造自我的整个旅途中充满快乐,而不要在等到成功的最后一刻才去感受属于自己的快乐。积极的心态会让我们身心更加健康,更有动力去迎接挑战。

6. 敢于竞争,迎接挑战

不管在哪里,我们都要参与竞争,超越别人的同时,更重要的是超越自我。圣女贞德说过:"所有战斗的胜负首先在自我的心里见分晓。"从内心挑战自我是我们生命力量的源泉。不要躺倒在舒适区,它只是你心中准备迎接下次挑战之前刻意放松自己和恢复元气的地方,我们需要不断寻求挑战来激励自己。

四、认识他人情绪的能力

美国学者戈尔曼说过:"不能识别他人的情绪是情感智商的重大缺陷,也是人性的悲哀。"高情商者在社交生活中能够根据对方的行为举止、语言谈吐来认识对方的情绪,并采取相应的对策,因而能获得良好的人际关系,取得更大的成功。

(一)观察能力测试

一叶落而知秋,一叶生而知春。细节关系成败,举止察知命运。一些不经意的小事,却折射出一个人的某些潜意识特征,进而反映出一个人的行为方式、生活习惯和性格特征。以下问题可以测试你认识他人情绪的能力,请在每题三个选项中选择一个最适合你的,然后把对应的分数加起来。

1. 进入某个机关时,你:
   A. 注意桌椅的摆放
   B. 注意用具的准确位置
   C. 观察墙上挂着什么

2. 与人相遇时，你：

   A. 只看他的脸

   B. 悄悄地从头到脚打量他一番

   C. 只注意他脸上的个别部位

3. 你从自己看过的风景中记住了：

   A. 色调

   B. 天空

   C. 当时浮现在你脑海里的感受

4. 早晨醒来后，你：

   A. 马上就想起应该做什么

   B. 想起梦见了什么

   C. 思考昨天都发生了什么事

5. 当你坐上公共汽车时，你：

   A. 谁也不看

   B. 看看谁站在旁边

   C. 与离你最近的人搭话

6. 在大街上，你：

   A. 观察来往的车辆

   B. 观察房子

   C. 观察行人

7. 当你看橱窗时，你：

   A. 只关心可能对自己有用的东西

   B. 看看此时不需要的东西

   C. 注意观察每一件东西

8. 如果你在家里需要找什么东西，你：

   A. 把注意力集中在这个东西可能放的地方

   B. 到处寻找

   C. 请别人帮忙

9. 看到你的亲戚、朋友过去的照片，你：

   A. 激动

   B. 觉得可笑

   C. 尽量了解照片上都是谁

10. 假如有人建议你去参加你不会的游戏，你：

    A. 试图学会玩并且想赢

    B. 借口过一段时间再玩而给予拒绝

C. 直言你不玩
11. 你在公园里等一个人，于是你：
    A. 仔细观察站在旁边的人
    B. 看报纸
    C. 想某事
12. 在满天繁星的夜晚，你：
    A. 努力观察星座
    B. 只是一味地看天空
    C. 什么也不看
13. 你放下正在读的书时，总是：
    A. 用铅笔标出读到什么地方
    B. 放个书签
    C. 相信自己的记忆力
14. 你记住领导的：
    A. 姓名
    B. 外貌
    C. 什么也没记住
15. 你在摆好的餐桌前：
    A. 赞扬它的完美之处
    B. 看看人们是否都到齐了
    C. 看看所有的椅子是否都放在合适的位置上

评分标准：

评分标准见表4-4。

表4-4 评分标准

选项\题序	1	2	3	4	5	6	7	8	9	10	11	12	13	14	15
A	3	5	10	10	3	5	3	10	5	10	10	10	10	10	3
B	10	10	5	3	5	3	5	5	3	5	5	5	5	5	10
C	5	3	3	5	10	10	10	3	10	3	3	3	3	3	5

110～150分，说明你具有很好的观察习惯，而且反应敏锐、思维活跃，是一个具有很强观察能力的人。你不但能正确分析自己的行为，也能够极其准确地评价别人。只是，很多时候，做人不能太拘泥于细节。你也应该适当爽快一点，往大的方向去看。

75～110分，说明你有相当敏锐的观察能力，思想深刻而且犀利，做事目的性比较强。但是对别人的评价有时候带有偏见，特别在处理人际关系的方式和方法上有待改善。

45~75分，说明你对别人隐藏在外貌、行为背后的思想和意图漠不关心，对生活中的变化置若罔闻，尽管你在人际交往中不会产生严重的心理障碍，但是在机遇和变故面前你常常是麻木不仁、得过且过。

45分以下，说明你不喜欢关心周围的人，不管是他们的行为还是他们的内心。你甚至认为连自己都不必过多分析，更何况其他人。因此，你是一个自我中心倾向很严重的人，沉浸于自己无限大的内心世界固然是好，但提防这样做会给你的社交生活造成某些障碍。

(二)认识他人情绪的方法

要控制自己的情绪容易，但要控制他人的情绪就很难。因此你只能通过洞悉他人的性格和情绪，来调整自己的言行，避免伤害别人的情感，从而恰当地处理人际关系。

1. 积极地倾听

倾听是一种艺术。倾听的过程中，要注意观察对方的表情、眼神、手势、体态、穿着等；要以换位思考的态度去体会对方的处境与感受；要用大脑去分析对方的讲话动机，以便了解对方是否话中有话。

2. 善于提问

提问也是一门学问。很多情绪情感的东西就是通过提问和回答问题自觉不自觉地流露出来的。提问的技巧很多，如开放式提问、封闭式提问、正面提问、侧面提问、反面提问等。

3. 仔细观察

观察是一种主要用眼睛的艺术。一方面人们可以通过眼睛去观察他人的情绪情感，另一方面通过他人的眼睛也可以推断出他人的情绪情感。眼睛是心灵的窗户，通过人的眼睛，可以窥视一个人的内心世界。

4. 注意肢体语言

每个人都有身体语言，每个人的身体语言都在表情达意。很多隐秘的情感信息就是通过身体的无声语言传递的。例如一个人对对方是一种异常愤怒的情绪，但是他的面容却可能是和蔼的微笑。此时，还要看到他同时紧握的拳头和僵硬的肢体，也许这才是他的真实情绪。

五、处理人际关系的能力

人际关系也称人际交往，是指社会人群中因交往而构成的相互依存和相互联系的社会关系。人际交往能促进个体社会化，健全自我意识，有益于个人的身心健康，还能增强群体合力，优化整体效应。人际交往能力是指妥善处理组织内外关系的能力，包括表达理解能力、人际融合能力和解决问题的能力。戴尔·卡耐基指出：一个人事业的成功，只有15%是由于他的专业技术，另外的85%要靠人际关系、处世技巧。人际关系是成功的最重要的因素。

(一)人际交往能力测试

以下问题可以帮助你快速测试你的人际交往能力。根据自己的实际情况，认真考虑下列问题，从所给备选答案中选出最符合自己的一项。

1. 每到一个新的场合，你对那里原来不认识的人，总是：
    A. 能很快记住他们的姓名，并成为朋友
    B. 尽管也想记住他们的姓名并成为朋友，但很难做到
    C. 喜欢一个人消磨时光，不大想结交朋友，因此不注意他们的姓名

2. 你之所以打算结识人、交朋友的动机是：
    A. 认为朋友能使你生活愉快
    B. 朋友们喜欢你
    C. 能帮助你解决问题

3. 你和朋友交往时持续的时间多是：
    A. 很久，时有来往
    B. 有长有短
    C. 根据情况变化，不断弃旧更新

4. 你对曾在精神上、物质上诸多方面帮助过你的朋友总是：
    A. 感激在心，永世不忘，并时常向朋友提及此事
    B. 认为朋友间互相帮助是应该的，不必客气
    C. 事过境迁，抛在脑后

5. 在你生活中发生困难或不幸的时候：
    A. 了解你情况的朋友，几乎都曾安慰帮助你
    B. 只是那些很知己的朋友来安慰、帮助你
    C. 几乎没有朋友登门

6. 你和那些气质、性格、生活方式不同的人相处的时候总是：
    A. 适应比较慢
    B. 几乎很难或不能适应
    C. 能很快适应

7. 对那些异性朋友、同事，你：
    A. 只是在十分必要的情况下才会接近他们
    B. 几乎和他们没有交往
    C. 能同他们接近，并正常交往

8. 你对朋友、同事们的劝告、批评总是：

   A. 能接受一部分

   B. 难以接受

   C. 很乐意接受

9. 在对待朋友的生活、工作诸多方面你喜欢：

   A. 只赞扬他(她)的优点

   B. 只批评他(她)的缺点

   C. 因为是朋友所以既要赞扬他的优点，也要指出不足或批评他的缺点

10. 在你情绪不好、工作很忙的时候，朋友请求你帮他(她)，你：

    A. 找个借口推辞

    B. 表现不耐烦断然拒绝

    C. 表示有兴趣，尽力而为

11. 你在穿针引线编制自己的人际网络时，只希望把这些人编入：

    A. 上司、有权势者

    B. 只要诚实，心地善良

    C. 与自己社会地位相同或低于自己的人

12. 当你生活、工作遇到困难的时候，你：

    A. 向来不求助于人，即使无能为力也是如此

    B. 很少求助于人，只是确实无能为力时，才请朋友帮助

    C. 事无巨细，都喜欢向朋友求助

13. 你结交朋友的途径通常是：

    A. 通过朋友介绍

    B. 在各种场合接触中

    C. 只是经过较长时间相处了解而结交

14. 如果你的朋友做了一件使你不愉快的事，你：

    A. 以牙还牙也回敬一下

    B. 宽容，原谅

    C. 敬而远之

15. 你对朋友们的隐私总是：

    A. 很感兴趣，热心传播

    B. 宽容，原谅

    C. 敬而远之

测试计分规则：

测试计分规则见表4-5。

表 4-5　测试计分规则

题 号	A	B	C	题 号	A	B	C
1	1	3	5	9	3	5	1
2	1	3	5	10	3	5	1
3	1	3	5	11	5	1	3
4	1	3	5	12	5	1	3
5	1	3	5	13	5	1	3
6	3	5	1	14	5	1	3
7	3	5	1	15	5	1	3
8	3	5	1				

得分在 15~29 分：人际交往能力强。

得分在 30~57 分：人际交往能力一般。

得分在 58~75 分：人际交往能力较差。

(二)提高人际交往能力的方法

有些人觉得自己性格内向，不善于表达，人际交往能力很差。那么，如果是这样的话，该怎么做才能让自己提高社交能力，认识更多的朋友呢？

1. 与更多的人接触，才可能认识更多的朋友

很多人社交能力差、朋友少，跟自己以往的生活习惯有很大关系。每天一下班回到家，不是看电视，就是上网看新闻、玩游戏之类的，根本就没有跟别人有接触。没有与人交往，也就不存在人际交往的能力了。所以，一定要下决心改变这些不良的生活习惯。

积极参加一些集体活动，是很快能够跟大家打成一片，促进大家感情的一种方式。比如公司或者朋友圈举行的一些吃饭、唱歌、爬山之类的集体活动，都可以积极参加，或者自己主动发起也可以。

2. 主动跟人交往

跟朋友、同事见面的时候，主动打招呼，就算是一些不怎么熟的同事或朋友，见面时也要主动跟对方打招呼、问好。不要被动地等着对方先问好然后再答复或者保持沉默。

平时多留意朋友的动态和近况，适当可以八卦一点，然后聊天的时候根据对方的近况进行问候和交谈，这样既可以很好地找到聊天话题，又能让对方感兴趣和对你产生好感。

在身边有同事或者朋友遇到一些小小的困难，需要别人帮忙的时候，可以主动帮一下忙。只要是在自己能力所及的范围内，能够帮别人的就尽量去帮，或许有一天你也需要别人帮忙的时候，别人也会及时地帮助你。

3. 经常保持微笑

微笑，是受我们所有人欢迎的表情，它向人们透露着开放、欢迎、热情、自信、快乐、积极的信息。亚当斯说："当你微笑的时候，别人会更喜欢你，而且，微笑会使你自己也感到快乐。"微笑是人际交往中最具魅力的身体语言，因此，在社交场合中进行人际交往时，千万别忘了带着微笑的表情。

4. 真诚地对待别人

内心的真诚、善良，往往是我们结交朋友最重要的衡量标准。随时随地观察自己的内心，是否真诚地对待他人，是否拥有真诚的微笑，是否真诚地迎接他人的目光，是否用真诚的态度拥抱生活。做一个真诚的爱的传播者，向身边所有人辐射出真诚的爱的能量，更多的爱与惊喜就会源源不断地回到我们身边。

5. 成为好的倾听者

人际交往中，最为重要的一项技巧就是倾听。莎士比亚说："最完美的说话艺术不仅是一味地说，还要善于倾听他人的内在声音。"人们通常会在心底感激认真倾听他们说话的人。因为认真地倾听别人说话会让他人感到自己很重要、被尊重和被欣赏。

6. 记住别人的名字

记住你见过的每一个人的名字，是在社交场合让你变得自信又受人欢迎的方法。戴尔·卡耐基曾经说过："在交往中最简单、最明显、最重要、最能得到好感的方法，就是记住人家的名字，使他有受到重视的感觉。"

六、情商综合测试

这是一组欧洲流行的测试题，可口可乐公司、麦当劳公司、诺基亚公司等众多世界500强企业曾经以此为员工 EQ 测试的模板，帮助员工了解自己的 EQ 状态。本测试题共33题，分成三部分。测试时间为25分钟，最高 EQ 为174分。

一、在下列问题中，每一题请选择一个和自己最切合的答案。

1. 我有能力克服各种困难。
 A. 是的　　　　　　　B. 不一定　　　　　　C. 不是的
2. 如果我能到一个新的环境，我要把生活安排得：
 A. 和从前相仿　　　　B. 不一定　　　　　　C. 和从前不一样
3. 一生中，我觉得自己能达到我所预想的目标。
 A. 是的　　　　　　　B. 不一定　　　　　　C. 不是的
4. 不知为什么，有些人总是回避或冷淡我。

A. 不是的　　　　　　B. 不一定　　　　　　C. 是的

5. 在大街上，我常常避开我不愿打招呼的人。

　　A. 从未如此　　　　B. 偶尔如此　　　　C. 有时如此

6. 当我集中精力工作时，假如有人在旁边高谈阔论：

　　A. 我仍能专心工作　　B. 介于A、C之间　　C. 我不能专心且感到愤怒

7. 我不论到什么地方，都能清楚地辨别方向。

　　A. 是的　　　　　　B. 不一定　　　　　　C. 不是的

8. 我热爱所学的专业和所从事的工作。

　　A. 是的　　　　　　B. 不一定　　　　　　C. 不是的

9. 气候的变化不会影响我的情绪。

　　A. 是的　　　　　　B. 介于A、C之间　　C. 不是的

10. 我从不因流言蜚语而生气。

　　A. 是的　　　　　　B. 介于A、C之间　　C. 不是的

11. 我善于控制自己的面部表情。

　　A. 是的　　　　　　B. 不太确定　　　　　C. 不是的

12. 在就寝时，我常常：

　　A. 极易入睡　　　　B. 介于A、C之间　　C. 不易入睡

13. 有人侵扰我时，我：

　　A. 不露声色　　　　B. 介于A、C之间　　C. 大声抗议，以泄己愤

14. 在和人争辩或工作出现失误后，我常常感到震颤、精疲力竭，而不能继续安心工作。

　　A. 不是的　　　　　B. 介于A、C之间　　C. 是的

15. 我常常被一些无谓的小事困扰。

　　A. 不是的　　　　　B. 介于A、C之间　　C. 是的

16. 我宁愿住在僻静的郊区，也不愿住在嘈杂的市区。

　　A. 不是的　　　　　B. 不太确定　　　　　C. 是的

17. 我被朋友、同事起过绰号挖苦过。

　　A. 从来没有　　　　B. 偶尔有过　　　　　C. 这是常有的事

18. 有一种食物我吃后呕吐。

　　A. 没有　　　　　　B. 记不清　　　　　　C. 有

19. 除去看见的世界外，我的心中没有另外的世界。

　　A. 没有　　　　　　B. 记不清　　　　　　C. 有

20. 我会想到若干年后有什么使自己极为不安的事。

　　A. 从来没有想过　　B. 偶尔想到过　　　　C. 经常想到

21. 我常常觉得自己的家庭对自己不好，但是我又确切地知道他们的确对我好。

A. 否   B. 说不清楚   C. 是

22. 每天我一回家就立刻把门关上。
  A. 否   B. 不清楚   C. 是

23. 我坐在小房间里把门关上，但仍觉得心里不安。
  A. 否   B. 偶尔是   C. 是

24. 当一件事需要我作决定时，我常觉得很难。
  A. 否   B. 偶尔是   C. 是

25. 我常用抛硬币、翻纸牌、抽签之类的游戏来预测吉凶。
  A. 否   B. 偶尔是   C. 是

二、本组测试共 4 题，仅需要回答"是"或"否"即可。

26. 为了工作我早出晚归，早晨起床我常常感到疲惫不堪。是_____ 否_____
27. 在某种心境下，我会因为困惑陷入空想，将工作搁置下来。是_____ 否_____
28. 我神经脆弱，稍有刺激就会使我战栗。是_____ 否_____
29. 睡梦中，我常常被噩梦惊醒。是_____ 否_____

三、本组测试共 4 题，每题有 5 种答案，请选择与自己最切合的答案。

答案标准：1 分——从不，2 分——几乎不，3 分—— 一半时间，4 分——大多数时间，5 分——总是。

30. 工作中，我愿意挑战艰巨的任务。   1 2 3 4 5
31. 我常发现别人好的意愿。   1 2 3 4 5
32. 我能听取不同的意见，包括对自己的批评。 1 2 3 4 5
33. 我时常勉励自己，对未来充满希望。   1 2 3 4 5

参考答案与计分评估：计分时请按照计分标准，先算出各部分得分，最后将几部分得分相加，得到的分值即为你的最终得分。

第 1~9 题，每回答一个 A 得 6 分，回答一个 B 得 3 分，回答一个 C 得 0 分。合计____分。
第 10~16 题，每回答一个 A 得 5 分，回答一个 B 得 2 分，回答一个 C 得 0 分。合计____分。
第 17~25 题，每回答一个 A 得 5 分，回答一个 B 得 2 分，回答一个 C 得 0 分。合计____分。
第 26~29 题，每回答一个"是"得 0 分，回答一个"否"得 5 分。合计____分。
第 30~33 题，将每题的得分加总，合计____分。
全部题总计_____分。

  通过以上测试，你能对自己的 EQ 有所了解。但切记这不是一个求职询问表，用不着有意识地尽量展示你的优点和掩饰你的缺点。如果你真心想对自己有一个判断，那就不应施加任何粉饰。否则，你应该重测一次。

  如果你的得分在 90 分以下，说明你的 EQ 较低，你常常不能控制自己，极易被自己的情绪所影响。很多时候,你容易被激怒、动火、发脾气,这是非常危险的信号——你的事业可能会毁于你的急躁。对于此,最好的解决办法是能够给不好的东西一个好的解释,保持头脑冷静,使自己心情开朗。正如富兰克林所说:"任何人生气都是有理由的,但很少有令人信服的理由。"

如果你的得分在 90~129 分,说明你的 EQ 一般,对于一件事,你不同时候的表现可能不一,这与你的意识有关,你比前者更有 EQ 意识,但这种意识不是常常都有,因此需要你多加注意、时时提醒。

如果你的得分在 130~149 分,说明你的 EQ 较高,你是一个快乐的人,不易恐惧和担忧,对于工作你热情投入、敢于负责,你为人更是正义正直、同情关怀,这是你的优点,应该努力保持。

如果你的 EQ 在 150 分以上,那你就是个 EQ 高手,你的情绪智商不但是你事业的助手,更是你事业有成的一个重要前提条件。

【案例应用】

野田圣子与喝马桶水的故事

野田圣子出自日本望族。她在读大学期间,利用假期去东京帝国饭店打工,所分配到的工作是洗厕所。当她第一天伸手进马桶刷洗时,差点当场呕吐。勉强撑过几日后,实在难以为继,想要辞职。但她又不甘心自己刚刚走上社会就败下阵来,因为她初来时曾经发誓:一定要走好人生的第一步!

就在圣子的思想十分矛盾的时候,酒店里一位老员工出现在她面前,二话不说,拿起工具亲手演示了一遍:一遍又一遍地擦洗马桶,直到光洁如新,然后将擦洗干净的马桶装满水,再从马桶中盛出一杯水,连眉头都没皱一下就一饮而尽,整个过程没有半丝停顿。

这个举动给了圣子很大的启发,令她了解到所谓的敬业精神,就是任何工作,不论性质如何,都有理想、境界与更高的品质可以追寻;而工作的意义和价值,不在其高低贵贱如何,而在于从事工作的人,能否把重点放在工作本身,去挖掘或创造其中的乐趣和积极性。

此后再洗厕所时,圣子不再引以为苦,却视为自我磨炼与提升的道场,每清洗完马桶,她总清晰自问:"我可以从这里面舀一杯水喝下去吗?"

假期结束,当经理验收考核成果时,圣子为了检验自己的自信,证实自己的工作质量,也为了强化自己的敬业心,在所有人面前,从她清洗过的马桶里舀了一杯水喝下去!

而凭着这简直匪夷所思的敬业精神,三十七岁以前,她是日本帝国饭店最出色的员工和晋升最快的人。三十七岁以后,她步入政坛,得到小泉首相赏识,成为日本内阁邮政大臣!

圣子日后的成功固然是多方面的因素所致,但"喝马桶水"的经历恐怕是一个重要因素。从马桶里舀一杯水喝下去的做法并不值得我们去仿效,但它说明了一个问题,即她对自己的工作成果——把厕所打扫干净了这一点毫不怀疑，充满自信，她才敢从马桶里舀一杯水喝下去。所以，她喝下去的实际上是对自己工作毫不怀疑的自信。

圣子的上司并不是每天都来检查她的工作，但她总是自觉地把每天的工作做得让领导和客户没有挑剔。她的这种勇于自我约束、对工作尽职尽责的人生态度，应该成为我们每个人的自我约束标准。有了这种自我约束意识，我们的工作何愁干不好？

我们总是希望职场成功人士可以有成功的秘诀告诉我们，然而，真正的秘诀正是我们早已熟悉的敬业、忠诚、责任心、自信、恒心等等基本的职业素质。只不过，道理虽然简单，能够做到的人却都不简单。"与其临渊羡鱼，不如退而结网"，从现在开始，从身边的一点一滴开始，尝试提升自己的基本职业素质，也许你就是下一个成功的"幸运儿"。

那么，你认为应该怎样提升自己的职业素质呢？

本 章 小 结

职场上曾流传着这样一段话："能力决定着你所在的位置，而品格决定着你在这个位置上能待多久！"一个人职业道德素养与品格的高度，对他一生的成就影响深远，甚至将起到决定性作用！

职业素质是指从业者在一定生理和心理条件基础上，通过教育培训、职业实践、自我修炼等途径形成和发展起来的，在职业活动中起决定性作用的、内在的、相对稳定的基本品质。

本章提供了心理素质、责任心、沟通能力、团队协作能力、创新能力等常见职业素质的简化测试工具。针对越来越多的企业重视的情商，本章从认识自己情绪的能力、控制自己情绪的能力、激励自己的能力、认识他人情绪的能力、处理人际关系的能力这五个方面提供了相应的测量与分析工具。

一般来说，职业素质越高的人，获得成功的机会就越多。了解自己的职业素质水平，并且有针对性地提高，将是职场制胜、事业成功的一大法宝。

第五章 职业生涯目标与分析

【引导案例】

动物园的小骆驼

在动物园里的小骆驼问妈妈:"妈妈,为什么我们的睫毛那么的长?"骆驼妈妈说:"当风沙来的时候,长长的睫毛可以让我们在风暴中都能看得到方向。"

小骆驼又问:"妈妈,为什么我们的背那么驼,丑死了!"骆驼妈妈说:"这个叫驼峰,可以帮我们储存大量的水和养分,让我们能在沙漠里耐受十几天的无水无食条件。"

小骆驼又问:"妈妈,为什么我们的脚掌那么厚?"骆驼妈妈说:"那可以让我们重重的身子不至于陷在软软的沙子里,便于长途跋涉啊。"

小骆驼高兴坏了:"哇,原来我们这么有用啊!可是妈妈,为什么我们还在动物园里,不去沙漠远足呢?"

小骆驼的问题也是每个年轻人所面临的问题:既然我有这么多的能力,为什么就是找不到发挥的机会呢?其实每个人都有他的价值,正所谓天生我材必有用。只要能够认清自己并且把自己放在合适的位置上,每个人都可以有一个精彩的人生。经过前面几章的自我测评,你一定对自己有了充分的认识,那么接下来,我们需要分析如何把自己放到合适的位置,从而让自己的才能得到充分的展示。

第一节 360度全方位评估

360度评估反馈,又称全方位考核法。最初是企业人力资源管理部门用来考核员工绩效的工具,由员工自己、上司、直接部属、同事甚至顾客等从全方位、各个角度来评估人员的方法。评估内容可能包括沟通技巧、人际关系、领导能力、行政能力等。通过这种理想的评估,被评估者可以从不同的反馈中清楚地知道自己的不足、长处与发展需求,进而制订下一步的能力发展计划。

在个人职业生涯规划中,使用360度评估方法,可以更加全面地认识自己,并对自己的生涯目标进行有效的修订与反馈,有利于个人生涯目标的实现。

表5-1是某学院应届毕业的学生小王的360度评估表。

在校学生或者应届毕业生可以使用360度评估表,以访谈的形式获得自己所熟悉的亲朋好友的评价反馈。而企业员工则可由人力资源部门专门设计360度评价问卷,在企业的帮助下,完善自己的职业生涯规划。

表 5-1　小王的 360 度评估表

	优　点	缺　点
自我评价	责任感强；做事目标明确；宽容，不斤斤计较	以自我为中心，协作性不够；有时不够客观，不喜欢和不喜欢的人交往，失去很多成长、成熟的机会
家人评价	尊老爱幼，懂事；积极上进，乐于助人	不圆滑，无心机；虚荣；粗心大意；叛逆，说话不留口德
老师评价	品学兼优，社会洞察力强	做事情毅力不足，容易动摇
亲密朋友评价	幽默风趣，一旦认定一件事就充满热情地努力去做；多才多艺，能写会画；直率，不拘小节	多愁善感，内敛；不注意细节，记性差
同学评价	务实，理智，有思想	对自己太苛刻
其他社会关系评价	善良体贴	有时过于追求完美，不够成熟

第二节　SWOT 分析

　　SWOT 分析也被称为道斯矩阵，即态势分析法，是美国麦肯锡咨询公司发明，用来确定企业自身的竞争优势、竞争劣势、机会和威胁，从而将公司的战略与公司内部资源、外部环境有机地结合起来的一种分析方法。SWOT 分析已经被广泛应用于各种战略分析中，是最常用的分析工具之一。在个人职业生涯规划中，SWOT 分析将有助于个人认清自身优劣势，结合自身所面临的机会与威胁，更好地扬长避短，发挥自己的个人才能，尽早实现人生目标。表 5-2 所示为 SWOT 分析表。

表 5-2　SWOT 分析表

外部分析 ＼ 内部分析	优势 S 1. 2.　列出优势 3.	劣势 W 1. 2.　列出劣势 3.
机会 O 1. 2.　列出机会 3.	SO 战略 1.　利用外部机会 2.　发挥自身优势 3.	WO 战略 1.　利用外部机会 2.　克服自身劣势 3.
威胁 T 1. 2.　列出威胁 3.	ST 战略 1.　利用自身优势 2.　回避外部威胁 3.	WT 战略 1.　克服、减少自身劣势 2.　回避外部威胁 3.

一、SW 分析

SW 分析是对所有个人拥有，同时有可能影响到自身职业生涯的因素所作的分析。既包括个人的能力、性格、兴趣等内在个人特征，也包括学历、专业、家庭背景等外在的个人特征。个人 SW 分析可以从以下几个方面来进行。

1. 职业爱好

通过职业兴趣测评及个人过往经验，分析自己喜欢与不喜欢做的事情。

2. 学习能力

学习能力可以从学习的速度、深度及自己擅长的学科进行分析。学习能力强的人能够更快地适应新的工作环境，收集相关资料，进行分析性思考，提出解决问题的合理方法，并制订合理的工作计划以解决问题。

3. 工作态度

工作态度表现为个人对工作执着上进的程度，也表现为有没有工作激情。如果个人有良好的工作态度，则更善于运用新知新学，愿意接受新的任务。

4. 与人交往能力

与人交往能力包括与人交往的意愿、交往的范围、交往的深度和合作经验。人际交往技巧高的人善于协同他人，包括上司、同级与下属共同寻求解决问题的途径。

5. 外在个人特征

例如家庭背景，父母亲朋对自己的职业生涯的支持程度。如果考虑创业，则自己的资金实力如何。

二、OT 分析

OT 分析是对所有可能影响自身职业生涯，但个人又无法改变的外部环境所作的分析。例如国家新的就业政策、大的就业环境、行业发展趋势、当地人才市场的需求变化等。OT 分析可以从以下几个方面入手。

1. 国际环境

例如目标行业的开放性，是否允许外资或者民营资本进入；全球的经济形势以及对目标行业的影响；全球企业的竞争形势，以及国内企业在全球竞争中所处的位置。

2. 国内环境

包括国内生产总值(GDP)的增长形势、政府的政策导向、就业及创业方面给予的支持与优惠、所在地区的人口结构等。

3. 所在城市的情况

例如当地的产业结构、人才市场需求情况等。

4. 所学专业，毕业院校的情况

是否名校毕业、是否热门专业等都会影响个人生涯发展。

5. 行业情况

主要分析行业特性、行业景气度、行业发展趋势、竞争程度、上下游产业价值链，充分的市场竞争还是几家大企业垄断经营等。

6. 企业的发展状况

例如老板、高级管理者、企业文化和制度、产品和市场、企业的竞争对手等。

7. 岗位就业情况

所在岗位或者准备从事岗位的发展趋势、竞争程度、待遇水平等。

【职业案例】

杨丹的 SWOT 分析与职业规划

杨丹是广州某著名大学独立学院国际贸易专业的学生，业余时间兼修了电子商务专业课程，并于 2010 年本科毕业。她在毕业前利用 SWOT 分析工具，为自己做了职业规划并且最终找到了一份在职业中学当网管的工作。

一、SWOT 分析

S(优势)：

(1) 爱好方面，喜欢能让自己静下心来的工作环境，能自己控制、安排的工作，跟人打交道的工作。

(2) 喜欢思考问题，有一定的分析能力，有寻根究底的兴趣，一定要将事情想清楚；有浓厚的学习兴趣和一定的实力，比如英语水平不错；逻辑性和条理性较好，书面表达能力较强。

(3) 做事认真、踏实，生活态度积极，善于发现事物和环境积极的一面；有责任心、爱心，并且喜欢工作；心思细腻，考虑问题比较细致、周到。

(4) 待人真诚，放得开，乐于与人交往和沟通，善于开导别人；当过班干部，组织过集体活动，有一定的组织管理能力和经验。

(5) 在学校时交了不少朋友，构建了良好的人际关系。

W(劣势)：

(1) 不喜欢机械性重复的工作，也不喜欢没有计划没有收获的忙乱，不喜欢应酬和刻意的事情。

(2) 工作、学习有些保守，学习速度较慢；口头表达有时过于细节化，不够简洁；创新能力有待提高。

(3) 竞争意识不强，冒险精神不够，对环境资源的利用不够主动，也就是快速适应环境的能力不够；做事不够果断，尤其作决定的时候容易犹豫不决；做事有时拖拉，不够雷厉风行。

(4) 对应酬不感兴趣。

(5) 父母在一座小城市，一般工人家庭，无法在资金、人脉上帮助自己。

O(机会)：

(1) 就专业方面来说，中国的国际化程度越来越高，外语的使用越来越广，就业机会较多；现在是一个计算机信息的时代，国际、国内贸易的形式越来越多地使用电子商务进行交易，就业机会较多。

(2) 在广州有很好的商务机会，是国内出口企业较多的城市。

(3) 学校提供了一些很好的学以致用的机会，可以积累一定的实践经验，同时有很多的机会与各行业人士接触、交流、学习，提高自身素质。

(4) 考虑能很好地发挥自己与人沟通能力的职业，如教育行业，既能体现自己的优势，又跟个人专业结合，对竞争性要求也相对低一些。

(5) 扩招使各类学校都需要素质良好的师资。

(6) 教师是一个永远需要的岗位；待遇水平不错，受人尊重。

T(威胁)：

(1) 金融危机、人民币升值等原因，使中国的出口下降极快，外贸行业的就业机会非常悲观；就业形势严峻，大批没有工作经验的学生就业困难。

(2) 在金融危机中受到的影响也较大，目前外贸行业就业机会极少。

(3) 外贸与电子商务专业都是重视实操的专业，自己的实践经验太少。

(4) 尽管中国的网民人数已经超过美国，网上交易额也在不断增长，但与专业相关的职业如外贸行业、电子商务行业，市场化程度较高，对竞争能力有较高的要求，而这是自己的劣势。

(5) 自己没有教育行业的任职资格；学历水平相对于当教师来说也不足。

(6) 竞争激烈。

二、3~5年的职业目标

如果要从事教师的职业，杨丹认识到自己的学历还需要再提高，有必要继续深造。但考虑到个人及家庭条件，还是先工作两年积累些经验，然后再去学习比较好。因此，她把未来3～5年的职业目标设定为：

(1) 进入教育行业。

(2) 考上华南师范大学的教育专业研究生。

(3) 毕业后成为教师。

(4) 在经济上，财务独立就可以了。

三、行动计划

(1) 毕业前努力考取英语专业四级，寻找英语家教的机会，获得一些教育的体验，至少对中小学生的情况有些了解。

(2) 开始留心教育行业的招聘广告，注意看招聘教师时的要求，自己向这一要求的方向努力。

(3) 关注教育行业的其他职位，发现其中适合自己的。

(4) 不要被外贸、电子商务的相关职位转移了注意力，虽然在自己的学校，这类的机会看起来更多一些。

(5) 留意华南师范大学教育专业研究生招生计划，选择适合自己的专业及导师，找机会旁听他们的课程。

四、求职实践及总结

开始按计划行动之后，杨丹发现教育行业的教师职位门槛相对于她来说，确实比较高，她根本没有机会，但教育行业中其他的行政后勤岗位中还是有适合自己的。她找到了当家教的机会，帮助一个小学生补习英语，她认真地对待这份兼职，与她的学生交朋友，尝试了解学生的心理。

经过半年的努力与准备，杨丹终于被一家职业中专录取为学校机房的网管，主要的职责是：维护学校机房的设备。在上课时间为任课教师准备机器，协助管理学生上机；在非上课的自习时间，为来机房上机的学生服务。这个工作自主性较强，平时的时间比较自由，杨丹可以复习为考研作准备。而上机时间，为学生服务也适合她的乐于并善于与人交往的个性特点，她干起来既高兴又称职，受到了学生的欢迎和学校领导的认可。杨丹一边在学校上班，熟悉学校的环境；一边备考研究生。另外，她了解到学校有在职学习的名额，她准备争取学校的在职学习名额，到师范大学进修，回来继续为学校服务。

在一个符合自己优势与喜好的行业与岗位上，杨丹如鱼得水，干得很起劲也很开心。

第三节　生涯目标设定

美国心理学家洛克(E.A.Locke)认为，目标是一个人试图完成的行动的目的。目标是引起行为的最直接的动机。有了目标，人们就会努力去实现它，从而对自我产生强烈的激励作用。因此，个人在开始自己的职业生涯之前，首先需要给自己设置一个目标，并在此基础上进行规划和调整。

一、分层设置目标

如何设定个人目标呢？让我们先来看以下这个故事。

1984 年，在东京国际马拉松邀请赛中，名不见经传的日本选手山田本一出人意外地夺得了世界冠军。10 年后，他在自传中写道：每次比赛之前，我都要乘车把比赛的线路仔细地看一遍，并把沿途比较醒目的标志画下来，比如第一个标志是银行；第二个标志是一棵大树；第三个标志是一座红房子……这样一直画到赛程的终点。比赛开始后，我就以百米冲刺的速度奋力地向第一个目标冲去，等到达第一个目标后，我又以同样的速度向第二个目标冲去。40 多公里的赛程，就被我分解成这么几个小目标轻松地跑完了。起初，我并不懂这样的道理，我把我的目标定在 40 多公里外终点线上的那面旗帜上，结果我跑到十几公里时就疲惫不堪了，我被前面那段遥远的路程给吓倒了。

这个故事告诉我们，如果将人生大目标分解成若干小目标，然后逐步实现人生大目标，会远比只有一个大目标要容易得多。因此，在设定人生目标时，我们可以使用如图 5-1 所示目标分层体系。

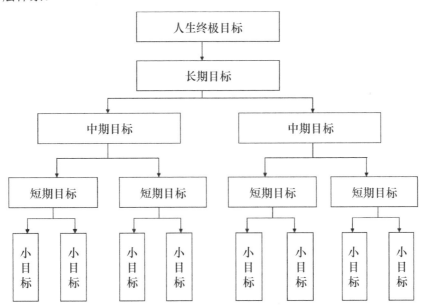

图 5-1 目标分层体系图

小说《钢铁是怎样炼成的》中有这样一句话，人的一生应当这样度过：当他回首往事的时候，不会因为碌碌无为、虚度年华而悔恨，也不会因为为人卑劣、生活庸俗而愧疚。个人的人生终极目标需要通过具体的行动来实现，但太过长远的目标容易让人失去动力。于是通过目标的分解，最终使个人的每一天、每一件事都能够很清晰地朝着终极目标前进。

【拓展练习】

画一棵目标树

你所做的一切应源于你的价值观，它是树根。你的目标支撑着各种各样的任务，它们都是为实现你的目标服务的。树的姿态和生长方向由它的主枝表现出来，同样，你通过主要任务来实现你的目标。树叶为树的生长提供养分，你通过完成各种次要任务，保持你现有的生活。

拿出一张白纸，按如下要求画出一棵树。

在树根处写上你认为最重要的价值，在树干上写上你的目标，在几个主枝中写上你的主要任务，在叶子和细枝旁写上各种次要任务，完成这幅图。

可以按下面的步骤进行。

(1) 树根。写上你认为最重要的价值。如果你对这一点比较模糊，不能清楚地说出自己最想要的是什么，请试一试这个办法：重新拿一张纸，写下所有想要的东西，如健康、金钱、爱情、事业、旅行……写完之后，画去你认为最不重要的一项，再在剩下的项目中画去一个最不重要的，一直画下去，直到只剩下一项，它就是你最重视的东西。

(2) 树干。写上你的人生目标。注意，你的人生目标应与你的价值观是一致的。如果不一致，应该反思一下：你写下的树根确实是你最珍视的东西吗？或者，你写下的人生目标真的是你最大的希望吗？

(3) 主枝。写上几个主要任务。这些主要任务应是直接为你的目标服务的，实现这些任务有助于达到目标。如果不是这样，请思考是否有必要在这个任务上投入时间和精力。

(4) 树叶。写上次要任务。有些次要任务是实现主要任务的手段，有些次要任务用来维持现在的生活。次要任务是不可缺少的，没有树叶的树无法生长，但它们不应占据你的主要精力。

二、目标设定的 SMART 原则

一个有效的目标应该具备以下五个基本要素：Specific——具体的；Measurable——可衡量的；Attainable——可达成的；Relevant——相关联的；Time-bound——有时限的。也就是目标设定的 SMART 原则。

1. Specific——具体的

"我要成为一个好人。"这是一句很虚的口号，因为很难说得清楚什么样的人算是好人。而转换成"我要成为一个可以经常陪孩子的父亲"就具体很多，至少对于孩子来说，你将会成为一个好父亲。

2. Measurable——可衡量的

虽然"我要成为一个可以经常陪孩子的父亲"更具体，但却无法衡量。比如是一天陪一个小时？还是一周陪三个小时？只有将目标量化，才有可能评价是否达成，否则目标将会停留在口号上，而不是行动上。

3. Attainable——可达成的

如果让一个英语零基础的学生，经过一个学期的努力就达到大学英语四级的水平，基本上是不现实的。但如果让这个学生一个学期学完新概念英语第一册，则很有可能实现。设定的目标只有在努力跳起来能够够得着的时候，这个目标才有意义。

4. Relevant——相关联的

例如设定工作目标时，要跟自己的岗位职责相关联。如果一家外企的前台设定了下班后学英语的目标，就很好，因为可以在工作中用得上。但如果要求前台学习生产管理知识，则未免跨度过大，得不偿失。

5. Time-bound——有时限的

例如你设定了一个达到英语四级水平的目标，但当你准备拿起书来认真学习时，却总是被各种事情一拖再拖，于是到了大学毕业，你的英语还是二级水平。因此，目标设定一定要有时间期限，比如今年夏天一定要通过英语四级考试。

借助表 5-3~表 5-5，请为自己设定一个有效的目标。

表 5-3 各级目标的设定

各级目标 \ 评价标准	S(具体吗？) R(有关联吗？)	M(可衡量吗？) T(有时限吗？)	A(能达成吗？)
人生终极目标			
长期目标			
中期目标			
短期目标			
小目标			

表 5-4　分级目标的设定

目标	评价标准	S(具体吗?)　M(可衡量吗?)　A(能达成吗?) R(有关联吗?)　T(有时限吗?)
小目标	工作目标	
	生活目标	
	学习目标	

表 5-5　具体目标的设定

目标	评价标准	S(具体吗?)　M(可衡量吗?)　A(能达成吗?) R(有关联吗?)　T(有时限吗?)
学习目标	知识目标	
	技能目标	
	其他学习目标	

【拓展练习】

你是一个目标明确的人吗

一起来玩个游戏：现在给每个人都发 500 元钱，你可以用这些钱去买表 5-6 中的任意一种"商品"，直到把钱花完为止。同时，买完以后不能退货，请慎重考虑。

表 5-6　特殊的商品

看得见的	看不见的
事业成功，50 元	你的名誉，50 元
知识，50 元	爱情，150 元
人生经验，50 元	快乐，150 元
房子，50 元	健康，150 元
车子，50 元	友情，150 元
周游世界，50 元	家庭和谐，150 元
	时光倒流，200 元

如果你经过认真思考，把它记下来，因为它们就是你想要的东西，这些都是您的时间与精力所实现的人生目标。想一想，这500元钱你会买什么？

_____
_____
_____

相信很多人一定会想，时光倒流200元，当然愿意买。如果是这样，你应该重新检讨自己，确立你人生的目标。时间大于金钱，时间比金钱更重要。

第四节　内、外生涯目标分析

中国职业规划师协会将职业生涯成长分为两个方面：内职业生涯和外职业生涯。

内职业生涯是指从事一种职业时的知识、观念、经验、能力、心理素质、内心感受等因素的组合及其变化过程。它是别人无法替代和窃取的人生财富。

外职业生涯是指从事职业时的工作单位、工作时间、工作地点、工作内容、工作职务与职称、工作环境、工资待遇等因素的组合及其变化过程。它是依赖于内职业生涯的发展而增长的。

在设定职业生涯目标时，可以从内职业生涯和外职业生涯两个不同的角度来考虑目标的设置。例如小王大学毕业后，面临两个不同的选择：成为环卫工人和成为某公司业务员。这是两条完全不同的职业生涯道路。环卫工人工作辛苦，但是事业单位编制，很多中国人梦寐以求的身份。公司业务员西装革履，收入高，但是工作压力大而且工作不太稳定。因此，小王在评价这两条不同的职业道路时，首先需要清楚自己的内、外生涯目标分别是什么。使用表5-7，可以帮助分析个人内、外职业生涯目标。

表5-7　内、外生涯目标设定表

		现　状	目　标
内生涯目标的设定	性格		
	兴趣		
	能力		
	价值观		
外生涯目标的设定	家庭环境		
	工作环境		
	工作收入		
	社会认可		

以小王为例，如果他的性格测试为内向，兴趣测评显示为现实型，能力测试显示为执行能力较强，职业锚测试为生活型，那么在内生涯目标的设定上，小王将更倾向于保守、

稳定而且更注重家庭生活的生涯目标。此时，成为有事业编制的环卫工人将会比成为公司业务员更让小王感觉到内心的满足。

将生涯目标细分为内、外生涯目标有助于更好地进行人—职匹配。随着当今社会专业分工的进一步加强，不同的职业生涯道路带给个人的主观感受完全不同，如果不能进行很好的匹配，很容易给个人带来巨大压力。例如公务员抱怨自己收入低，高薪白领感觉自己价值观扭曲等。而个人职业生涯要想顺利发展，内、外职业生涯的协调发展至关重要。良好的内生涯发展是外生涯发展的前提，外生涯的良好发展可以促进内生涯的发展。

【职业案例】

李红的抉择

李红在东莞一家药店工作，进入公司已经两年多了。这家药店属于一家全国前三的连锁药店的子公司，有600多员工。李红的直接上级经理进入公司已经十年，并且已经接近退休年龄，现在只要不犯大错挨到退休就好了，因此平时的工作大多都交付给李红和另一个同事负责。公司的人力资源工作由总部统一规划，子公司以执行为主，整个公司的管理制度有些僵化。

李红最近比较纠结，因为在现在的公司，自己在专业上已经面临瓶颈，比较难有新的突破，而且也不想跟自己的经理一样在公司耗日子，因此她很想跳槽去寻找更加专业而有活力的平台。但是如果继续留在现公司，两年以后经理退休后，她就有极大的优势来竞争经理这个职位。

在进入自己职业生涯的第三个年头，也是决定自己未来职业水准的关键时期，李红陷入了纠结。如果你是李红，你会做何抉择？

第五节 5W1H 与生涯目标设置

美国政治学家拉斯维尔在1932年提出了"5W 分析法"，后来经过人们的不断运用和总结，逐步形成了一套成熟的"5W+1H"模式，又被称为六何分析法。利用 5W1H 分析方法，可以帮助人们分析个人职业生涯目标，并找到正确的生涯路径。

5W1H 分别如下。

Who：人员。我是谁？我具备什么样的性格？我喜欢什么样的生活方式？我的专长是什么？我的父母对我有什么样的期待？

What：对象。职业生涯目标是什么？长期目标是什么？中期目标是什么？短期目标是什么？除了这个目标，能不能换成别的目标？还有别的选择吗？这个目标是自己想要的目标吗？

Why：目的。为什么是这个目标？为什么不能换成别的目标？为什么一定要实现这个目标？为什么这个目标就是自己想要的？为什么这个目标就可以让自己的人生感到幸福？

阻碍自己实现生涯目标的原因是什么？

Where：场所。在哪个行业可以实现自己的目标？在哪家企业实现自己的目标？要从事哪个职业，至少上升到哪个级别？在哪个城市来实现自己的目标？工作地点与居住地点有多远？喜欢住在市区还是郊区？

When：时间和程序。什么时间开始自己的生涯计划？什么时候完成哪些阶段性的目标？为什么要在预定的时间内完成？可不可以换个时间来实施计划？如果拖延会有什么后果？

How：方式。怎么实现自己的生涯目标？具体的行动计划是怎么样的？为什么要制订这样的生涯计划，能否制订别的计划？只有这一条生涯路径吗？如果目标计划没有成功，有没有备选方案？如何找到工作？

5W1H法的分析思路如表5-8所示。

表5-8 5W1H法分析思路

	现状如何	为什么	能否改善	该怎么改善
Who：人员	我是如何描述自己的	为什么是这样描述自己的	自己能否变成另一个样子	自己应该是什么样子
What：对象	生涯目标是什么	为什么是这个目标而不是别的目标	能否换成别的目标	应该如何设置个人职业生涯目标
Why：目的	什么目的，阻碍成功的原因是什么	为什么是这种目的，为什么是这个原因	有无别的目的，有无别的原因	应该是什么目的，应该是什么原因
Where：场所	哪个行业，哪个地方	为什么是这个行业、这个城市	能否换成别的行业、别的地方	应该在哪个行业、哪个地方
When：时间和程序	何时实施目标计划	为什么在那个时间做	能否换成别的时间	应该什么时候做
How：方式	怎么实现生涯目标	为什么要选择这种目标实现方式	有无其他方法	应该用什么方法

5W1H分析法被广泛应用于计划的制订和对工作的分析与规划中。作为将会影响自己未来人生道路的个人职业生涯规划，在慎重规划的同时，还需要不断优化，并且有效执行。而运用5W1H分析法，重新检查自己的职业生涯目标，将有助于自己更加清晰未来的发展道路。

【职业案例】

5W1H的分析法

方平是一位来自湖南农村的年轻小伙子，在长沙读大专的他准备大专毕业后回老家创业，但是又不太确定自己的目标是否正确。于是他使用了5W1H分析法，再次检查了一下自己的目标。表5-9所示就是他的5W1H分析表。

表5-9 方平的5W1H分析表

	现状如何	为什么	能否改善	该怎么改善
Who	我是一个性格开朗、外向、富有激情而且能吃苦耐劳的人。 我有创业的梦想	因为我是农村的孩子，从小养成能吃苦的好习惯。而我的测评显示我是一个外向型的人	我希望自己能够变得比较富有，这样可以帮助家里人，让大家都更开心	通过创业来实现自己的梦想。因为村里出来打工的人都还是老样子
What	创业成功，拥有自己的企业	只有创业才能获得自己想要的成功	也可以考公务员，在农村也算是出人头地	考公务员不适合穷人家的孩子，还是创业比较可行
Why	父母一直希望自己出人头地。自己也希望事业有成	父母很辛苦供养自己读大学，应该要实现他们的愿望	自己也希望创业成功，事业有成	要考虑父母的愿望，但不能过于被他们影响。因为父母水平有限，不一定能提供有用的意见
Where	回老家湖南，利用自己所学专业知识和当地特产创业	对老家情况更熟悉，自己所学知识也更有发挥空间。避免了大城市的激烈竞争	去别的地方都没有太多竞争优势，还是回老家创业相对最合适	老家市场空间有限，以后要尽量走向更大的城市、更大的市场
When	先去同类企业打工1~2年，积累经验并且熟悉行业之后，即开始自己创业	因为刚刚毕业，缺乏必要的社会经验和行业知识的积累。如果工作时间过长，又会使创业激情消退	争取用尽量短的时间熟悉行业与市场，并做好创业准备。从小生意开始，尽快开始	尽快开始自己创业，从实践中积累经验
How	先开一家小公司，以较小的成本进入目标市场，在实践中积累经验，并在适当时找亲戚朋友筹集更多资金扩大规模	家里资金有限，只能从小开始。需要尽量规避风险，只有当时机成熟时，才适合扩大规模	可以先去别的企业工作若干年后，积累到足够资金和经验再创业	去别的企业工作时间久了后，容易形成思维定式，难以转换成老板的思维。而且创业激情可能已经消退，还要受结婚生子影响。还是尽快创业比较合适

经过一番对比后，方平下定决心，毕业后就回老家农村发展。虽然同班的同学很多选择了留在长沙工作，或者去上海、广州、深圳等大城市找工作，但他觉得回到老家自己创业会更适合自己的发展。

如果你已经为自己的职业生涯设定了目标，但是还在犹豫不决，为什么不用5W1H分析法来厘清自己的思路呢？

第六节 生命周期理论与个人生涯目标

俗话说："男怕入错行，女怕嫁错郎。"每个人都希望自己从事的是一份有前途的职业，但是时代在进步，职业也在不断地发生变化，过去热门的职业可能现在已经不再受欢迎。而社会分工导致职业高度专业化，许多职业需要多年的专业训练，才有可能胜任。例如专科医生，很难通过短时间的培训而成为合格的医生。因此，个人在设定生涯目标时需要充分了解行业发展趋势，提前做好准备。

【拓展阅读】

从毛毛虫的故事看个人目标管理

第一只毛毛虫

话说第一只毛毛虫，有一天爬呀爬，终于来到一棵苹果树下。它并不知道这是一棵苹果树，也不知道树上长满了红红的苹果。当它看到同伴们往上爬时，不知所以地就跟着往上爬。没有目的，不知终点，更不知生为何求、死为何所。它的最后结局会怎么样呢？

也许找到了一颗大苹果，幸福地过了一生；也可能在树叶中迷了路，颠沛流离糊涂一生。不过可以确定的是，大部分的毛毛虫都是这样活着的，也不去烦恼什么是生命的意义，倒也轻松许多。

第二只毛毛虫

有一天，第二只毛毛虫也爬到了苹果树下。它知道这是一棵苹果树，也确定它的"虫生目标"就是找到一颗大苹果。问题是，它并不知道大苹果会长在什么地方。但它猜想：大苹果应该长在大枝叶上吧。于是它就慢慢往上爬，遇到分支的时候，就选择较粗的树枝继续爬。

当然在这个毛虫社会中，也存在考试制度。如果有许多虫同时选择同一个分支，就要举行考试来决定谁才有资格通过大树枝。幸运的是，这只毛毛虫一路过关斩将，每次都能第一志愿地选上最好的树枝，最后它从一枝名为"大学"的树枝上，找到了一颗大苹果。不过它发现这颗大苹果并不是树上最大的，顶多只能称局部最大。因为在它的上面还有一颗更大的苹果，号称"老板"，是由另一只毛毛虫爬过一个名为"创业"的树枝才找到的。令它泄气的是，这个创业分支是它当年不屑于爬的一棵细小的树枝。

第三只毛毛虫

接着，第三只毛毛虫也来到了树下。这只毛毛虫相当难得，小小年纪，却自己研制了一副望远镜。在还未开始爬时，就先用望远镜搜寻了一番，找到了一颗超大苹果。同时，它发觉当从下往上找路时，会遇到很多分支，有各种不同的爬法，但若从上往下找路时，却只有一种爬法。

它很细心地从苹果的位置，由上往下反推至目前所处的位置，记下这条确定的路径。于是，它开始往上爬了，当遇到分支时，它一点也不慌张，因为它知道该往哪条路走而不必跟着一大堆虫去挤破头。譬如说，如果它的目标是一颗名叫"教授"的苹果，那应该爬"升学"这条路；如果目标是"老板"，那应该爬"创业"这分支；若目标是"政客"，也许早就该爬"厚黑之道"这条路了。

最后，这只毛毛虫"应该"会有一个很好的结局，因为它已经具备了"先觉"的条件了。但也许会有一些意外的结局出现。因为毛毛虫的爬行相当缓慢，从预定苹果到抵达，需要一段时间。当它抵达时，也许苹果已被别的虫捷足先登，也许苹果已经熟透烂掉了。

第四只毛毛虫

第四只毛毛虫可不是一只普通的虫，同时具有先知先觉的能力。它不仅先觉知道自己要何种苹果，更先知——知道未来苹果将如何成长。因此当它带着那"先觉"的望远镜时，它的目标并不是一颗大苹果，而是一芽含苞待放的苹果花。它计算着自己的时程，并估计当它抵达时，这朵花正好长成一颗成熟的大苹果，而且它将是第一个钻入大快朵颐的虫。果不其然，它获得所应得的，从此过着幸福快乐的日子。

大家可以思考一下自己是哪只毛毛虫。

(资料来源：谭小芳. 从毛毛虫的故事看目标管理)

一、行业生命周期与行业选择

生命周期理论认为，行业的发展将会出现类似生命周期的不同阶段，主要包括四个发展阶段：幼稚期、成长期、成熟期和衰退期。

行业处于幼稚期时，行业利润率很低，但整个行业增长迅速，行业中的企业主要致力于开辟新客户，发展新技术，占领市场。当整个行业处于这一阶段时，企业需要大量的技术开发人员和市场开发人员。

行业处于成长期时，市场增长率很高，市场需求增长迅速，但技术渐趋定型，行业竞争日趋激烈。当行业处于这一阶段时，企业对于营销人员的需求开始大量增加。

行业处于成熟期时，市场需求趋于稳定，整个市场增长率较低，技术与产品已经相当成熟，行业竞争非常激烈。当行业处于这一阶段时，对于行政人员以及各类服务人员的需求较多。

行业处于衰退期时，行业生产能力出现过剩，替代品大量出现，市场需求下降，企业开始收缩战线。当行业处于这一阶段时,企业对于正常的人员需求减少,但对于法律、财务等服务需求较多。

根据国家统计局国民经济行业分类(GB/T 4754—2011),我国行业共分为以下二十大类。

A—农、林、牧、渔业,B—采矿业,C—制造业,D—电力、热力、燃气及水生产和供应业,E—建筑业,F—批发和零售业,G—交通运输、仓储和邮政业,H—住宿和餐饮业,I—信息传输、软件和信息技术服务业,J—金融业,K—房地产业,L—租赁和商务服务业,M 科学研究和技术服务业,N—水利、环境和公共设施管理业,O—居民服务、修理和其他服务业,P—教育,Q—卫生和社会工作,R—文化、体育和娱乐业,S—公共管理、社会保障和社会组织,T—国际组织。

使用行业周期理论,可以帮助分析不同行业的发展现状,从而判断不同行业的发展前景和对人才的需求状况。例如住宿和餐饮业目前已经处于成熟期,整个行业竞争激烈,对服务人员的需求量很大,对服务人员的素质要求也越来越高。一旦个人生涯目标选定在这一行业,则从学生时代开始,就需要在语言、礼仪、形态等方面提前做好充分准备。表 5-10 和表 5-11 分别展示了各类媒体眼中最有前景的十大行业和十大职业。

表 5-10 各类媒体眼中最有前景的十大行业

名次\来源	《经济学人》杂志	《中国教育在线》网站	《新华网》网站	《网易财经》网站	《中国人才网》网站
1	互联网服务行业	水务行业	体育经营管理	采矿支援机构	信息服务行业
2	教育和培训行业	奢侈品行业	传媒业	油籽和谷物种植	文化传媒业
3	农业	医疗保健(包括心理咨询)行业	卡通产业	饮料制造业	旅游业
4	旅游行业	金融行业	本土服装品牌行业	农业、建筑和矿山机械制造	金融业
5	文化娱乐行业	房地产业	金融投资业	其他种植业	生物制药产业
6	生物医药行业	广告传媒娱乐业	"低碳经济"下的新能源产业	计算机系统设计和相关服务产业	新材料产业
7	健康管理行业	资源与能源行业	影视娱乐业	房地产中介	信息技术产品制造业
8	老年用品和服务行业	教育和培训行业	零排放汽车	化工和相关产品批发商	房地产
9	智能家居	老年服务业	云计算相关产业	个人和家庭用品维修保养	航空工业
10	信息安全分析行业	农业	奢侈品行业	就业服务	汽车制造业

表 5-11　各类网站眼中最有前景的十大职业

名次\来源	《中国教育在线》网站	《搜狐财经》网站	《中国人力资源开发网》网站	《爱装网》网站
1	同声传译	软件工程师	系统软件开发员	金融分析师
2	3G 工程师	设计师	应用软件开发员	3G 网络工程师
3	网络媒体人才	机械工程师	市场调研员	奢侈品市场管理人才
4	物流师	销售总监	会计师、审计员	传媒人士
5	系统集成工程师	教师	网络系统管理员	网络营销师
6	环境工程师	采购经理	小学教师	律师
7	精算师	理财/投资顾问	计算机系统分析师	健康管理师
8	报关员	网络市场营销	管理顾问	心理咨询师
9	中西医师、医药销售	店长/楼面经理	公共关系专家	职业规划师
10	注册会计师	财务经理	保险销售代理	直销商

二、企业生命周期与企业选择

生命周期理论认为，企业作为一个有机生命体，也会经历诞生、成长、成熟和衰退(蜕变)的不同阶段。在不同的生命周期，对员工的要求会完全不一样。

处于诞生期的企业，会给员工提供大量的机会，需要员工具有较强的外联公关能力、处理多项事务的能力和广阔的知识面。在这样的企业里，员工会面临很大的压力和风险，但同时回报也会很高。

处于成长期的企业，需要员工精力充沛、好胜向上、办事能力强、效率高、能够为企业大量付出。在这样的企业里，员工经常面临加班，工作忙碌，但收入也相应较高，升迁的机会也比较多。

处于成熟期的企业，工作制度和流程已经相当完善，工作比较有规律，因此需要员工能够很好地遵守各种规章制度。这类企业可以提供相对稳定的工作环境，但需要员工保持向上的心态和创新的态度。

处于衰退期的企业，也可能是蜕变期。企业面临衰退消亡的风险，需要进行新的创新与突破。因此，需要员工具有很强的创新精神，在很多方面与诞生期的企业要求相近。但这类企业的创新比单纯的创业更艰难。

一般而言，大公司相对发展成熟，而小公司则更多处于诞生期和成长期。因此，在选择企业时，可以通过对比不同规模公司的优劣势，来决定自己的职业生涯道路。大公司与小公司优、劣势对比见表 5-12。

表 5-12　大公司与小公司优、劣势对比

大公司		小公司	
优　势	劣　势	优　势	劣　势
有利于新人成长	没有创造力的螺丝钉，不断做重复的工作	能训练员工成为多面手	团队精神缺乏，企业文化贫乏
培养团队意识	办公室政治突出	个人发展可能更快	奖惩不分明
能提升视野	个人能力被忽略	每个人都是主角	培训意识缺乏
综合生活品质高	论资排辈严重	接受通才教育	员工的风险较大

【职业案例】

个案一

某外资企业行政经理梁君惠小姐工作了5年，换过3家公司。她对记者介绍说，刚毕业时她被两家公司同时录取，一个是大公司，一个是个体私企。当时的她毫不犹豫地就选择了后者。因为她有一个5年计划，就是考在职研究生完成学业。她认为小公司没有严格的审核制度，弹性工作时间可以让她有更多的时间学习。可是没多久她就发现完全不是她想象的那样。私企所有的员工都跟着老板的时间转，老板喜欢耗到晚上8点多，他们办公室的灯就一直亮到8点半，很没有规律。

后来她跳槽到了一家知名外企工作，每天按规定朝九晚六，生活规律，学习计划也容易制订，她在处理工作和学习的时候要有规律得多。在大公司里制度严格，她也能把主要精力和时间都集中在处理工作上，因为一切都是拿业绩说话，而不必为复杂的人际关系伤脑筋。在大公司中，有着相当完善的事务处理程序，她在这个过程中掌握了不少办事方法。而在大公司升职的机会也相对公平得多。如果加班，加班费和补休一样都少不了，一切都公平透明。而且她发现，在大公司一般不会斤斤计较蝇头小利，通信费、交通费，只要和工作有关，都能痛快地报销，午饭则统一由公司交钱买了饭卡。另外大公司各种保险补助齐全，而她认为最大的好处是，在大公司工作的经历会永远在履历表上闪闪发光，别提亲戚朋友问起时的满足感，就算有一天你翅膀硬了想跳槽，在大公司，特别是知名外企工作两年，机会要比那些在小公司生熬五年十年的人值钱得多。

个案二

某民营企业人事总监陈丽与梁小姐相似的是，陈小姐也工作了5年时间。在过去的5年里，陈小姐换过4个单位，终于在去年成为一家大型民营企业的人力资源部人事总监，拿到了让一般打工者羡慕的6位数年薪。谈到自己的成功经历，陈小姐自有一番感慨。大学毕业时陈小姐抱着非国有、外资大企业不去的想法，但她心仪的那家外资企业毫不留情地拒绝了她，只有一家尚在起步的小企业欢迎她去创业。无奈之中，陈小姐去了那家小企业。

"要是没有那段日子，我就不会有今天。"陈小姐说。在那家小企业里，没有资深的前辈，没有太多的条条框框，她得到不少在大企业里压根儿轮不到她的实践机会。在大公

司里的同学才结束见习期，陈小姐已经是企业里的业务骨干了。此后，以两年独当一面的工作经验，陈小姐顺利地转到一家外资企业做人事主管。再往后，成了"猎头公司"的目标。

(资料来源：一览英才网，http://www.job1001.com/ViewArticle.php?id=43794)

第七节　目标实施与控制

每年秋天，一群略带稚嫩的大学生走进大学校园。他们在老师们的指导下制定了各种学习目标、生活目标，以及远大的人生目标。四年后，当我们去跟毕业生们访谈时，几乎没有人能记得自己当初设定的目标。

在企业新员工入职培训时，很多企业都会要求新人制定个人在企业发展的目标与规划，这些目标与规划看起来都很令人振奋。不过，据前程无忧发布的《2015离职与调薪调研报告》显示，近三年应届生的离职率始终在高位徘徊。很显然，大部分人的目标还没有来得及实施就夭折了。

因此，制定目标只能算是整个生涯规划的开始，而实施目标则是向着人生终极目标迈出的最关键一步。

一、目标的实施

英国有句谚语，叫作"目标刻在石头上，计划写在沙滩上"，告诉人们，目标应该时刻牢记，而方法则可以灵活多变。实施目标时，需要注意以下几点。

1. 始终牢记自己的目标

汤姆是一个勤快的小伙子。这天，他准备在客厅里挂一幅风景画，便叫来邻居帮忙挂画。本来只需要4个钉子就可以搞定，但邻居建议用木板镶边会比较牢固。汤姆觉得这是一个好主意，于是出发去找木板。他来到树林里，发现了一个不错的树桩准备取材，但是需要工具。接着他又去找锯子，可是老木匠的锯子实在是太钝了，他只好又去找磨石……一直到太阳下山，汤姆的画还是没有挂好。

也许汤姆的行为有点夸张，但是在生活中，类似的行为却经常上演。早上起床时，计划今天看三个小时的书，做两个小时的作业。但起床后，先拿起手机刷了半个小时的微信，发现有人提议玩电脑游戏，于是欣然响应。玩到中午又该吃午饭和休息了。下午刚拿起书，电话又响了，朋友约去逛街。到了晚上，精彩的夜生活又开始了。临睡前，发现今天又没有看书，于是痛下决心，明天一定要完成目标。许多大学生就是在类似的重复中，忘记了自己最初的目标，迷茫地毕了业，并且在工作岗位上继续着类似的重复行为。

因此，一旦设定了目标，就应该时刻牢记你的目标，把它放在最显眼的位置，可以时刻提醒与修正自己的行为。

2. 找到正确的路径

设定了目标，不一定就能实现目标，还需要找到正确的路径与方法。

陈林是来自湖北农村的一位年轻小伙子，他高中毕业后就来到深圳工厂打工，做了一名普通工人。他的目标是一年能够存三万块钱。这是一个非常简单而有效的目标，但对于陈林来说却并不容易实现，因为作为初级普工，他一年的基本收入只有四万块左右。

通过表 5-13，可以帮助分析陈林面临的困境。

表 5-13　陈林的目标实现途径分析表

目标		实现途径				
		衣	食	住	行	交往
一年存够三万块	省钱	少买新衣服，尽量穿工作服	平时在工厂食堂吃饭，偶尔自己做饭，基本不去餐馆	住在工厂集体宿舍，环境虽差，但免费	平时很少出门。基本不出去玩	只跟认识的同事交往，很少参加社交活动
		加班	升级	升职	换工作	创业
	多挣钱	加班可以挣到更多加班费，但比较辛苦	利用业余时间学习技术，从普工升级为技术工，技术工人工资高于普工	从普工升职为主管。但需要大专以上学历和三年以上工作经验	市场上有更高工资的工作，但都需要更高学历和工作经验	有成功创业的老乡做榜样。但需要资金投入和承担较高风险

通过目标与实现途径的分析，可以让目标转化为行动。将所有可能实现目标的路径全部罗列出来，并分析每一条路线的优劣势和难易程度，进而选择最适合自己的道路。只有不断朝着目标的方向前进，才有可能实现目标。

而个人职业生涯路线的确定可以如图 5-2 所示，从目标取向、能力取向和机会取向等不同的方面进行综合分析。

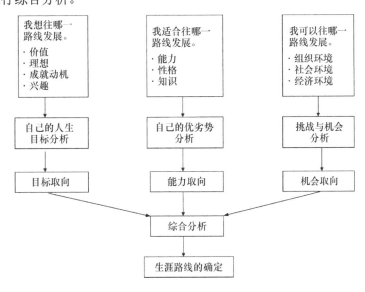

图 5-2　职业生涯过程分析图

个人目标分析主要思考自己想往哪一条路线发展，从个人的价值观、理想、内在的成就动机以及兴趣等方面进行分析。个人优劣势分析主要思考自己适合哪一路线发展，从能力、性格、知识等各方面评估自己的优劣势，以判断自己是否有能力往选定的路线发展。机会分析则是思考自己可以往哪一路线发展，从组织环境、社会环境、经济环境等外部环境分析自身所面临的挑战与机会，以判断所选定的生涯路线是否可行。最终通过对个人生涯目标、内在能力与外部环境的综合分析，确定自己的生涯路线。

【拓展阅读】

> 有一匹马和一头驴子，它们是好朋友，马在外面拉东西，驴子在屋里拉磨。有一天，这匹马被玄奘大师选中，成为取经马，出发经西域前往印度取经。十几年后，这匹取经马驮着佛经回到长安。它重回磨坊会见老朋友。取经马谈起这次旅途的经历，那神话般的境界，使驴子听了大为惊异。驴子惊叹道："那么远的道路，我连想都不敢想。"取经马说："我们走过的距离大体是相等的，当我向西域前进的时候，你一步也没停止过。不同的是，我同玄奘大师有一个遥远的目标，按照始终如一的方向前进，所以我们打开了一个广阔的世界。而你却蒙住了眼睛，一生就围着磨盘打转，所以永远也走不出这个狭隘的天地。"

(资料来源：东篱子. 寓言中的目标管理)

3. 高效执行

彼德·德鲁克说：讲究效能的人并不是从任务着手，而是把安排自己的时间作为切入点。理想的目标、完善的计划和清晰的路径，终究需要高效执行才能实现。如果发现自己每天都很忙碌，但目标却没有完成，那么就是你的执行效率出了问题，需要检查一下，是什么原因导致效率不高。可以使用表5-14来检查每天、每周的工作或者学习情况。

表5-14 任务执行情况分析表

计划要完成的任务	实际完成的任务	偏离计划的原因	如何改进

如果每天都有很多没有完成的任务，那么优化每天的工作安排就很有必要。表5-15可以帮助你将每天的任务进行有效的区分。

表 5-15　重要—紧急程度矩阵表

紧急程度 \ 重要程度	重要	不重要
紧急		
不紧急		

根据任务的重要程度和紧急程度，可以将任务区分为重要—紧急，重要—不紧急，不重要—紧急，不重要—不紧急四种类型。然后根据个人的时间充裕程度，优先完成重要的任务，快速处理紧急的任务，同时提前安排好不紧急的任务。

【职业案例】

一位青年满怀愁绪地去找一位智者，青年大学毕业后，曾豪情万丈地为自己树立了许多目标，可是几年以来，依然一事无成。

青年找到智者时，智者正在河边的小屋里读书。智者微笑着听完青年的倾诉，对他说："来，你先帮我烧壶开水！"

青年看见墙角放着一把极大的水壶，旁边是一个小灶，可是没发现柴草，于是便出去找。

他在外面拾了一些枯枝干草回来，盛满一壶水，放在灶台上，在灶内放了一些柴便烧了起来，可是由于壶太大，那捆柴烧尽了，水也没开。于是他跑出去继续找柴，回来的时候那壶水已经凉得差不多了。这回他学聪明了，没有急于点火，而是再次出去找了些柴，由于柴准备充足，水不一会就烧开了。

智者忽然问他："如果没有足够的柴，你该怎样把水烧开？"

青年想了一会，摇了摇头。

智者说："如果那样，就把水壶里的水倒掉一些！"

青年若有所思地点了点头。

智者接着说："你一开始踌躇满志，树立了太多的目标，就像这个大水壶装了太多水一样，而你又没有足够的柴，所以不能把水烧开，要想把水烧开，你或者倒出一些水，或者先去准备柴！"

青年恍然大悟。回去后，他把计划中所列的目标去掉了许多，只留下最近的几个，同时利用业余时间学习各种专业知识。几年后，他的目标基本上都实现了。

只有删繁就简，从最近的目标开始，才会一步步走向成功。万事挂怀，只会半途而废。另外，我们只有不断地捡拾"柴"，才能使人生不断加温，最终让生命沸腾起来。

(资料来源：http://www.rszh.net/html/yyzl/zheli/2010/0322/41207.html)

二、目标实施的控制与反馈

如果你已经为自己制定了若干目标,那么,我们可以借助表 5-16,来对目标的完成情况进行评估。

表 5-16 目标完成情况分析表

目标	完成情况	经验/教训	目标调整

个人生涯目标的高效执行一方面需要个人有很强的执行能力,另一方面也需要对目标实施过程的控制与反馈。

【拓展阅读】

> 有个城市里的富豪,在乡下新买的别墅附近散步时,第一次看到农夫插栽禾苗。农夫的手法纯熟而迅速,所有的禾苗一行行排列得整整齐齐、井然有序,如同丈量过一般。富豪十分惊讶,问农夫是如何办到的。
>
> 农夫没有回答他的问题,只是拿了一把禾苗要他先插插看。这位富豪觉得十分新奇,就下到田里,当他插完数排之后,禾苗参差不齐,杂乱无章。
>
> 这时,农夫告诉他,插禾苗时要抬头用目光紧盯住一件东西,然后朝着那个目标笔直前进,就能插得漂亮而整齐。但是当富豪依言而行时,禾苗却变成了一道弯曲的弧形。
>
> 他再次请教农夫,农夫问他是否紧紧盯住了一个目标。
>
> "有啊!我紧盯着那一只正在吃草的水牛。"
>
> "水牛边吃草边移动,难怪你插的禾苗变成了弧形。"农夫觉得好笑,回答他说。
>
> (资料来源:http://www.docin.com/p-113036214.html)

有时候，当你以为自己正在接近目标时，却没有注意到目标已经发生了偏移。因此，在实施个人生涯目标时，需要结合实施过程，建立监控与反馈机制，如图 5-3 所示。

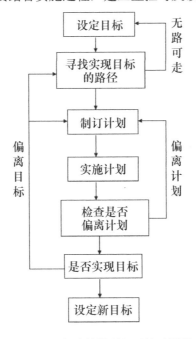

图 5-3　目标实施控制与反馈过程图

设定目标之后，要能够寻找到实现目标的具体路径。例如，小王想去银行工作，那他就需要具备银行所要求的学历、专业、经验、个人能力与综合素质。如果小王经过分析，发现自己不可能具备银行要求的综合素质，则他需要重新设定新的目标。

有了可行的路径，就需要制订具体的计划，并且实施计划，在此过程中，需要随时检查是否偏离计划以及是否偏离目标。如果发生偏离，则需要返回前述步骤。最终，达成初始设定的目标，并在此基础上设定新的更高目标。

【案例应用】

史泰龙的故事

1946 年 7 月 6 日，西尔维斯特·史泰龙(Sylvester Stallone)生于美国纽约贫民区的一个"酒赌"暴力家庭，父亲赌输了就拿他和母亲撒气，母亲喝醉了酒又拿他来发泄，他常常被打得鼻青脸肿、皮开肉绽。高中毕业后，史泰龙辍学在街头当起了混混儿，直到 20 岁那年，有一件偶然的事刺痛了他的心。"再也不能这样下去了，要不就会跟父母一样，成为社会的垃圾，人类的渣滓！我一定要成功！"

史泰龙开始思索规划自己的人生：从政，可能性几乎为零；进大公司，自己没有学历文凭和经验；经商，穷光蛋一个……没有一个适合他的工作，他便想到了当演员，不要资本、不需名声，虽说当演员也要条件和天赋，但他就是认准了当演员这条路！

好莱坞当时共有500家电影公司，他根据自己仔细划定的路线与排列好的名单顺序，带着为自己量身定做的剧本前去一一拜访。但第一遍拜访下来，所有的500家电影公司没有一家愿意聘用他。面对无情的拒绝，他没有灰心，从最后一家被拒绝的电影公司出来之后不久，他就又从第一家开始了他的第二轮拜访与自我推荐。第二轮拜访也以失败告终。第三轮的拜访结果仍与第二轮相同。但这位年轻人没有放弃，不久后又咬牙开始了他的第四轮拜访。

当拜访第350家电影公司时，这里的老板竟破天荒地答应让他留下剧本先看一看。他欣喜若狂。几天后，他获得通知，请他前去详细商谈。就在这次商谈中，这家公司决定投资开拍这部电影，并请他担任自己所写剧本中的男主角。不久这部电影问世了，名叫《洛奇》——它创下了当时全美最高收视纪录。在遭遇了1850次拒绝后，史泰龙成功了！

这个故事给了你什么样的启发呢？

本 章 小 结

每个年轻人都会面临这样的问题：既然我有这么多的能力，为什么就是找不到发挥的机会呢？其实每个人都有他的价值，正所谓天生我材必有用。只要能够认清自己并且把自己放在合适的位置上，每个人都可以有一个精彩的人生。在充分认清自己的情况下，我们需要分析如何把自己放到合适的位置，从而让自己的才能得到充分的展示。

制定目标的前提是充分认识自己、认识环境。而目标的实施则需要时间。很多新员工入职培训时，都会制订个人在企业发展的目标与规划，这些目标与规划看起来都很令人振奋，但没过多久，这些人就离职了，他们的目标与规划也就此夭折。英国有句谚语，叫作"目标刻在石头上，计划写在沙滩上"，告诉人们，目标应该时刻牢记，而方法则可以灵活多变。

本章介绍了360度评估、SWOT分析等工具来帮助读者更全面地认识自身所处的环境。随后介绍了层级目标法、内外生涯目标法、5W1H目标设置法等目标设置工具，帮助读者更好地设置自己的职业生涯目标。最后结合生命周期理论和目标控制理论，为生涯目标的实施与控制提供了必要的工具。

第六章　职业决策

【引导案例】

为长久的职业规划而"漂"着

1991年出生的小钱(化名)于去年7月份毕业于上海一所师范院校。但他直到现在还没有找到长期的工作，目前处于无业状态。

"我并非自暴自弃，而是为了未来长远的职业规划考虑，不希望入错行。"小钱透露说，自己学的是学生教育专业，该专业本身局限性较强。他希望学有所用，从事教育行业。这样对口的单位就是幼儿园，这让他内心十分矛盾。"一方面，我从新闻上看到，因为二胎的缘故，预计未来上海要多开90家幼儿园，其中男老师的比例仅占到10%左右，男教师会很吃香，这也是朝阳行业。但另一方面，男生做幼儿园老师，从个人情感上来说，又不太能接受。"

毕业后，小钱并没有像同学们一样，到一家公司见习、工作，而是开始了打"短工"的日子。他先到咖啡厅当了3个月的服务员，之后又经人介绍在一家P2P公司当业务员，但仅仅3个月又离开了。"第二份工作主要是家里人反对，认为P2P公司跑路的很多。这类公司求职门槛很低，没有任何金融背景的人都可以进去。在里面主要是混日子，学不到东西。"

长达半年的职业探索，让他意识到当老师也许是不错的选择。"快过年了，我一直在考虑要不要当幼师，幸好我的幼师资格证还在。"

"我一直在尝试哪个职业更适合我。寻求和探索职业规划的过程比较痛苦。每去一个新地方，都要从头学起，适应的过程至少要三个月时间。我很迷茫。"但小钱认为，成长就是要付出成本的。"所谓压力是外界给你的，职业规划是自己的，好坏与否冷暖自知。"

他乐观地表示，如果没收入了，他就会想办法赚钱糊口。现在的赚钱渠道很多，打短工或代购赚差价都是不错的选择。

(资料来源：青年报，2016年1月14日)

俗话说：男怕入错行，女怕嫁错郎。事实上，不论男女，职业决策都是人生必经的门槛，是人们从学生迈向职场，取得成功所必须面对的人生关键的一步。拥有一个好的职业，能够充分发挥自己的聪明才智，成就一番事业。

决策是建立在决策者自身和周边环境分析基础上，确定行动目标，并对实现目标的若干可行性方案进行比较和选择，最终确定一个最为优化合理的方案的分析决断过程。职业决策是决策者组织有关自我和职业环境的信息，仔细考虑各种可供选择职业的前景，作出有利于自身职业发展的决定。

通过前面章节的分析，相信你已经掌握了大量"自我"和"职业"的信息。因此，掌握如何制定决策的知识和技能，将会帮助你有效利用这些信息作出有效的职业决策。

第一节 CASVE 循环决策

20 世纪 90 年代初，盖瑞·彼得森(Gary Peterson)、詹姆斯·桑普森(James Sampson)和罗伯特·里尔登(Robert Reardon)等人提出从信息加工角度看待职业生涯问题解决的认知信息加工理论(CIP)。

该理论把职业生涯发展与咨询的过程视为学习信息加工能力的过程，并按照信息加工的特性构成了一个信息加工金字塔，如图 6-1 所示。

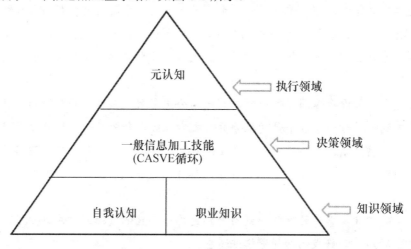

图 6-1 信息加工金字塔

位于塔底的是知识的领域，包括自我认知和职业知识。中间是决策领域，包括了沟通—分析—综合—评估—执行五个阶段。最上层的是执行领域，也称为元认知，元认知是一个人所具有的关于自己思维活动和学习活动的知识及其实施的控制，是任何调节认知过程的认知活动，即是任何以认知过程与结果为对象的知识，包括自我言语、自我觉察、控制与监督。

CASVE 循环是在认知信息加工理论中提出的一种生涯决策模型。该模型认为个体的决策过程是一个由 C(Communication，沟通)、A(Analysis，分析)、S(Synthesis，综合)、V(Valuing，评估)和 E(Execution，执行)五个要素构成的往返循环过程。这一循环如图 6-2 所示。

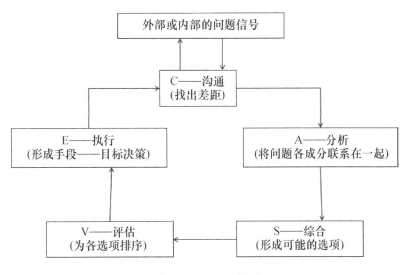

图6-2 CASVE循环

一、沟通

在这一阶段，决策者收到了理想与现实之间存在差距的信息。这些信息包括内部和外部的信息沟通。

内部的信息沟通，是指个体自身的身心状态。比如在毕业找工作的时候，你可能在情绪上会感受到焦虑、抑郁、受挫等，在躯体上会有疲倦、头疼、消化不良等反应，这些情绪和身体状态都是一些提醒你需要进行内部交流沟通的信号。

外部的信息沟通，是指外界的一些对你产生影响的信息。比如宿舍同学开始准备简历就是给你提供了一种外部信息，你也需要开始准备找工作了；又如在求职过程中父母、老师、朋友给你提供的各种建议。

通过内部和外部沟通，你意识到"我需要作出一个选择"，这样的交流对开始生涯选择十分重要。沟通阶段需要回答的最基本的问题是：此刻我正在思考并感觉到的自己的职业选择是什么。

二、分析

在这一阶段，决策者需要花时间去思考、观察、研究，对兴趣、能力、价值观和人格等自我知识以及各种环境知识进行分析，从而更好地理解现存状态和理想状态之间的差距，了解自己有效地作出反应的能力。在分析阶段需要对以下两方面的知识进行了解。

(一)自我知识

自我知识包含了以下一些内容。

1. 兴趣

我喜欢做什么？做什么事情的时候我最能够投入？做什么事情能让我得到享受？

2. 能力

我擅长做什么？什么事情是我能做得比别人好的？我都掌握了哪些专业知识？

3. 价值观

我看重什么？我这辈子希望达到的目标是什么？我希望工作可以带给我什么？

4. 人格

我是内向的还是外向的？我关注宏观抽象的事物还是具体细节？我倾向理性思考还是感性体验？我习惯于有条不紊还是随机应变？

(二)环境知识

每一个选择处于什么样的环境？会带来什么样的生活？需要付出什么努力？比如：对于考研来说，需要付出什么努力？花多长的时间准备？读研之后的生活是什么样的？研究生毕业之后的求职情况如何？而对于找工作也需要了解每一份职业相关的信息。

分析阶段是了解"我和我的各种选择"的阶段。这一阶段还需要把各种因素和相关知识联系起来。比如：把自我知识和职业选择联系起来，把家庭和个人生活的需要融入职业选择中。

三、综合

在这个阶段，决策者将综合和加工前一个阶段提供的信息，从而制定出消除差距和解决问题的行动方案。这是一个"扩大并缩小我的选择范围"的阶段。根据分析阶段所得出的信息，先把选择范围扩展开来，然后再逐步缩小，最终确定3~5个最可能的选项。

通过分析阶段，我们对自我的各方面都有了很多了解，每一个方面都分别对应着很多职业，把这些职业都列出来，就会得到一个范围很广的选择列表；然后选取其中的交集，就得出了缩小的职业选择范围；然后，把最可能从事的职业限定到三至五个。最后，可以问自己"假如我有这三至五个选择，是否可以解决问题，消除现实和理想状态的差距？"如果可以，就进入评估阶段选出最适合的选择；如果还是不能解决问题，就需要重新回到分析阶段了解更多信息。

这个阶段的基本问题是："为了解决问题，我可以做些什么。"

四、评估

在这一阶段，决策者可以对综合阶段得出的三至五个职业进行具体的评价，评估获得该职业的可能性，以及这个选择对自身及他人的影响，从而进行排序。

1. 评估每一种选择对生涯决策者和他人的影响

例如，如果选择了某一职业，会给自己、父母、伴侣等人带来什么影响？每一种选择都要从对自己和对他人的代价和益处两方面进行评价，并综合物质上和精神上的因素。

2. 对综合阶段得出的选项进行排序

能够最好地消除差距和解决问题的选项排在第一位，次之排在第二位，依次类推。此时，决策者会选出一个最佳选项，并作出承诺去实施这一选择。

这是一个"选择一个职业、工作或大学专业"的阶段。

五、执行

在这一阶段，决策者要制订一项计划，来实施某一选择。前面的步骤只是确定了最适合的职业，还不能带来职业选择的成功，需要在执行阶段将所有想法付诸实践。比如：开始具体的求职过程、参加考研培训班、参加志愿工作等实践活动。这一阶段也为再一次回到沟通阶段提供线索，以确定沟通阶段所存在的职业问题是否得到了很好的解决。如果没有解决，可以再次回到沟通阶段，重新开始一次CASVE循环，直到职业生涯问题被解决为止。

这是一个"落实我的选择"，把思想转换为行动的阶段。很多人都觉得在执行阶段制订行动计划是令人兴奋的和有价值的，因为他们终于可以开始采取积极行动去解决问题了。

CASVE循环是一个不断重复的过程，在执行阶段之后，生涯决策者又回到沟通阶段，以确定已经选取的选择是不是最好的，是否能最有效地消除理想与现实间的差距。

【职业案例】

雪冰的CASVE决策

C(沟通)：上大学以后，雪冰就不断听到媒体和高年级同学说就业形势如何严峻、工作如何难找。开始的时候，雪冰以为只要好好学习就行了，找工作是大四时才考虑的事情。后来，一位关系很好的学姐告诫她：找工作的事要及早考虑、及时准备。看到身边的同学都纷纷开始打听考研的消息，她才意识到自己需要了解更多这方面的信息。

A(分析)：雪冰开始觉得这只是找工作的问题，但经过与同学和学姐的交流，以及听了几次有关职业规划的讲座之后，她发现原来职业生涯规划不只是找工作那么简单，而是要考虑个人长远的全面发展。从讲座中，她了解到职业生涯规划需要建立在对自己和工作世界的清晰认识上。她意识到她对自己的认识还不太全面、清晰，至于对工作世界就更缺乏了解了，而且她也不知道该怎样去进行探索。她认识到，在进行职业生涯规划前，自己需要先掌握一些职业生涯规划的方法。

S(综合)：雪冰首先想到的是请教自己的父母、老师，还有高年级的同学。她也想到可以上网去了解相关信息。她知道学校有个就业指导中心，她想那里有不少的信息。她还想到书店去看看，或许能找到一些相关的书籍。

V(评估)：雪冰请教了自己的父母、老师，还有高年级的同学，他们都给了雪冰一些经验和建议。但雪冰感到他们并没有什么系统有效的方法，毕竟他们也都是凭着自己的个人经验来找工作的。网上倒是有不少这方面的信息，但给人的感觉大多比较零散，缺乏系统性和操作性。雪冰在书店里寻找了一下，发现这方面的书大部分是讲怎么写简历和面试技巧，要不就是一些干巴巴的理论，对自己没有什么帮助。

雪冰想知道，是不是有什么科学、系统又实用的方法可以指导个人进行职业生涯规划。她想到去学校的就业指导中心询问，那里的老师说他们下学期要开一门新的课程，叫作"大学生职业生涯规划"，就是专门针对有像她这样需求的大学生的。老师还给她推荐了几本比较好的职业生涯规划类的书籍。

E(执行)：雪冰真是太高兴了，她在网上选课的第一天就报了名。经过大半个学期的学习，雪冰感到自己掌握了很多进行职业生涯探索和规划的具体方法。更重要的是，她对自己的了解大大增加了，她越来越明确自己需要的是什么，也更有信心实现自己的目标。她很高兴自己选择了"大学生职业生涯规划"这门课程，于是向周围的不少同学推荐了它。

回顾自己选修和学习这门课程的过程，雪冰感到自己已经在运用一种计划型的、有效的模式来进行生涯决策。

第二节 PLACE 职业分析法

PLACE 分析法是一种收集与评估职业信息的职业评估方法。如表 6-1 所示，这个方法要求求职者考虑关于每个职业的五个要素和六个步骤。

一、五个要素

五个要素分别如下。

P：职位(Place)。包括该职位的经常性任务、所需担负的责任、工作层次等。

L：工作地点(Location)。包括地理位置、环境状况、室内或户外、都市或乡村、工作地点的变化、安全性等。

A：晋升(Advancement)。包括工作的升迁路径、升迁速度、工作稳定性、工作保障等。

C：雇用条件(Condition of Employment)。包括薪水、福利、进修机会、工作时间、着装规范、休假情形及特殊雇用规定等。

E：雇用要求(Entry Requirement)。所需的教育程度、专业认证、培训、经验、能力、人格特质、品德修养等。

二、六个步骤

六个步骤分别如下。

步骤一：将正在考虑的职业填写在"职业目标"后面。

步骤二：按PLACE对该职业进行客观描述。

步骤三：用文字表达自己对于该职业PLACE五要素的评价。

步骤四：以0~5进行评分，从"完全没有吸引力"到"有绝对的吸引力"，表示各要素满足个人需要的程度。

步骤五：算出该职业方案的总分，即为该职业对你的总的吸引力有多大。

步骤六：把候选职业得到的分数相比较，就可以看出哪个职业的吸引力更大。

表6-1 职业评价工作单

职业目标：_____

职业特点(客观描述)	评价(主观看法)	评分(完全没有吸引力→绝对有吸引力)
P(职位)：		0　1　2　3　4　5
L(工作地点)：		0　1　2　3　4　5
A(晋升)：		0　1　2　3　4　5
C(雇用条件)：		0　1　2　3　4　5
E(雇用要求)：		0　1　2　3　4　5
总得分		

【职业案例】

PLACE分析：风险评估师

P——职位

经常性任务：识别组织面临的各种风险、评估风险概率和可能带来的负面影响、确定组织承受风险的能力、确定风险消减和控制的优先等级、推荐风险消减对策。

所担负责任：承担风险级别误判的责任(因为本职工作就是风险评估，所以如果低估了风险等级造成损失，风险评估师要承担相应的责任)。

工作层次：进行风险评估主要是依照初审、再审、综审和终审的操作制度。对相关单位进行评估调研之后，回到单位要将调查报告交给上一级或者下一环节进行进一步评估。

L——工作地点

室内工作，但是有时需要外出到评估单位进行勘察调研。一般是有办公室的。主要涉及银行、证券、保险、资产管理公司等领域。职业风险较低(安全性)。

A——晋升

首先需要长期不断地学习，积累经验。由助理风险评估师，到中级风险评估师，再到高级风险评估师,是需要不断学习理论知识,考取资格认证和积累实际经验的。稳定性相对较高,工作保障性较好。

C——雇佣条件

薪水从3000~8000元不等,好的地区或单位可达万元以上月薪,标准在不同地区稍有差异。福利较好,待遇较优。进修机会一般,通常情况下自行考取资格认证,条件较好的单位会安排考取更高职业资格(分为注册助理风险评估师、注册中级风险评估师、注册高级风险评估师)。得到资格认证后可报销学费和考务费。工作时间为八小时工作制。休假情况为双休、节假日和年假。一般资历较老、资格认证较高者优先雇佣。因为评估的对象涉及各个领域中的不同行业,所以要求风险评估师有一定的社会经验和跨度很大的知识领域。

E——雇佣要求

需本科以上学历,取得相关资格认证,通过岗前培训、入职培训以及晋升培训。一般要求2~3年工作经验者优先录用。一般需要对事物进行精准的判断以进行正确的风险评估,综合知识掌握要求较高。品行端正,遵纪守法,遵守职业道德,避免企业潜在道德风险。

第三节 决策平衡单

决策平衡单从"自我—他人""物质—精神"所构成的四个范围内来考虑,分为自我物质方面的得失、他人物质方面的得失、自我精神方面的得失、他人精神方面的得失。决策平衡单可以帮助决策者具体地分析每一个可能的选择方案,判断执行各选项的利弊得失,然后依据其在利弊得失上的加权计分排定各个选项的优先顺序,以执行最优先或偏好的选项。

一、决策平衡单的实施

决策平衡单可按以下步骤实施。

(1) 列出所有备选职业方案。一般列出三到五个潜在的职业选项。

(2) 确定相关的考虑因素,可以根据个人情况加以调整。分别从自我物质方面的得失、他人物质方面的得失、自我精神方面的得失、他人精神方面的得失这四个方面进行思考,列出所有相关的考虑因素。

(3) 各项考虑因素的加权计分。不同的人所处的情境不同,考虑的因素及其重要程度也不相同。因此,在详细列出各项考虑因素之后,须再进行加权计分。权数一般设置1~5倍,权数越大说明你越重视该要素。

(4) 计算各个职业选项的得分。决策者逐一计算各个职业选项在"得"(正分)与"失"(负分)的得分,计分范围为1~10。然后进行加权计分,将每一项的得分和失分乘以权数,得到加权后的得分或失分。分别计算出总和,最后加权后的得分总和减去加权后的失分总和得出"得失差数"。

(5) 依据各职业选项的得失差数的高低，排定优先次序。职业选项的优先次序即可作为决策者职业生涯决策的依据。

职业决策平衡单样表如表 6-2 所示。

表 6-2 职业决策平衡单样表

考虑因素 \ 选择项目 \ 加权分数		重要性的权数(1～5倍)	职业选择1		职业选择2		职业选择3	
			得	失	得	失	得	失
自我物质方面的得失	1.收入							
	2.工作的难易程度							
	3.升迁的机会							
	4.工作环境的安全							
	5.休闲时间							
	6.生活变化							
	7.对健康的影响							
	8.就业机会							
	其他							
他人物质方面的得失	1.家庭经济							
	2.家庭地位							
	3.与家人相处的时间							
	其他							
自我精神方面的得失	1.生活方式的改变							
	2.成就感							
	3.自我实现的程度							
	4.兴趣的满足							
	5.挑战性							
	6.社会声望的提高							
	其他							
他人精神方面的得失	1.父母							
	2.师长							
	3.配偶							
	其他							
加权后合计								
加权后得失差数								

分析：

【职业案例】

思琪的职业决策平衡单

基本情况：思琪，女，广州某大学的数学专业三年级学生，性格外向，开朗活泼，喜欢与人交往，口头表达能力很强，是学院学生会干部，组织能力强。还有一年就要毕业了，她考虑自己的职业有三个发展方向：中学数学教师、市场销售总监、考取金融工程专业硕士研究生。以下是她的具体想法。

1. 中学数学教师

思琪认为这个职业是她的本专业，存在着最大的专业优势，工作也比较稳定，但生活过于平淡，而且中学教师压力大的同时，收入还不高。

2. 市场销售总监

思琪希望用10年的时间能实现这个目标，认为这个职业符合自己的性格、兴趣的需要，同时她也有利用暑期和课余时间兼职做过一些销售的经历，她认为可以利用自己的专业来帮助自己更好地辅助销售工作。

3. 考取金融工程专业硕士研究生

思琪的父母都是高校的老师，他们希望思琪能够再继续深造，以后到大学任金融专业教师。但思琪认为虽然高校教师工作稳定，收入也高，但她不喜欢金融专业的教学工作，且考研也有一定的困难。

表6-3是思琪利用职业决策平衡单作出的职业决策的结果。

表6-3 思琪的职业决策平衡单

考虑因素	选择项目 加权分数	重要性的权数(1~5倍)	中学教师 得(+)	中学教师 失(-)	销售总监 得(+)	销售总监 失(-)	考研 得(+)	考研 失(-)
自我物质方面的得失	1.符合自己的理想生活方式	5		3	9			5
	2.适合自己的处境	4	8		9		7	
	3.有较高的社会地位	3	5			3	9	
	4.工作比较稳定	5	9			9	9	
他人物持方面的得失	1.优厚的经济报酬	4	5		8		9	
	2.足够的社会资源	5	8		7		9	

续表

选择项目 / 考虑因素		重要性的权数(1~5倍)	中学教师		销售总监		考研	
			得(+)	失(-)	得(+)	失(-)	得(+)	失(-)
自我精神方面的得失	1.适合自己的能力	4	8		9		7	
	2.适合自己的兴趣	5	5		9			8
	3.适合自己的价值观	5	6		8		5	
	4.适合自己的个性	4	7		9		6	
	5.未来发展空间	5		3	8		9	
	6.就业机会	4	3		8		9	
他人精神方面的得失	1.符合家人的期望	2	6		5		9	
	2.与家人相处的时间	3	7		4		9	
加权后合计			312	30	399	54	384	65
加权后得失差数			282		345		319	

思琪通过职业决策平衡单的决策之后,她的决策方案的得分分别是:市场销售总监>教研(高校金融专业教师)>中学数学教师。综合平衡之后,市场销售总监较为符合思琪的职业生涯目标。在进行职业选择时,思琪最为看重的职业影响因素是:是否符合自己的兴趣、职业价值观、职业是否有发展空间、是否符合自己的理想生活方式等几个方面。

二、决策平衡单的注意事项

(一)反思你的决策平衡单

当你使用决策平衡单对职业选项排出优先次序后,你对自己的选择更清晰了吗?通过以下几个问题,可以帮助你更加坚定自己的决定。

(1) 这个结果是不是明晰了我原先模糊的选择?

(2) 还有什么因素我没有考虑,但是从结果里面我想到了吗?

(3) 这些因素的重要程度需要重新考虑吗?

你可以仔细思考,或者再调整自己的决策平衡单,直到你对以上三个问题已经没有疑问。

(二)消除内心的疑虑

面对最后的得分,你可能心里还会存在一些疑虑,那么,你需要消除内心的疑虑。

(1) 如果你的几个选项得分相近,说明无论选择哪个你都不会太失误和后悔。你可以更加细化考虑的因素，或者着重考虑哪个更能满足你最看重的因素。

(2) 也许在做平衡单时，你心里已经有了偏向，所以在列因素和打分的时候比较主观，倾向于某个选项，这说明其实你心里已经有了结果，不太需要做平衡单。如果你想再考察，可以邀请别人来帮你列因素，防止主观性。

(3) 有时候得出平衡单结果后，你仍然会选得分低的选项。这种可能性的确存在，可能原因是你没有把起关键作用的因素列出来，你要重新思考你的因素。

(4) 决策平衡单只是一种帮助你决策的工具，在你做最后的职业选择时比较有效。但是如果你不能明确自己的备选职业，则需要重新回到前面的环节，更多地了解自己，并明确你的职业目标。

【拓展阅读】

工作价值分析

谈起价值，不同的人联想到的都不一样，如家庭价值、国家价值、心灵价值等。这里仅从工作的角度分析工作报酬的价值，它是你可能从工作中获得的很多价值中的一种。在一般职业工作者身上可以看到最显著的报酬项目有以下13项。

(1) 智慧挑战。这份工作能持续提供智慧的挑战。

(2) 财务收入。这份工作提供获取丰厚收入的机会。

(3) 保障。这份工作提供可预期的薪酬、利润，以及长期聘用等保障。

(4) 权力和影响力。这份工作提供施展权力和影响力的机会，如成为有影响力的决策者。

(5) 关系。这份工作提供一个有归属感、同事之间相处融洽的环境。

(6) 肯定。在组织中，个人成就会受到同僚或上司的肯定或奖励。

(7) 管理他人。这份工作提供管理、指导别人的机会。

(8) 定位。这份工作提供有利于下一步职业发展的工作经验和人际网络。

(9) 生活形态。这份工作允许个人有充裕时间，追求生活中如家庭、休闲活动等其他事物。

(10) 威望。这份工作能提供在组织所属领域中拥有高度权威性的机会。

(11) 利他主义。这份工作提供定期协助他人解决个人或企业问题的机会和满足感。

(12) 自主性。这份工作具有相当程度的独立自主。

(13) 变化。这份工作提供非常丰富的变化。

你可以结合自己的情况，将这13项工作报酬按照重要性的高低，依次写在空白卡片上。当你考虑某个工作机会时，把最看重的三至四项报酬价值纳入考虑之中。这些信息很重要，因为如果你不能从那份工作中充分满足这些报酬价值，那么你就难以在这个工作岗位上坚持下去。此外，弄清楚自己追求哪些工作价值，也能让思考更具效率。当特定的工作机会出现时，评估它们能提供的工作报酬，然后把它和你希望的报酬作对比，并仔细思考，如果两者之间有落差，你是否还能接受。

第四节　择业动机分析

美国心理学家维克托·弗鲁姆(Victor H. Vroom)于1964年提出了期望理论，这一理论被用于解释个人的职业选择行为，由此而形成了择业动机理论。这一理论可以用基本公式表示为

择业动机=职业效价×职业概率

其中，择业动机是指择业者对某项职业选择的意向大小。

职业效价是指择业者对某项具体职业要素如兴趣、劳动条件、报酬、职业声望等的评估。职业效价受个人价值取向、主观态度、优势需要及个性特征的影响，有人认为有价值的事物，另外的人可能认为全无价值。例如一个希望通过努力工作得到升迁机会的人，在他心中，升迁的效价就很高；如果他对升迁漠不关心，毫无要求，那么升迁对他来说效价就等于零；如果这个人对升迁不仅毫无要求，而且害怕升迁，那么，升迁对他来说，效价就是负值。

职业概率是指择业者获得某项职业可能性的大小。有人把它形容为摘苹果。只有跳起来能摘到苹果时，人才最用力去摘。倘若跳起来也摘不到，人就不跳了。如果坐着能摘到，无须去跳，便不会使人努力去做。择业者在选择职业时，一个重要的评估内容就是自己能否获得该项职业。

这一公式说明，择业者之所以对某项职业具有强烈的意向，是因为他把该职业的价值看得很大，估计能实现的概率也很高。

【职业案例】

思琪的择业动机评估

思琪通过职业决策平衡单，对自己的三个职业发展方向，即中学数学教师、市场销售总监、考取金融工程专业硕士研究生进行了分析。然而，正如她所担心的，这三种职业的获取难度各不相同。因此，她决定采用择业动机理论的基本公式，结合每项职业获得可能性的大小，进一步判断自己应该选择哪一项职业。她的分析如表6-4所示。

表6-4　思琪的择业动机评估表

	中学数学教师	市场销售总监	考取金融工程专业硕士研究生
职业效价	282	345	319
职业概率	0.7	0.4	0.5
择业动机	197.4	138	158.5

通过表6-4的分析发现，虽然市场销售总监这一职业的效价更高，但就获取难度而言，也是所有备选方案里最难的。而中学数学教师的获取难度相对更为容易。所以，思琪最终选择了做中学数学教师。

第五节 层次分析法

层次分析法(Analytic Hierarchy Process，AHP)是美国运筹学家托马斯·塞蒂(T.L.Saaty)于20世纪70年代初提出的一种定性和定量相结合的、系统化、层次化的决策分析方法。该方法将与决策有关的元素分解成目标、标准、方案等层次，通过定性指标模糊量化方法算出层次单排序(权数)和总排序，得出权重最大者即为最优方案。

层次分析法的优点是允许决策者将问题分解为一个层次结构，以显示目标和标准、次级标准和候选方案之间的关系；通过两两比较，使得候选标准的相对重要性得以清晰可见，并取得一致意见，因此，为最终提出的职业选择方案的接受铺平了道路。层次分析法是一种简单实用的决策方法，但这种方法在指标过多时统计量比较大，计算较为复杂，权重难以确定。

层次分析法的基本步骤是：建立层次结构分析模型，构造判断矩阵，计算优先权，选择候选方案并检查其一致性。下面通过一个实际例子来介绍层次分析法的基本原理和步骤。

浩鹏是广州某大学大四市场营销专业的学生，临近毕业，他正在为自己的职业生涯从何开始而感到发愁。浩鹏首先想到的是考公务员，因为他的父母一直希望他能够考上公务员，并且公务员的工作稳定性、社会地位、福利待遇等都确实很不错。其次，浩鹏自己对创业也很有一些想法，而且在大学期间也参加过几次创业大赛，并且取得了不错的成绩，在国家鼓励大学生创业的大背景下，创业也是一个很不错的选择。再次，浩鹏身边有不少同学都在考研，浩鹏本身的成绩也不错，还拿过两次学校的奖学金，考研的成功率还是挺高的，而且更高的学历显然会在未来职场更有竞争优势。不论是考公务员、创业还是考研，浩鹏知道他必须要做一个决定了，因为离毕业只剩半年的时间了。

一、建立层次结构分析模型

在深入分析所面临的问题以后，首先应将问题所包含的因素划分为下面的层次，如目标层、标准层、次级标准层、方案层、措施层等，然后用框架图的形式说明层次的递阶结构与因素的从属关系。当某个层次包含的因素较多时，可以将该层次进一步划分为若干个层次。

浩鹏在深入分析了自己的性格、职业兴趣、能力以及未来的目标之后，认为物质收入、兴趣的满足和社会影响力这三个因素对自己来说最为重要。这三个因素将影响到自己的整个职业生涯规划。因此，整个层次结构分析模型可以分成以下三层。

最高层(目标层)——选择最适合自己的职业生涯道路。

中间层(判断标准)——物质收入、兴趣的满足和社会影响力。

最低层(考虑的三种方案)——考公务员、创业和考研,选择最优方案。

这样,层次结构分析模型可用图 6-3 表示。

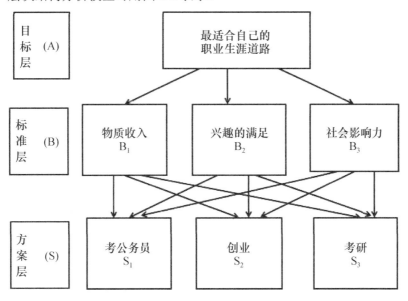

图 6-3 层次结构分析模型

二、构造判断矩阵

判断矩阵是层次分析法的计算基础,判断矩阵元素的值反映了人们对各因素相对重要性的认识,也直接影响决策的效果。判断矩阵的元素一般采用 1~9 及其倒数的标度方法进行量化,具体含义及相应数字对应如表 6-5 所示。

表 6-5 判断矩阵的标度及含义

标 度	含 义
1	表示两个因素相比,具有同样重要性
3	表示两个因素相比,一个比另一个稍微重要
5	表示两个因素相比,一个比另一个明显重要
7	表示两个因素相比,一个比另一个强烈重要
9	表示两个因素相比,一个比另一个极端重要
2,4,6,8	表示上述两相邻判断的中值
倒数	若因素 i 与 j 比较得判断 B_{ij},则因素 j 与 i 比较的判断为 $B_{ji}=1/B_{ij}$

浩鹏在经过反复的纠结与对比之后,终于构造出了数值判断矩阵。

(一)标准层判断矩阵

虽然物质收入、兴趣的满足和社会影响力对于浩鹏来说都很重要,但是经过两两对比之后,浩鹏发现这三者对自己的重要程度还是有差异的。各标准之间的相对重要性比较(判断矩阵 A—B)如表 6-6 所示。

表 6-6 判断矩阵 A—B

	B1	B2	B3
B1	1	1/3	1/5
B2	3	1	1/3
B3	5	3	1

矩阵中的数值为两个标准相对于总目标重要性比较的数值判断。例如第二行第一列元素 B21=3,表示相对于选择最适合自己的职业生涯道路来说,兴趣的满足(B2)同物质收入(B1)相比,前者比后者稍微重要,因此标度为数字 3。第三行第一列 B31=5,表示社会影响力(B3)同物质收入(B1)相比,前者比后者明显重要,因此标度为数字 5。而第一行第二列元素 B12=1/3 则正好是 B21 的倒数,表示物质收入(B1)与兴趣的满足(B2)的比较。其余类推。

(二)方案层判断矩阵

(1) 相对于物质收入(B1)这一标准,各方案之间的重要性比较(判断矩阵 B1—S)如表 6-7 所示。

表 6-7 判断矩阵 B1—S

	S1	S2	S3
S1	1	1/3	3
S2	3	1	5
S3	1/3	1/5	1

矩阵中的数值为两个方案相对于物质收入(B1)这一标准,重要性比较的数值判断。例如第二行第一列元素 S21=3,表示相对于物质收入来说,创业(S2)同考公务员(S1)相比,前者比后者稍微重要,因此标度为数字 3。而第一行第二列元素 S12=1/3 则正好是 S21 的倒数,表示创业(S1)与考公务员(S2)的比较。其余类推。

(2) 相对于兴趣的满足(B2)这一标准,各方案之间的重要性比较(判断矩阵 B2—S)如表 6-8 所示。

表6-8 判断矩阵 B2—S

	S1	S2	S3
S1	1	1/5	1/5
S2	5	1	1
S3	5	1	1

(3) 相对于社会影响力(B3)这一标准，各方案之间的重要性比较（判断矩阵 B3—S）如表6-9所示。

表6-9 判断矩阵 B3—S

	S1	S2	S3
S1	1	4	7
S2	1/4	1	3
S3	1/7	1/3	1

三、计算优先权

构建出判断矩阵后，就可以计算标准、候选方案和总体的优先权重了。此时，可以按照下面的步骤来计算各自的优先权。

(1) 对每一列数据求和。
(2) 将表中每个元素的值除以它所属列的和，得到一个新的数值。
(3) 沿着每一行将新元素相加并除以列数，也即对新的数值取平均数。
(4) 每一行得到的平均数即为相对标准的有关优先级(权重)。

(一)评估标准的相对重要性和优先权

首先，计算评估标准的优先权。根据浩鹏的标准层判断矩阵，可得到如表6-10所示的优先次序。

表6-10 判断矩阵 A—B 的优先次序的计算

	B1	B1'(比重)	B2	B2'(比重)	B3	B3'(比重)	优先权(算术平均数)
B1	1	1/9=0.11	1/3	0.33/4.33=0.08	1/5	0.2/1.53=0.13	(0.11+0.08+0.13)/3=0.11
B2	3	3/9=0.33	1	1/4.33=0.23	1/3	0.33/1.53=0.22	(0.33+0.23+0.22)/3=0.26
B3	5	5/9=0.56	3	3/4.33=0.69	1	1/1.53=0.65	(0.56+0.69+0.65)/3=0.63
∑(加和)	9	1	4.33	1	1.53	1	1

因而标准的相对重要性(权重)如下。

物质收入(B1)=11%，兴趣的满足(B2)=26%，社会影响力(B3)=63%

这表明，对于浩鹏来说，影响他的职业生涯道路的首要因素是社会影响力，其次是兴趣的满足，再次是物质收入。可以看到，通过上述步骤，浩鹏已经得到了一系列标准的权重。

(二)评估候选方案的优先权

重复上述的操作过程，可以计算出候选方案的优先权重，分别如表 6-11～表 6-13 所示。

表 6-11　判断矩阵 B1—S 的优先次序的计算

	S1	S2	S3	权重
S1	1	1/3	3	0.26
S2	3	1	5	0.63
S3	1/3	1/5	1	0.11

这表明，相对于物质收入(B1)这一标准，浩鹏的三个候选方案，最优是创业(S2)，其次是考公务员(S1)，最差是考研(S3)。

表 6-12　判断矩阵 B2—S 的优先次序的计算

	S1	S2	S3	权重
S1	1	1/5	1/5	0.09
S2	5	1	1	0.45
S3	5	1	1	0.45

这表明，相对于兴趣的满足(B2)这一标准，浩鹏的三个候选方案，创业(S2)和考研(S3)的优先次序是一样的，都优于考公务员(S1)。

表 6-13　判断矩阵 B3—S 的优先次序的计算

	S1	S2	S3	权重
S1	1	4	7	0.71
S2	1/4	1	3	0.21
S3	1/7	1/3	1	0.06

这表明，相对于社会影响力(B3)这一标准，浩鹏的三个候选方案，最优的是考公务员(S1)，其次是创业(S2)，最差是考研(S3)。

(三)评估所有方案的优先权

综合评估标准的权重和所有候选方案的优先权,可以计算出所有方案的综合优先权,如表6-14所示。

表6-14 综合优先权表

评估标准 候选方案	物质收入(B1) 0.11	兴趣的满足(B2) 0.26	社会影响力(B3) 0.63	所有方案的综合优先权
考公务员(S1)	0.26	0.09	0.71	0.50
创业(S2)	0.63	0.45	0.21	0.32
考研(S3)	0.11	0.45	0.06	0.18

候选方案的整体优先权等于每一种方案的优先权与每一标准的权重的乘积之和。例如考公务员的整体优先权等于:0.26×0.11+0.09×0.26+0.71×0.63=0.5。

同样对另两种方案的优先权进行计算,可以得出创业的整体优先权为32%,考研的整体优先权为18%。

四、选择候选方案并检查其一致性

按照既定的标准和上面计算的优先权以及个人估计,浩鹏职业生涯的首选是考公务员,然后是创业,最后才是考研。

然而,在确定决策之前,还需要检查估计的一致性(表6-10~表6-13)。这是因为在许多时候,个人的估计会出现一定程度的不一致性。因此,在计算出优先权后,还需要确定是否发生了不一致性,因为不一致性会导致结果的可靠性降低。

通过每一个评估表中计算出的非一致性指数(CI)来评估一致性水平。一致性指标 $CI = \dfrac{\lambda_{\max} - n}{n-1}$。其中 $\lambda_{\max}$ 是比较矩阵的最大特征值,n 是比较矩阵的阶数。CI的值越小,判断矩阵越接近于完全一致;反之,判断矩阵偏离完全一致的程度越大。为了确定不一致程度的允许范围,可以用一致性比率CR来进行判断。当CR=CI/RI<0.1时认为其不一致性可以被接受,不会影响排序的定性结果。而RI的值如表6-15所示。

表6-15 一致性指标RI的数值

n	1	2	3	4	5	6	7	8	9	10	11
RI	0	0	0.58	0.90	1.12	1.24	1.32	1.41	1.45	1.49	1.51

注:任意一、二阶判断矩阵是完全一致的。

如果A为判断矩阵,对应于判断矩阵最大特征值 $\lambda_{\max}$ 的特征向量,经归一化(使向量中各元素之和等于1)后记为W。在此基础上，可以计算出表6-10的一致性指标。

$$A = \begin{Bmatrix} 1 & 1/3 & 1/5 \\ 3 & 1 & 1/3 \\ 5 & 3 & 1 \end{Bmatrix} \xrightarrow{列向量归一化} \begin{Bmatrix} 0.11 & 0.08 & 0.13 \\ 0.33 & 0.23 & 0.22 \\ 0.56 & 0.69 & 0.65 \end{Bmatrix} \xrightarrow{按行求和} \begin{Bmatrix} 0.32 \\ 0.78 \\ 1.90 \end{Bmatrix} \xrightarrow{归一化} \begin{Bmatrix} 0.11 \\ 0.26 \\ 0.63 \end{Bmatrix} = W^{(0)}$$

$$AW^{(0)} = \begin{Bmatrix} 1 & 1/3 & 1/5 \\ 3 & 1 & 1/6 \\ 5 & 3 & 1 \end{Bmatrix} \begin{Bmatrix} 0.11 \\ 0.20 \\ 0.63 \end{Bmatrix} = \begin{Bmatrix} 0.32 \\ 0.80 \\ 1.96 \end{Bmatrix}$$

$$\lambda_{max}^{(0)} = \frac{1}{3}\left(\frac{0.32}{0.11} + \frac{0.80}{0.26} + \frac{1.96}{0.63}\right) = 3.03$$

所以，对于表6-10，其一致性指标：

$$CI = \frac{\lambda_{max} - n}{n - 1} = \frac{3.03 - 3}{3 - 1} = 0.015$$

$$CR = \frac{CI}{RI} = \frac{0.015}{0.58} = 0.0259 < 0.1$$

通过一致性检验。

同理，对于表6-11、表6-12以及表6-13，利用上述原理进行检验，均通过一致性检验。这表明浩鹏的职业生涯的首选方案是考公务员，然后是创业，最后才是考研，真实地反映了浩鹏的内心想法。

层次分析法的原理比较简单，然而在分析的过程中，需要耐心和细致的计算与思考。而在计算与分析的过程中，已经足够让你认清自己内心的真实想法。

【案例应用】

哈佛校长：受教育不是为一毕业就找到工作

2016年达沃斯世界经济论坛期间，哈佛大学校长德鲁·吉尔平·福斯特在接受媒体记者采访时表示，"教育的目的，并不是要训练学生为了某种单一工作而努力，或者一毕业就找到工作。"教育的目的，"是要发展学生的批判性思维、创意以及自省能力。而这种思维和能力，在各种经济、社会和环境的变迁中都将持续"。

福斯特曾在一次哈佛大学的毕业典礼演说中提及，很多人反复问她，"为什么哈佛毕业生中很多人去了华尔街？为什么有那么多人进入金融、咨询行业和投资银行？"福斯特并没有直接回答这个问题，而是指出，这些问题的背后，其实是在追问生活的意义。她告诉毕业生说："你们之所以担心，是因为你们不想让自己的人生，仅是获得一般意义上的成功。你们还希望自己的生活要有意义，但你们不知道如何协调这两者。"福斯特继续说道："你们既想活得有意义，又想活得成功；你们清楚，你们所受的教育，不应仅仅是为了让你们感到舒适和满足，更是为了替你们身边的世界创造价值。而现在，你们必须想出一个方法，去实现这一目标。"

福斯特指出，社会对于诠释、判断和鉴别的能力始终存在需求，而这种能力可以在人文学科中得到培养和完善，"我们必须挑战自我，以确保我们的毕业生准备好了去'观察、比较、思考和判断'"。"而且，这些能力是可以触类旁通的。不论学生毕业后选择在哪个领域奋斗，它们都将带给学生回馈丰硕的生活和职业生涯。"福斯特说。

当你在选择自己的职业时，其实也是在追问生活的意义。因此，当你使用本书介绍的几种职业决策方法作出职业选择时，你可能也需要问自己一个问题：这几个职业就是我人生中最想要从事的几个职业吗？

本 章 小 结

俗话说：男怕入错行，女怕嫁错郎。事实上，不论男女，职业决策都是人生必经的门槛，是人们从学生迈向职场，取得成功所必须面对的人生关键的一步。

通过前面章节的分析，相信读者已经掌握了大量"自我"和"职业"的信息。因此，掌握如何制定决策的知识和技能，将会帮助你有效利用这些信息作出有效的职业决策。

本章介绍了 CASVE 循环决策、PLACE 职业分析法、决策平衡单、择业动机理论、层次分析法等五种简单常用的决策分析工具，帮助读者认清自己的内心，作出"正确"的决策。

第七章　个人职业生涯规划

【引导案例】

> ### 永远的坐票
>
> 有一个人经常出差,经常买不到对号入座的车票。可是无论长途短途,无论车上多挤,他总能找到座位。
>
> 他的办法其实很简单,就是耐心地一节车厢一节车厢找过去。这个办法听上去似乎并不高明,但却很管用。每次,他都做好了从第一节车厢走到最后一节车厢的准备,可是每次他都用不着走到最后就会发现空位。他说,这是因为像他这样锲而不舍找座位的乘客实在不多。经常是在他落座的车厢里尚余若干座位,而在其他车厢的过道和车厢接头处,居然人满为患。
>
> 他说,大多数乘客轻易就被一两节车厢拥挤的表面现象迷惑了,不大细想在数十次停靠之中,从火车十几个车门上上下下的流动中蕴藏着不少提供座位的机遇;即使想到了,他们也没有那一份寻找的耐心。眼前一方小小立足之地很容易让大多数人满足,为了一两个座位背负着行囊挤来挤去有些人也觉得不值。他们还担心万一找不到座位,回头连个好好站着的地方也没有了。与生活中一些安于现状、不思进取、害怕失败的人,永远只能滞留在没有成功的起点上一样,这些不愿主动找座位的乘客大多只能在上车时最初的落脚之处一直站到下车。

自信、执着、富有远见、勤于实践,会让你握有一张人生之旅永远的坐票。然而,这张坐票却并不是人人都愿意拿在手上。一些人是因为缺乏目标,并不是每个人都有强烈的动机想要找到一个座位。一些人是因为缺乏行动,毕竟一眼望过去,人们看到的是人满为患的车厢,打消了很多人的行动计划。一些人是因为背负了太多的行囊,总是有太多的顾虑,而无法展开行动。一些人是因为害怕失去,现在有一个小小的立足之地并不容易,万一找不到座位,回头连个好好站着的地方也没有了。

有太多的理由,让"一些人"留在原地,不能前行。正如我们在职业生涯规划中所碰到的情形:许多人已经做了很多的测试,从内到外反复分析了自己的所有优、缺点,所有优、劣势,制定了大大小小的目标,却总是裹足不前,停在原地。而时间一直在流逝,机会也将变得越来越少。

因此,当你按照本书的介绍,完成了前面章节的测试与分析,为自己选定了目标与职业道路之后,只需要完成最后一个步骤:制订行动计划,并展开行动。

第一节 滚动计划法

滚动计划法是按照"近细远粗"的原则，结合长、中、短期计划的一种计划方法。在制订长期计划时，计划订得较粗、较概略，而短期计划则订得较细、较具体。在一个计划期终了时，根据上期计划执行的结果和新的条件，对原订计划进行必要的调整和修订，并将计划期顺序向前推进一期，如此不断滚动、不断延伸。如图 7-1 所示为五年期的滚动计划法。

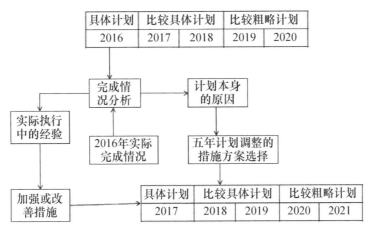

图 7-1 五年期的滚动计划法

滚动计划法可以结合职业生涯目标的设定，将人生目标分解为长期目标、中期目标和短期目标，进而根据不同的目标，制订不同的行动计划。滚动计划法，既可用于编制长期计划，也可用于编制年度、季度、月度和周计划。不同计划的滚动期不一样，一般长期计划按年滚动，例如可以制订个人未来 30 年的长期计划、10 年中长期计划、5 年中期计划和 1 年短期计划等。年度计划可以按季度和月滚动，例如 2016 年的年度计划，可以分成 4 个季度计划，然后 1 季度的计划又可以详细分成 1、2、3 月的计划，进行滚动。月度计划可以按周滚动，例如 8 月份的计划，可以分成第 1、2、3、4 周，然后第 1 周内又可以制订每天的详细计划，进行滚动。

【职业案例】

施瓦辛格的人生目标与计划

阿诺德·施瓦辛格，1947 年 7 月 30 日生于奥地利，后移民到美国。多年前，曾有人戏称：当今美国，除了性、毒品、摇滚乐以外，恐怕最流行的就要数"施瓦辛格"了。在许多美国人眼里，他就是强者和力量的化身，是美国人的精神偶像。

施瓦辛格为自己设定了一个极具挑战性的人生目标：成为美国总统。他的名言之一是："我一贯的思维方式，就是要爬上最高的山峰！"

而事实证明，他不仅为自己设定了目标，还根据目标制订了具体的行动计划，并最终让大部分的目标得以实现。

据阿诺德·施瓦辛格自己介绍，他15岁时开始梦想成为世界上最优秀的健美运动员，一个肌肉最发达的男子汉。为此他制订了严格的训练计划：每周训练7天，每天6个小时。据说当时别的选手都不愿与他同时训练，因为他一进健身房，便全心投入、全神贯注，这种超人的意志令旁人感到战栗与敬畏。其他人都只是在尽力而为，每周也就训练2~3天，每天2~3小时，而且还分散精力于谈笑；而施瓦辛格一走进健身房，就全力以赴地专注于各项健身项目的自我训练，保证每一分每一秒都在做最有价值的事情。超人的努力必然会取得超人的成就！20岁那年他荣获了"环球先生"，此后共获得了13个世界级比赛的健美冠军。

在健美界频频夺冠时，施瓦辛格被人邀请去拍几部电影。虽然并不是很成功，但却让施瓦辛格找到了新的目标：成为世界影坛超级巨星。当一个人全力以赴地要把一件事情做完美时，他总能把事情做到比大多数人期望的还要好。1977年，在一部描写"环球先生"比赛场景的纪实性影片《健美之路》中，施瓦辛格首次开始自己真正的动作片表演生涯。随后，他在《饥饿生存》一片中出演主要角色，并荣获了当年的"金球奖"最佳电影新人。1983年，由卡梅隆执导的电影《终结者》，使施瓦辛格终于进入了好莱坞顶级明星的行列！《终结者2》的拍摄，使他成为全球收入最高的电影演员。他所扮演的"魔鬼终结者"也成为好莱坞有史以来创造的最经典、最著名的银幕形象之一。目标清晰的施瓦辛格，再一次向世人证明了，在影视领域，自己同样可以做到最好，只要自己全力以赴！

施瓦辛格说："手头有了钱，最要紧的就是如何保住它，或者利用这笔钱去赚取更多的钱。"为了成为一个成功的商人，施瓦辛格再次给自己制订了详细的行动计划。他去威斯康星大学进修，获得商科学士，对心理学，尤其对拿破仑·希尔创立的"创富心理学"有相当深刻的研究。在影坛成名之前，他就已经通过经营房地产而成了百万富翁。他还是一位成功的酒店老板，他与史泰龙、布鲁斯·威利斯合伙创办的好莱坞星际酒店生意十分火爆。连不动产与名画在内，他的个人财产在20亿美元以上，并且仍在不断增长之中。《福布斯》杂志已将他列为"好莱坞最富有的演员"。

要想成为美国总统，就需要从政，并且获得大量的政治支持。于是，施瓦辛格成了曾经对美国政坛产生过巨大影响的肯尼迪家族的女婿。他的妻子玛丽娅·施莱弗是约翰·肯尼迪总统的外甥女，同时还是位著名的电视记者。2002年7月14日，施瓦辛格在德国首都柏林举行的《终结者3》首映式上透露，他将加入角逐新一届加利福尼亚州州长的行列。在他大张旗鼓地出来竞选后，在支持率上一路领先，最终成功地登上了加州州长的位置。

面对欧美娱乐媒体的采访时，施瓦辛格曾经坦言："我的梦想就是要成为美国总统。"虽然他的终极目标并没有得以实现，但是，毫无疑问他已经无限接近自己的人生目标，并且给自己留下了一个精彩的人生。

施瓦辛格的经历很好地演示了目标设置与滚动计划的结合,从而实现职业生涯的成功。在他很小的时候,就为自己设置了一个远大的目标:成为美国总统。然而这个目标太过远大,因此必须将目标分解,变成更加详细的目标。施瓦辛格找到了成为总统的两个关键因素:有影响力和有钱。

为了获得更大的影响力,他选择了成为健美运动员这条道路。为此,他制订了严格的训练计划,并坚持了五年的严格训练,直到20岁时获得"环球先生",迈出了走向成功的坚实的第一步。而当他的第一阶段目标初步达成时,施瓦辛格又开始对下一阶段的目标做了详细的计划和安排。他开始接拍电影,为进军影视业作准备。同时,他在高中时就开始选修一些商业方面的课程,之后更是去威斯康星大学读书,获得商科学士。正是因为提前做了充分的知识准备,他才能在今后的生涯中,积累更多的财富,同时也为自己结识更多的财团奠定了基础,为自己进军政界提供充分的资金来源。

设置目标对于大多数人而言并不是一件难事,困难的是设置了目标之后如何实现目标。许多人认为"计划赶不上变化",于是设定了目标之后,什么也没做,却总在期待目标有一天可以实现。但是,没有计划,何来变化?只有制订了详细的计划,我们才能有条不紊地开展行动;只有展开行动,才有可能出现新的变化——有利于目标达成的新变化。

【职业案例】

周迅:想想十年后的自己

18岁之前,我是个不知道自己想要什么的人,那时我每天就在浙江艺术学校里跟着同学唱唱歌、跳跳舞。偶尔有导演来找我拍戏,我就会很兴奋地去拍,无论多小的角色。如果没有老师跟我的那次谈话,那么也许直到今天,仍然没有人知道周迅是谁。

那是1993年5月的一天,教我专业课的赵老师突然找我谈话:"周迅,你能告诉我,你对于未来的打算吗?"我愣住了。我不明白老师怎么突然问我如此严肃的问题,更不知道该怎么回答。老师问我:"现在的生活你满意吗?"我摇摇头。老师笑了:"不满意的话证明你还有救。你现在就想想,十年以后你会是什么样?"

老师的话音很轻,但是落在我心里却变得很沉重。我脑海里顿时开始风起云涌。沉默许久,我看着老师的眼睛,忽然就很坚定地说:"我希望十年后的自己成为最好的女演员,同时可以发行一张属于自己的音乐专辑。"

老师问我:"你确定了吗?"

我慢慢地咬紧着嘴唇回答"Yes",而且拉了很长的音。

老师接着说:"好,既然你确定了,我们就把这个目标倒着算回来。十年以后,你28岁,那时你是一个红透半边天的大明星,同时出了一张专辑。"

"那么你27岁的时候,除了接拍各种名导演的戏以外,一定还要有一个完整的音乐作品,可以拿给很多很多的唱片公司听,对不对?"

"25岁的时候,在演艺事业上你就要不断进行学习和思考。另外在音乐方面一定要有很棒的作品开始录音了。"

"23 岁就必须接受各种培训和训练，包括音乐上和肢体上的。"

"20 岁的时候就要开始作曲、作词。在演戏方面就要接拍大一点的角色了。"

老师的话说得很轻松，但是我却感到一阵恐惧。这样推下来，我应该马上着手为自己的理想做准备了，可是我现在却什么都不会，什么都没想过，仍然为小丫环、小舞女之类的角色沾沾自喜。我觉得有一种强大的压力忽然朝自己袭来。

老师平静地笑着说："周迅，你是一棵好苗子，但是你对人生缺少规划，散漫而且混乱。我希望你能在空闲的时候，想想十年以后的自己，到底要过什么样的生活，到底要实现什么样的目标。如果你确定了目标，那么希望你从现在就开始做。"

一年以后，我从艺校毕业了。老师的话从那天开始一直刻在了我的心底：想想十年后的自己。是的，当我意识到这是一个问题的时候，我发现我整个人都觉醒了。

从学校毕业后，我忙于接拍各种各样的影视剧。我始终记得，十年后我要做最成功的明星，所以对角色我开始很认真地筛选。后来我拍了《那时花开》，拍了《大明宫词》，我渐渐被大家接受，也慢慢地尝到了成功的快乐。

2003 年 4 月，恰好是老师和我谈话后的十周年，我不知道这是偶然还是必然，我居然真的拥有了属于自己的第一张专辑——《夏天》。

其实你也和我一样。如果你能及时地问自己一句"十年后我会怎么样"，你会发现，你的人生就会在不知不觉中发生变化。时刻想着十年后的自己，你会朝着自己的梦想越走越近。

(资料来源：根据周迅采访实录编辑整理)

波兰 19 世纪作家显克微支说："每一个人对明天都有所希冀。每一个人对于未来总有个目的和计划。"千里之行，始于足下。当我们为自己的未来制定了远大的目标和理想时，就应该马上制订相应的行动计划，从现在开始，一步步朝着目标前进。前进的道路总是曲折的，因此我们需要不断地修正行动计划，但只要朝着正确的方向前进，我们总能实现自己的所有目标和理想。

【职业案例】

保险销售员的故事

有个同学举手问老师："老师，我的目标是在一年内赚 100 万！请问我应该如何计划我的目标呢？"

老师便问他："你相不相信你能达成？"学生说："我相信！"

老师又问："那你知不知道要通过哪个行业来达成？"学生说："我现在从事保险行业。"

老师接着又问他："你认为保险业能不能帮你达成这个目标？"学生说："只要我努

力，就一定能达成。"

"我们来看看，你要为自己的目标付出多大的努力。根据我们的提成比例，100万的佣金大概要做300万的业绩。一年：300万业绩；一个月：25万业绩；一天：8300元业绩。"老师说。

"每一天8300元业绩，大概要拜访多少客户？"老师接着问学生。"大概要50个人。"学生答道。"那么一天要50个人，一个月要1500个人，一年就需要拜访18 000个客户。"

这时老师又问："请问你现在有没有18 000个A类客户？"学生说没有。

"如果没有，就要靠陌生拜访。你平均一个人要谈上多长时间呢？"学生说："至少20分钟。"

老师说："每个人要谈20分钟，一天要谈50个人，也就是说你每天要花16个多小时在与客户交谈上，还不算路途时间。请问你能不能做到？"

学生说："不能。老师，我懂了，这个目标不是凭空想象的，是需要凭着一个能达成的计划而定的。"

第二节 PDCA 循环与计划修订

PDCA 循环最早由休哈特于 1930 年构想，后来被美国质量管理专家戴明博士在 1950 年再度挖掘出来，并加以广泛宣传和运用于持续改善产品质量的过程，因此又被称为戴明环。在职业生涯规划过程中，我们同样可以使用 PDCA 循环来不断修正、提高自己的职业计划和行动，更快更好地实现自己的生涯目标。PDCA 循环图如图 7-2 所示。

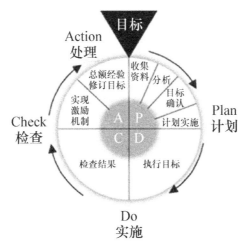

图 7-2 PDCA 循环图

一、PDCA 循环的概念

PDCA 是英语单词 Plan(计划)、Do(实施)、Check(检查)和 Action(处理)的第一个字母，

PDCA循环就是按照这样的顺序进行职业生涯管理，并且循环不止地进行下去的科学程序。

(一)P(Plan)计划

P 计划包括职业生涯目标和职业价值观的确定，以及为实现职业生涯目标而制订的行动计划。

1. 收集资料、分析现状

通过对自身的性格、兴趣、能力的测试，并结合SWOT等分析工具，发现自己在职业生涯规划方面存在的问题。这一步骤强调的是对自身现状的把握和发现问题的意识、能力，发现问题是解决问题的第一步，是分析问题的条件。

2. 分析产生问题的原因

找准问题后分析产生问题的原因至关重要，而且每个人所面临的问题也各不相同，例如有些人是因为不知道自己想要找什么样的工作，有些人是缺乏实现职业目标的能力等。可以通过列表法或者与自己的亲朋好友一起集思广益，把导致问题产生的所有原因统统找出来。

3. 确定目标

明确了自身存在的问题之后，就可以有针对性地设置目标，也就是期望自己在未来一段时间里所要做到的内容和达到的标准。如果在此之前已经设定了相应的职业目标，则可以再次确认目标是否可行，此时可以结合SMART原则为自己制定一个确实可行的目标。

4. 制订计划

针对自己的目标，制定出可以达成目标的行动方案。计划的内容要完成好，需要将行动步骤具体化，逐一制定对策，明确回答出"5W1H"，即：为什么制定该措施(Why)、达到什么目标(What)、在何处执行(Where)、由谁负责完成(Who)、什么时间完成(When)、如何完成(How)。

(二)D(Do)实施

D 实施即按照前一阶段制定的计划、标准，根据已知的内、外部信息，设计出具体的行动方法、方案，为达成职业目标做充分的准备。再根据行动方案和准备情况，进行具体操作，努力实现预期目标的过程。

制订出行动计划之后，就进入了实验、验证阶段，也就是做的阶段。在这一阶段，除了按计划和方案实施外，还要对计划实施过程进行测量，确保行动能够按计划进度实施。对于在实施行动计划过程中碰到的问题与困难，也要进行记录和总结，以便在下一阶段的检查环节，可以将实际情况与计划进行对比，从而更容易找出问题并加以修正。

(三)C (Check) 检查

检查执行计划的结果,分清哪些对了,哪些错了,确认方案的实施是否达到了目标。如果没有达成预期目标,则找出问题。

方案是否有效、目标是否完成,需要进行效果检查后才能得出结论。将行动计划的实施结果与职业目标进行比较,看是否达到了预定的目标。如果没有出现预期的结果,应该确认是否严格按照计划实施原来的行动方案了。如果感觉原来的行动计划不能达到预期的职业目标,则需要修正行动方案,以便能够最终达成目标。

(四)A (Action)处理

对总结检查的结果进行处理,对成功的经验加以肯定,并给予自己适当的奖励,例如给自己买一件漂亮的衣服或者旅游度假。对于失败的教训也要总结,引起重视。对于没有解决的问题,可以提交给下一个 PDCA 循环中去解决。

1. 总结经验

人们在实现自己的职业生涯目标时,总会有一些自己独特的成功经验。这些经验是根据每个人的具体情况不同而不同,因此需要不断地总结、积累。当一个人能够总结出一套自己的成功经验时,其实离人生目标也已经近在咫尺了。

2. 处理遗留问题

所有问题不可能在一个 PDCA 循环中全部解决,遗留的问题会自动转入下一个 PDCA 循环,如此,周而复始,螺旋上升,如图 7-3 所示。

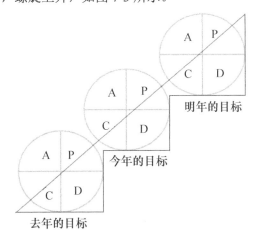

图 7-3 PDCA 循环改进

处理阶段是 PDCA 循环的关键。因为处理阶段就是解决存在问题、总结经验和吸取教训的阶段。在这一阶段,如果发现目标设定存在偏差,或者计划制订不太合理,则需要修订目标或者计划，从而让自己一直保持职业生涯的上升与前行。没有改进，就不可能使 PDCA 循环转动向前。

以上四个过程不是运行一次就结束，而是周而复始地进行，一个循环完了，解决一些问题，未解决的问题进入下一个循环，这样阶梯式上升的。

二、PDCA 循环的特点

PDCA 循环，可以使我们的思维方法和工作步骤更加条理化、系统化、图像化和科学化。它具有如下特点。

1. 大环套小环、小环保大环、推动大循环

PDCA 循环作为职业生涯目标与计划修订的基本方法，同样可以将个人职业生涯的长期目标、中期目标与短期目标进行结合，层层循环，形成大环套小环，小环里面又套更小的环。大环是小环的母体和依据，小环是大环的分解和保证。人们每天的工作就是最小的环，而周、月、季度、年目标则依次是外面不断扩大的环。最终通过环环相扣，把整个人生目标联系在一起，使人们更加清楚自己每一天都在朝着人生的终极目标而努力奋斗。

PDCA 大、小循环如图 7-4 所示。

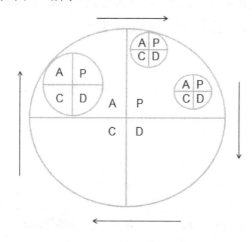

图 7-4　PDCA 大、小循环

2. 不断前进、不断提高

PDCA 循环就像爬楼梯一样，一个循环运转结束，你就会朝着你的人生目标前进一大步，然后再制定下一个循环，再运转、再提高，不断前进，不断提高。

3. 门路式上升

PDCA 循环不是在同一水平上循环。每循环一次，就解决一部分问题，取得一部分成果，工作就前进一步，水平就进步一步。每通过一次 PDCA 循环，都要进行总结，提出新

目标，再进行第二次 PDCA 循环，使自己的职业生涯滚滚向前。PDCA 每循环一次，就会朝自己的人生目标更进一步。

【职业案例】

少鹏的 PDCA 循环

少鹏于 2011 年大学毕业，至今已经工作了五个年头。回顾自己从毕业到现在的职业历程，他感觉正是借助 PDCA 循环，才让自己能够及时调整职业目标和行动计划，从而取得现在的成绩。

少鹏学的是模具专业。当初报考这一专业时，正赶上模具专业是最热门的专业，所有的毕业生都被企业高薪抢走。然而好景不长，等到少鹏毕业时，模具专业已经不再吃香，而这时由于大学的扩招，一大批模具专业的毕业生挤上了求职的独木桥。

少鹏刚毕业时，就给自己制定了一个明确而具体的目标：五年内在广州买到一套房子。而为了实现这一目标，他在广州一家模具制造企业找到了一份技术工作，并且打算通过努力工作和节约攒钱来实现自己的目标。然而，工作了一年之后，少鹏检查了自己的目标与行动计划，发现按照自己当时的情况，是不可能在广州买到一套房子的。于是，少鹏不得不对自己的目标作出一些调整。

经过分析，少鹏发现，以自己的学历和专业，要想在广州靠工资买房是一个不可实现的目标。于是，少鹏决定回到湖南老家工作。虽然当地工资水平较低，但是自己在当地却是高学历人才，完全可以找到一份较好的工作，而且当地房价比较便宜，比较容易实现自己五年买房的目标。

于是，在大学毕业后的第二年，少鹏回到了自己的湖南老家，并且找了一份新的工作，仍然从事模具制造工作。在老家工作了半年后，少鹏再次检查自己的目标与行动计划，发现模具工作已经越来越不好做，未来的前景不是很好。而经过一段时间的职场经历，也让少鹏觉得只靠打工并不能实现自己的人生价值，未来还是需要自己创业，才有可能取得更大的成功。经过一番调研，少鹏觉得未来汽车市场应该很有前途，自己可以从事与汽车业务相关的创业项目。

确定了新的职业目标之后，少鹏发现新的目标并不容易实现。因为自己的专业、过往的工作经历都不足以支持自己从事汽车相关的创业项目。于是，少鹏将自己的目标进行了分解。要想创业，必须建立一定的人际关系网络，提高自己的业务沟通能力，并且对汽车行业有足够的了解。因此，少鹏利用所在公司进行人员调整的机会，申请从生产部门转到营销部门，从一名技术员转为了一名业务员。经过两年的磨炼，少鹏的沟通能力、销售能力都得到了极大的提高，并且对于如何建立人际关系网络有了一定的心得体会。

此时，作为一名有一定技术背景的营销人员，少鹏觉得自己已经是时候切入到汽车行业了。因此，他开始关注与汽车行业相关的企业招聘。终于，机会出现了，一家从事汽车金融服务的公司需要招聘一名业务员。少鹏经过分析，认为这个工作完全符合自己的要求，既可以切入到汽车相关行业，又可以丰富自己在财务、金融方面的知识，而且这家公司的薪资待遇也很不错。而少鹏自身的条件也比较符合这家企业的要求：有技术背景、有营销工作经验、大学毕业、能力出众等。经过一番面试之后，少鹏如愿进入这家汽车金融服务公司工作。

在大学毕业五年之后，少鹏再一次检查自己的职业生涯现状，发现当初定下的五年买房的目标即将实现，因为他已攒够了在当地买房的首付款。然而，此时的少鹏已经不太在意这一目标了，因为他正在努力实现自己的第二个目标，准备创业。

第三节　职业锚的确定

职业锚理论是美国专家埃德加·H.施恩(Edgar.H.Schein)教授于20世纪60年代，对麻省理工学院斯隆管理学院的44名MBA毕业生，进行长达12年的职业生涯研究，包括面谈、跟踪调查、公司调查、人才测评、问卷等多种方式，最终分析总结出来的理论。职业锚，又称职业系留点。锚，是使船只停泊定位用的铁制器具。职业锚，实际就是当一个人不得不作出选择的时候，他无论如何都不会放弃的职业中的那种至关重要的东西或价值观。施恩教授认为职业锚的确认需要一个过程，要经过早期几年的工作实践，并不断地加深对自己的能力、动机、态度以及价值观等的认识以后才能够达到。

一个人的所有工作经历、兴趣、资质、性向等集合而成为他的"职业锚"。它告诉此人，到底什么才是最重要的。在人生的进程中，梳理自己的职业经历，明确自己的职业定位，就可以让自己少走弯路，大步迈向成功。有些人的"职业锚"抛出得很早，"锚"得也很坚实，从大学的专业学习时起就明确了自己的职业方向；有些人的"职业锚"抛出得很晚，一路风景走过，但最终要看是否找到了自己所爱的职业。

职业锚是个人中后期职业工作的基础。人们抛锚于某一种职业工作过程，就是自我认知的过程，就是把职业工作与自我观相结合的过程，开始决定成年期的主要生活和职业选择。因此，当你开始自己的职业生涯时，可以运用职业锚理论思考自己具有的能力，确定自己的发展方向，审视自己的价值观是否与当前的工作相匹配。只有个人的定位和从事的职业相匹配，才能在工作中发挥自己的长处，实现自己的价值。

施恩教授将职业锚分成八种类型，分别是：自主型职业锚、创业型职业锚、管理型职业锚、技术能力型职业锚、安全型职业锚、服务型职业锚、挑战型职业锚、生活型职业锚。并推出了职业锚测试量表，该量表可以帮助你找到你目前期望的和适合的职业定位。

【拓展练习】

职业锚测试量表

这份问卷的目的在于帮助你思索自己的能力、动机和价值观。除了使用本测试量表来帮助你分析以外，你还需要进行积极的思考，并与职业拍档进行相关的讨论。

下面有40个关于职业的描述，请为每题选择一个代表你真实想法的分数。数字越大，表示这种描述越符合你的实际情况。例如，"我梦想成为公司的总裁"，你可以作出如下的选择。

选"1"代表这种描述完全不符合你的想法；

选"2"或"3"代表你偶尔(或者有时)这么想；

选"4"或"5"代表你经常(或者频繁)这么想；

选"6"代表这种描述完全符合你的日常想法。

请尽可能真实并迅速地回答下列问题。除非你非常明确，否则不需要作出极端的选择，例如：1或6。

现在，开始回答问题。

1. 我希望做我擅长的工作，这样我的内行建议可以不断被采纳。
2. 当我整合并管理其他人的工作时，我非常有成就感。
3. 我希望我的工作能让我用自己的方式，按自己的计划去开展。
4. 对我而言，安定与稳定比自由和自主更重要。
5. 我一直在寻找可以让我创立自己事业(公司)的创意(点子)。
6. 我认为只有对社会作出真正贡献的职业才算是成功的职业。
7. 在工作中，我希望去解决那些有挑战性的问题，并且胜出。
8. 我宁愿离开公司，也不愿从事需要个人和家庭作出一定牺牲的工作。
9. 将我的技术和专业水平发展到一个更具有竞争力的层次是成功职业的必要条件。
10. 我希望能够管理一个大的公司(组织)，我的决策将会影响许多人。
11. 如果职业允许自由地决定自己的工作内容、计划、过程时，我会非常满意。
12. 如果工作的结果使我丧失了自己在组织中的安全稳定感，我宁愿离开这个工作岗位。
13. 对我而言，创办自己的公司比在其他的公司中争取一个高的管理位置更有意义。
14. 我的职业满足来自于我可以用自己的才能去为他人提供服务。
15. 我认为职业的成就感来自于克服自己面临的非常有挑战性的困难。
16. 我希望我的职业能够兼顾个人、家庭和工作的需要。
17. 对我而言，在我喜欢的专业领域内做资深专家比总经理更具有吸引力。
18. 只有在我成为公司的总经理后，我才认为我的职业人生是成功的。
19. 成功的职业应该允许我有完全的自主与自由。
20. 我愿意在能给我安全感、稳定感的公司中工作。
21. 当通过自己的努力或想法完成工作时，我的工作成就感最强。
22. 对我而言，利用自己的才能使这个世界变得更适合生活或居住，比争取一个高的管理职位更重要。
23. 当我解决了看上去不可能解决的问题，或者在必输无疑的竞赛中胜出，我会非常有成就感。

24. 我认为只有很好地平衡个人、家庭、职业三者的关系，生活才能算是成功的。
25. 我宁愿离开公司，也不愿频繁接受那些不属于我专业领域的工作。
26. 对我而言，做一个全面管理者比在我喜欢的专业领域内做资深专家更有吸引力。
27. 对我而言，用我自己的方式不受约束地完成工作，比安全、稳定更加重要。
28. 只有当我的收入和工作有保障时，我才会对工作感到满意。
29. 在我的职业生涯中，如果我能成功地创造或实现完全属于自己的产品或点子，我会感到非常成功。
30. 我希望从事对人类和社会真正有贡献的工作。
31. 我希望工作中有很多的机会，可以不断挑战我解决问题的能力(或竞争力)。
32. 能很好地平衡个人生活与工作，比达到一个高的管理职位更重要。
33. 如果在工作中能经常用到我特别的技巧和才能，我会感到特别满意。
34. 我宁愿离开公司，也不愿意接受让我离开全面管理的工作。
35. 我宁愿离开公司，也不愿意接受约束我自由和自主控制权的工作。
36. 我希望有一份让我有安全感和稳定感的工作。
37. 我梦想着创建属于自己的事业。
38. 如果工作限制了我为他人提供帮助或服务，我宁愿离开公司。
39. 去解决那些几乎无法解决的难题，比获得一个高的管理职位更有意义。
40. 我一直在寻找一份能最小化个人和家庭之间冲突的工作。

测试说明：

上面40道题代表了8种职业锚。将你的给分计入表7-1，现在重新看一下你给分较高的描述，从中挑出与你日常想法最为吻合的三个，在原来评分的基础上，将这三个题目的得分再额外各加上4分(例如：原来得分为5，则调整后的得分为9)。然后，计算每一种职业锚对应的题号总分。最高分代表最符合你的职业锚。

表7-1 职业锚计分表

8种职业锚	TF 技术能力型	GM 管理型	AU 自主独立型	SE 安全稳定型	EC 创造、创业型	SV 服务型	CH 挑战型	LS 生活型
题号	1( )	2( )	3( )	4( )	5( )	6( )	7( )	8( )
	9( )	10( )	11( )	12( )	13( )	14( )	15( )	16( )
	17( )	18( )	19( )	20( )	21( )	22( )	23( )	24( )
	25( )	26( )	27( )	28( )	29( )	30( )	31( )	32( )
	33( )	34( )	35( )	36( )	37( )	38( )	39( )	40( )
总分								

表7-2为8种职业锚所对应的职业定位说明。

表 7-2 职业定位说明

职业锚	说 明
TF 技术能力型职业锚	这种定位的人会发现自己对某一特定工作很擅长并且很热衷。真正让他们感到自豪的是他们所具备的专业才能。 他们倾向于一种"专家式"的生活,一般不喜欢成为全面的管理人员,因为这将意味着他们放弃在技术/职能领域的成就。但他们愿意成为一名职能经理,因为职能经理可以更好地帮助他们在专业领域上发展
GM 管理型职业锚	这种定位的人对管理本身具有很大的兴趣,具有成为管理人员的强烈愿望,并将此看成职业进步的标准。 他们有提升到全面管理职位上所需要的相关能力,并希望自己的职位不断得到提升,这样他们可以承担更大的责任,并能够作出影响成功或失败的决策
AU 自主/独立型职业锚	这种定位的人追求自主和独立,不愿意接受别人的约束,也不愿受程序、工作时间、着装方式以及在任何组织中都不可避免的标准规范的制约。 无论什么样的工作,他们希望能用自己的方式、工作习惯、时间进度和自己的标准来完成工作
SE 安全/稳定型职业锚	安全与稳定是这种类型的人选择职业最基本、最重要的需求。他们需要"把握自己的发展",只有在职业的发展可以预测、可以达到或实现的时候,他们才会真正感觉放松
EC 创造/创业型职业锚	这种定位的人,最重要的是建立或设计某种完全属于自己的东西;建立或投资新的公司;收购其他的公司,并按照自己的意愿进行改造。创造并不仅仅是发明家或艺术家所做的事,创业者也需要创造的激情和动力。 他们有强烈的冲动向别人证明:通过自己的努力能够创建新的企业、产品或服务,并使之发展下去。当在经济上获得成功后,赚钱便成为他们衡量成功的标准
SV 服务型职业锚	这种定位的人希望职业能够体现个人价值观,他们关注工作带来的价值,而不在意是否能发挥自己的才能或能力。他们的职业决策通常基于能否让世界变得更加美好
CH 挑战型职业锚	这种定位的人认为他们可以征服任何事情或任何人,并将成功定义为"克服不可能的障碍,解决不可能解决的,或战胜非常强硬的对手"。随着自己的进步,他们喜欢寻找越来越强硬的"挑战",希望在工作中面临越来越艰巨的任务
LS 生活型职业锚	这种定位的人喜欢允许他们平衡并结合个人的需要、家庭的需要和职业的需要的工作环境。他们希望将生活的各个主要方面整合为一个整体。正因为如此,他们需要一个能够提供足够的弹性让他们实现这一目标的职业环境。甚至可以牺牲他们职业的一些方面,如提升带来的职业转换,他们将成功定义得比职业成功更广泛。他们认为自己在如何去生活、在哪里居住、如何处理家庭矛盾,以及在组织中的发展道路是与众不同的

职业锚在一段时间内会保持稳定,但随着外界环境、个人、工作和生活因素的变化,职业锚可能需要调整,修正职业规划。

一般而言,我们在进入职场前,会经过认识、塑造、充实规划自我等诸多职前准备,再经过职业选择,进入到企业组织。此时作为新员工,我们对职业有初步的、主观的认识、分析、判断和体验。之后的适应企业组织的过程，即是我们搜寻职业锚或开发职业锚的过程。职业适应性是职业锚的准备或前提基础。

进入企业组织后，我们要向组织及工作群体全面展现自我职业素质，也即构建自己的职业角色形象。主要有两大要素：一是职业道德思想素质，通过敬业精神、对本职工作热爱与否、事业心、责任心、工作态度、职业纪律、道德等来体现；二是职业工作能力素质，主要是个人所具有的智力、知识、技能是否胜任本职工作。塑造自己的职业角色，是确定职业锚位的基础。

经过一段时间的职业实践，我们可以尝试确认自己的职业锚。首先，搜集、分析与评价各项相关职业资料及个人资料。其次，澄清、明确和肯定个人主观价值倾向与偏好。最后，将主观愿望、需要、动机和条件，与客观职业需要进行匹配和综合平衡，经过权衡利弊得失，确定最适合、最有利、最佳的职业岗位，找到自己的职业锚。

【职业案例】

错误的人—职匹配

成华是某科技研发公司的技术研发骨干，当年是作为研发技术人员招进来的，对技术研发工作充满热情，并且取得不俗的业绩。但是，在该公司的体制下，如果单纯做研发，待遇就上不去，因此成华勉强地离开研发岗位，做了研发部门总监。担任总监两年，他觉得自己不感兴趣的行政管理工作大大影响了自己对研发业务的投入，而且管理效果也不好，部门骨干员工多名流失，这让成华寝食不安，不知怎么办。

根据职业锚理论，工程技术人员较为典型的职业锚是技术能力型，成华虽然作为总监拥有较大权力，可以管理众多下属，但他并不在意，反而觉得行政管理工作影响了其业务水平的提升。这显然是职业价值观与岗位不匹配。

第四节 职业彩虹与生涯发展

著名职业生涯规划大师舒伯(1953)依照年龄将每个人生阶段与职业发展配合，将生涯发展阶段划分为成长、试探、建立、保持和衰退五个阶段，之后提出一个更为广阔的新观念——生活广度、生活空间的生涯发展观。舒伯认为，一个人一生中扮演的许许多多角色就像彩虹同时具有许多色带。

图 7-5 的外圈为主要发展阶段，内圈阴暗部分的范围长短不一，表示在该年龄阶段各种角色的分量；在同一年龄阶段可能同时扮演数种角色，因此彼此会有所重叠，但其所占比例分量则有所不同。

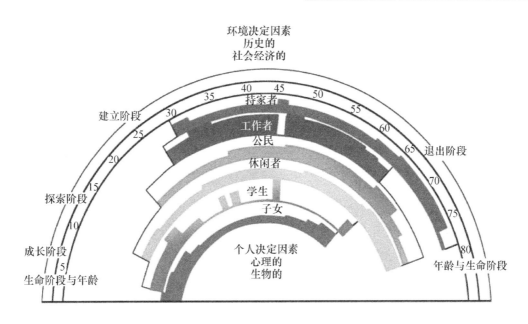

图 7-5 职业生涯彩虹图

1. 横贯一生的彩虹——生活广度

在生涯彩虹图中,横向层面代表横跨一生的生活广度。彩虹的外层显示人生主要的发展阶段和大致估算的年龄:成长阶段(约相当于儿童期)、探索阶段(约相当于青春期)、建立阶段(约相当于成年期)、维持阶段(约相当于中年期)以及退出阶段(约相当于老年期)。

2. 纵贯上下的彩虹——生活空间

在生涯彩虹图中,纵向层面代表的是纵贯上下的生活空间,是由一组职位和角色所组成。舒伯认为,人在一生当中必须扮演九种主要的角色,依次是:儿童、学生、休闲者、公民、工作者、夫妻、家长、父母和退休者。各种角色是相互作用的,一个角色的成功,特别是早期角色如果发展得好,将会为其他角色提供良好的关系基础。但是,在一个角色上投入过多的精力,而没有平衡协调各角色的关系,也会导致其他角色的失败。

生涯彩虹图主要是对自身未来的各阶段如何调配作出各种角色的计划和安排,使人成为自己的生涯设计师。图 7-6 为空白的职业生涯彩虹图,你可以在这张空白图上,绘制出自己的职业生涯彩虹。绘制方法:在每一个阶段,对每一个角色的投入程度用涂颜色来表示,颜色面积越多表示该角色投入的程度越多,空白越多表示该角色投入的程度越少。

3. 各阶段生涯发展任务

在生涯发展过程中,每一阶段都有特殊的发展任务需要完成。所谓发展任务是指在该阶段应有的发展水平或成就水平,也就是应发展或表现的若干心理特质或行为形态。前一阶段的发展任务成功与否关系着后一阶段的发展情况。

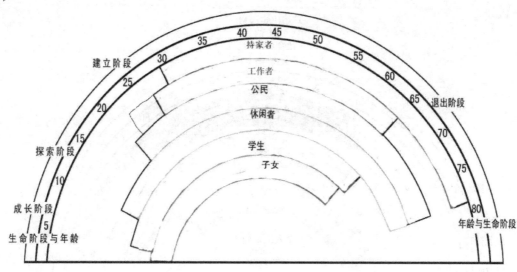

图 7-6 空白的职业生涯彩虹图

各阶段的生涯发展任务如下。

1) 学前儿童

增进自我协助的能力,认同其同性别的父母方,增进自我引导的能力。

2) 小学生

进行与他人合作、共同合作的能力,选择适合个人能力的活动,承担个人行为的责任,从事家中零星的工作。

3) 中学生

进一步发展其能力与特殊才能,选择就读学校或就业的领域,选择学校课程,发展其独立性。

4) 青年

选择高等教育机会或就业途径,选择学校课程,选择适当的职业,发展职业技能。

5) 中年人

职业稳定下来,提供未来的发展机会,探寻适当的发展或晋升途径。

6) 老年人

逐步适应退休的生活,探寻适当的活动以填充退休后的空间和时间,尽可能地维持自足的能力。

人的行为方向受到三种时间因素的影响:一是对过去成长痕迹的"审视";二是对目前发展状况的"审视";三是对未来可能发展方向的"展望"。这三种因素是相互影响的,过去是现在的成因,现在又是未来的基础。

利用"生涯自传""抉择日记""画生涯彩虹图"等方法,使人们回顾自己发展历程中一些特殊的经验、生活中重要人物的影响、个人的态度与感受,以及各个阶段所扮演的角色和个人目标间的差异,并对每一次的决定加以分析,可以增进人们对自己发展历程的认识,从而积极参与到解决问题及自己未来发展计划的设计行动中。

人的社会任务或职业生活不断变化,角色也随之变化,从一个角色进入另一个角色。角色转换的变化从根本上说是社会权利和义务的变化。个人一生的生涯发展,包括发展阶段、生活空间以及生活方式等多方面。

透过这张彩虹图,人们可以具体而清晰地了解不同的角色是如何构建其个人特有生涯类型的,不同的角色如何在不同的发展阶段出现,角色的组合如何合理安排才能达到最佳的自我实现。

【职业案例】

晓敏的生涯彩虹图

晓敏今年32岁,是一名大学教师。对于自己的整个生涯发展,小敏进行了积极的探索,并绘制了生涯彩虹图,如图7-7所示。

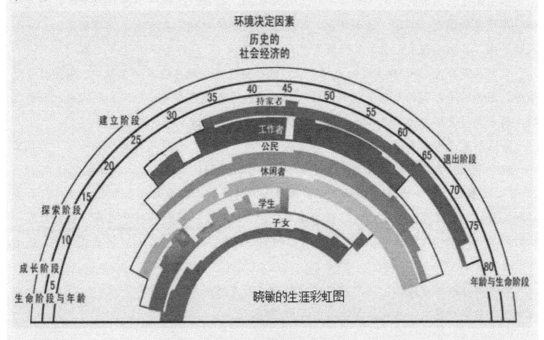

图 7-7 晓敏的生涯彩虹图

首先,半圆形最中间一层子女的角色,在5岁以前都是涂满的,5岁以后开始逐渐减少,而作学生的量开始增多。15岁以后开始大幅度减少,对应的就是青春期的自我成熟意识。作为子女,在45岁以前,主要是个人形式存在,而在此以后,随着父母年纪大了,则要开始照顾父母,这时重新又加重了子女的角色成分。

第二层是作为学生的角色成分。在5岁以后就开始启蒙教育,而后是小学时代,这段时间学习尚不是主要内容,所以对应上面的休闲者的角色成分比例也相对较大。而在13岁以后,进入了初中,学习任务相对加重,而在高中时代,学习几乎成了生活中唯一重要的事情，而相对应的同时期的休闲者角色大量减少，特别在高三时代，基本没有休闲活动。此后的大学时代相对轻松得多了，学习量不是很大，而且中国的大学体制使得学生其实并没有学到多少真正的东西。在大学时代(由于绘图的原因，大学的四年给的时间跨度很小)的学习量反不如23岁工作以后的学习角色重。这是由于晓敏大学毕业后在中学从事教育工作，工作的需要使得她不得不学习很多东西，而且那时候刚从校园里出来，什么都不懂，要学的东西很多，所以导致工作以后，学生的角色分量反而比大学时代更多了。而后，晓敏读了研究生，在这三年间，相对学了一些东西，学生角色的分量也比较大。研究生毕业后，再次进入教育行业，这次是高等教育。头半年，工作量较大，而学习量相当较小。其后，由于行业性质的缘故，需要学习的东西非常多，学生角色相对又加重了。30岁以后，由于初为人母，还要学习很多东西，所以学生的角色又进一步加大了。当45岁之后，随着工作的稳定、年龄的增大，学生的角色骤然减少，几乎消失直到65岁以后。

　　第三层是休闲者的角色。如何平衡工作与休闲，对晓敏这样一个年轻人来说，还是一个值得研究的课题。不过，这个角色，除了某些特别的时期，基本上是保持稳定的。一个人的一生，其休闲程度似乎与其性格有关，一旦定型，往往终生保持这个比例。

　　第四层是公民。从19岁进入大学开始，这个角色就出现在晓敏的生命中。当然其分量很少，因为这个时代的人既不懂如何进入社会，也没有能力参与社会。直到人进入壮年之后，随着其社会能力的加强和社会地位的提高，开始加重这个角色的程度。

　　第五层是工作者角色。晓敏的工作分两个阶段，第一个阶段从大学毕业开始，为期三年。这个期间主要在中学做教师。之后重新回到学校读研究生。因此，晓敏的工作在24～27岁比较平稳，28～30岁在读研究生，工作量大为减少，以学生角色为主。30岁后再次参加工作，工作者角色骤然增加，成为以工作为主的人生。同样，将来也有可能会出现一段时间要脱离工作，重新学习，以便为自己的工作充电。在65岁以后，将正式退休，成为一个持家者。

　　第六层是持家者角色。这一角色对晓敏而言，才刚刚开始。和大多数人一样，这一角色一生都会保持稳定，只是在退休后才有所增加。

第五节　人生里程碑

　　曾经有人做过一个实验：组织三组人，让他们分别向十公里以外的三个村子步行。

　　第一组人不知道村庄的名字，也不知道路程有多远，只告诉他们跟着向导走就是。刚走了两三公里就有人叫苦，走了一半时有人几乎愤怒了，他们抱怨为什么要走这么远，何时才能走到，有人甚至坐在路边不愿走了，越往后走他们的情绪越低。

　　第二组的人知道村庄的名字和路段，但路边没有里程碑，他们只能凭经验估计行程时间和距离。走到一半的时候，大多数人想知道他们已经走了多远，比较有经验的人说："大概走了一半的路程。"于是大家又簇拥着向前走,当走到全程的四分之三时,大家情绪低落,觉得疲惫不堪,而路程似乎还很长。

第三组的人不仅知道村庄的名字、路程,而且公路上每一公里就有一个里程碑,人们边走边看里程碑,每缩短一公里大家便有一小阵的快乐。行程中他们用歌声和笑声来消除疲劳,情绪一直很高涨,所以很快就到达了目的地。

三组人,面对的是相同的路程,可他们的行进过程却迥然不同,这种巨大的差别,其中的决定性因素就是里程碑。正因为缺乏里程碑,第一组、第二组人很难了解自己努力的成果,他们自然就越走越累,情绪越来越差。反之,有了里程碑,第三组人就清楚地看到了自己的成绩;每超越一块里程碑,他们就获得一点成就感,从而更有动力向前走。

人生的道路非常漫长,在我们的一生中,也需要找到独属于自己的"里程碑":或者是一份自己详细拟定的"人生规划",或者是自己具体记录下来的"成绩册",或者是心中仰慕的师长的成长历程……有了人生"里程碑"作参照,我们就能清楚地看出自己人生的每一点进步,就能不断地收获成就感,从而更有信心更有动力地走向终点。

因此,当你已经认真阅读完本书,并且根据本书的指引完成了自己的职业生涯规划书,那么,请记得保存好你的职业生涯规划书,并且在你取得成绩的时候、失意的时候、面临困境的时候,都可以拿出来重新阅读,看看现在的你,是不是就是自己曾经所期望的你。

【案例应用】

完成你的职业生涯规划书

通过对本书的阅读与学习,相信你已经对自己、对职业、对未来都有了一定的认知。那么,接下来,请结合自己的实际情况,写下你的职业生涯规划书。

××的职业生涯规划书

一、自我认知

1. 职业性格。MBTI人格类型分析、九型人格分析、DISC性格分析。

2. 职业兴趣。霍兰德职业兴趣测试、哈佛职业生涯兴趣测试。

3. 职业素质。

(1) 职业基本素质。职业基本素质包括心理素质、责任心、沟通能力、团队协作能力、创新能力。

(2) 情商。认识自身情绪的能力、控制自身情绪的能力、激励自身的能力、认识他人情绪的能力、处理人际关系的能力。

二、职业目标的确立

360评估、SWOT分析。内、外生涯目标的确立,长、中、短期目标的确立。

三、职业选择

CASVE循环决策、PLACE职业分析、决策平衡单、择业动机分析、层次分析。

四、职业计划

滚动计划、PDCA 循环与计划修订、职业锚的确定、生涯发展与人生角色、人生里程碑与未来展望。

也许你现在只能完成整个职业生涯规划书的一部分，这是因为在职业选择与职业计划里所提到的一些方法，是需要经过职业实践之后才能够完成。但是你完全不用担心，正如我们在滚动计划与 PDCA 循环里所描述的那样，我们的职业生涯规划也是在不断改进、不断提高的。因此，当你完成了一段时间的职业实践之后，有必要重新审视你之前所完成的职业生涯规划书，检查一下你是否仍然在朝着"正确"的方向前进。

本 章 小 结

有太多的理由，让"一些人"留在原地，不能前行。正如我们在职业生涯规划中所碰到的情形：许多人已经做了很多的测试，从内到外反复分析了自己的所有优、缺点，所有优、劣势，制定了大大小小的目标，却总是裹足不前，停在原地。而时间一直在流逝，机会也将变得越来越少。

因此，当你按照本书的介绍，完成了前面章节的测试与分析，为自己选定了目标与职业道路之后，只需要完成最后一个步骤：制订行动计划，并展开行动。

本章介绍了滚动计划法，帮助读者制订自己的行动计划。通过 PDCA 循环法修订自己的计划。通过职业锚与生涯彩虹理论，思考自己的生涯发展与人生角色。通过人生里程碑来展望自己的未来。

人生的道路非常漫长，当你根据本书的指引完成了自己的职业生涯规划书，请记得保存好你的职业生涯规划书，并且在你取得成绩的时候、失意的时候、面临困境的时候，都可以拿出来重新阅读，看看此时的你，是不是就是自己曾经所期望的你。

参 考 文 献

[1] 谢守成. 大学生职业生涯发展与规划[M]. 武汉：华中师范大学出版社，2009.
[2] 刘志明. 职业锚[M]. 北京：中国劳动社会保障出版社，2007.
[3] 李宝元. 职业生涯管理：原理·方法·实践[M]. 北京：北京师范大学出版社，2007.
[4] 张福建. 大学生职业生涯发展与规划[M]. 北京：现代教育出版社，2011.
[5] 肖利哲，等. 大学生职业生涯规划理论与设计[M]. 北京：科学出版社，2011.
[6] 徐亚男. "职业锚"理论在人力资源管理中的应用[J]. 商场现代化，2009(1)：311～312.
[7] 赵凤彪. 职业锚理论研究概述[J]. 科教文汇旬刊，2008(3)：205～205.
[8] 洪向阳. 10天谋定好前途：职业规划实操手册[M]. 上海：上海大学出版社，2014.
[9] 章达友. 职业生涯规划与管理[M]. 厦门：厦门大学出版社，2005.
[10] 姚裕群，曹大友. 职业生涯管理[M]. 大连：东北财经大学出版社，2015.
[11] 马仁杰，等. 管理学原理[M]. 北京：人民邮电出版社，2013.
[12] 苗丹民，皇甫恩，等. MBTI人格类型量表的效度分析[J]. 心理学报，2000，32(3)：324～331.
[13] 哈苏克苏. 发现你的职业性格[M]. 北京：电子工业出版社，2011.
[14] 鲁娟，王悦，刘斌. MBTI的军校学员人格类型调查及性别因素分析[J]. 中国健康心理学杂志，2015，23(5)：780～783.
[15] 迈克·贝克特尔. 不为他人抓狂[M]. 北京：电子工业出版社，2015.
[16] 艾伦. 门萨性格测试[M]. 上海世界图书出版公司，2010.
[17] 邵志伟. 性格决定职业[M]. 北京：中华工商联合出版社，2005.
[18] 希思，宝静雅. 决断力：如何在生活与工作中作出更好的选择[M]. 北京：中信出版社，2014.
[19] 闫晗，黄亚男，王光波. 每天懂点趣味色彩学·九型人格·心理说明书[M]. 北京：新世界出版社，2015.
[20] 海伦·帕尔默. 九型人格[M]. 北京：华夏出版社，2006.
[21] 裴宇晶，邹家峰. 九型人格与职业生涯规划[M]. 北京：中国人民大学出版社，2015.
[22] 苟廷佳. 浅议职业性格测试在人力资源管理中的作用——以MBTI与DISC为例[J]. 人力资源管理，2016(1)：86～86.
[23] 洪斌武. DISC理论在部门员工管理中的应用[J]. 金融管理与研究：杭州金融研修学院学报，2013(2)：32～35.
[24] 李海峰. DISC职场人格测试学[M]. 长沙：湖南文艺出版社，2012.
[25] 杰弗里·苏格曼，马克·斯卡拉德. 好性格决定好领导[M]. 北京：中信出版社，2015.
[26] 于晶汝. 从性格角度看三国风云人物[J]. 考试周刊，2011(35)：21～22.
[27] 李忠东. 做你喜欢做的事[J]. 青年博览，2012(14)：30～31.
[28] 提摩西·巴特勒. 哈佛职业生涯设计——哈佛职业生涯兴趣测验手册[M]. 北京：中国商业出版社，2004.
[29] 兴盛乐. 决定成败的心理素质[M]. 北京：企业管理出版社，2006.

[30] 熊小芬，张建明. 情商实训教程[M]. 武汉：武汉大学出版社，2014.

[31] 伍德. 情商测试[M]. 北京：中国轻工业出版社，2007.

[32] 雪砚，文慧. EQ情商测试全书[M]. 哈尔滨：哈尔滨出版社，2015.

[33] 张金学，崔光成. 大学生成功心理训练[M]. 北京：科学出版社，2010.

[34] 赵日磊. 从七个经典故事看目标管理[J]. 中国电力教育，2010(14)：70～72.

[35] 东篱子. 寓言中的目标管理[J]. 决策，2011(7)：69～69.

[36] 谭小芳. 从毛毛虫的故事看目标管理[J]. 中小企业管理与科技句刊，2011(9)：76～77.

[37] 李文道. 养成目标管理的习惯[J]. 少年儿童研究，2007(Z1)：18～27.

[38] 杨振，许婧. 基于认知信息加工理论的大学生职业生涯规划课程体系建设[J]. 出国与就业：就业版，2011(19)：74～75.

[39] 赵静. 数学建模与数学实验[M]. 北京：高等教育出版社，2000.

[40] 何仙珠. 基于层次分析法的高职毕业生就业质量评价体系构建[J]. 中国大学生就业，2016(3)：41～45.

[41] 和微. 职业锚理论[J]. 企业管理，2015(3)：123～123.

[42] 李旭穗，杨俊. 管理学基础项目化教程[M]. 武汉：武汉大学出版社，2012.

[43] 张少平，陈世艳. 管理学基础项目化案例与实训教程[M]. 武汉：武汉大学出版社，2012.